权威·前沿·原创

皮书系列为
"十二五""十三五""十四五"时期国家重点出版物出版专项规划项目

BLUE BOOK

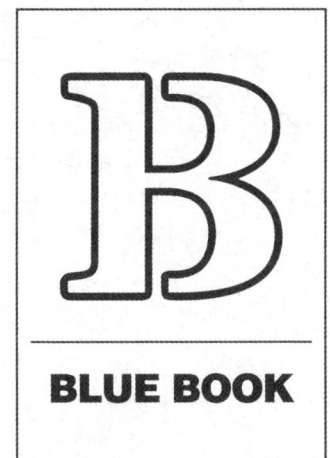

智库成果出版与传播平台

河北蓝皮书

BLUE BOOK OF HEBEI

河北旅游发展报告
（2025）

ANNUAL REPORT ON TOURISM DEVELOPMENT OF
HEBEI (2025)

融合创新与高质量发展

Integration of Innovation and High-quality Development

主　　编／吕新斌
执行主编／边继云
副 主 编／白翠玲　徐　宁　姚丽芬

社会科学文献出版社
SOCIAL SCIENCES ACADEMIC PRESS (CHINA)

图书在版编目(CIP)数据

河北旅游发展报告.2025：融合创新与高质量发展／吕新斌主编；边继云执行主编.--北京：社会科学文献出版社，2025.8.--（河北蓝皮书）.--ISBN 978-7-5228-5565-3

Ⅰ.F592.722

中国国家版本馆 CIP 数据核字第 2025WE2529 号

河北蓝皮书
河北旅游发展报告（2025）
——融合创新与高质量发展

| 主　　编 / 吕新斌 |
| 执行主编 / 边继云 |
| 副 主 编 / 白翠玲　徐　宁　姚丽芬 |

| 出 版 人 / 冀祥德 |
| 组稿编辑 / 任文武 |
| 责任编辑 / 王玉霞 |
| 文稿编辑 / 王雅琪 |
| 责任印制 / 岳　阳 |

| 出　　　版 / 社会科学文献出版社·生态文明分社（010）59367143 |
| 地址：北京市北三环中路甲 29 号院华龙大厦　邮编：100029 |
| 网址：www.ssap.com.cn |
| 发　　　行 / 社会科学文献出版社（010）59367028 |
| 印　　　装 / 天津千鹤文化传播有限公司 |

| 规　　格 / 开　本：787mm×1092mm　1/16 |
| 印　张：18.25　字　数：270 千字 |
| 版　　次 / 2025 年 8 月第 1 版　2025 年 8 月第 1 次印刷 |
| 书　　号 / ISBN 978-7-5228-5565-3 |
| 定　　价 / 128.00 元 |

读者服务电话：4008918866

版权所有 翻印必究

《河北蓝皮书（2025）》
编 委 会

主 任　吕新斌

副主任　彭建强　肖立峰　袁宝东　孟庆凯　吕雪松

委 员　（按姓氏笔画排序）
　　　　王建强　边继云　李　靖　李会霞　李鉴修
　　　　汪　洋　张　芸　张　波　陈　璐　樊雅丽

主编简介

吕新斌 河北省社会科学院党组书记、院长，中共河北省委讲师团主任，河北省社会科学界联合会第一副主席，中国李大钊研究会副会长。

吕新斌同志先后在原中国吴桥国际杂技艺术节组委会办公室、原河北省文化厅、河北省委宣传部、河北省社会科学院工作。在河北省委宣传部工作期间，先后在文艺处、城市宣传教育处、宣传处、办公室、研究室（舆情信息办）、理论处等多个处室工作，后任河北省委宣传部副部长、省文明办主任，2023年10月到河北省社会科学院履新任现职。

吕新斌同志长期从事和负责河北省意识形态、理论武装、哲学社科、宣传领域政策研究、文化艺术、舆情信息、精神文明建设等工作，参与组织全省性重大活动，多次参与河北省党代会等全省性重大会议报告和主要文件起草工作。在《人民日报》《光明日报》《学习时报》《中国社会科学报》《新华智库研究》《河北日报》等报刊发表多篇文章，参与编写或主编完成《战略机遇期的文化建设》《走向沿海强省》《文明让我们的城市更美好》等多部著作。担任中央马克思主义理论研究和建设工程重大项目和重点项目首席专家。参与完成《习近平新时代中国特色社会主义思想学习纲要》《习近平新时代中国特色社会主义思想三十讲》等多部重要读物编写任务，获中宣部办公厅致函表扬、省委主要领导同志高度肯定、省委宣传部通报表扬；曾获"全省政研系统先进个人""全国法制宣传教育先进个人"等称号。

摘 要

《河北旅游发展报告（2025）》由河北省社会科学院主持编撰，河北省社会科学院旅游研究中心组织省内外科研机构、高等院校、政府部门及各领域专家学者撰写。本书紧密围绕河北省委、省政府重大决策部署和全省旅游业发展面临的重点、难点、热点问题开展研究，旨在为社会各界全面准确了解河北旅游业发展进程与成果提供途径，为河北旅游强省建设提供理论依据与决策支持，具有较高的理论价值和实践意义。

2024年对全国旅游业来说意义非凡。5月17日，全国旅游发展大会召开，这是新中国成立以来党中央首次以旅游发展为主题召开的重要会议。习近平总书记会前专门做出重要指示，强调要推动旅游业高质量发展行稳致远。在有力的政策支持下，全国旅游业市场持续复苏，国内文旅消费需求刚性增长，文旅创新热点层出不穷，文旅融合不断推陈出新，数字技术赋能更加显著。在此背景下，河北省以"这么近，那么美，周末到河北"品牌建设为统领，通过系列创新政策和务实举措，丰富文旅消费场景，优化文旅产业布局，激发文旅消费活力。2024年全省共接待游客9.37亿人次，旅游总收入突破10000亿元，较2023年增长均超过10%。2025年，随着政策、技术、市场的协同发力，旅游业将进入"全域融合、全链增值、全民共享"的全新发展阶段。面对新任务、新要求和新发展契机，如何实现守正创新、提质增效、融合发展，如何瞄准重点领域进行有效突破，实现量质齐升，是河北旅游业必须面对并解答好的问题。

基于此，本书围绕"融合创新与高质量发展"这一主题，形成总报告、创新研究篇、热点透视篇、案例分析篇4个研究板块，包括1篇总报告和21篇专题报告，力求为新时代河北省建设现代旅游业体系、把文化旅游业打造为支柱产业提供借鉴与参考。总报告回顾了2024年河北省旅游业发展的总体情况及存在的问题，分析了未来我国旅游业发展的总体趋势，并提出了促进河北省旅游业发展的对策建议。创新研究篇从旅游业助力新质生产力培育与发展、文旅"出圈"城市打造、旅游新场景和新业态培育、旅游新型供需对接、旅游市场博弈与提升策略5个方面对河北省旅游业创新发展情况进行了分析，并提出了培育新型劳动者、开发城市特色品牌、打造多元消费场景和业态、高质量搭建旅游供需平台、形成精品化差异化发展思路等建议。热点透视篇从文旅融合、乡村旅游、康养旅居、冰雪旅游、旅游演艺等多个方面对河北省现阶段旅游业重点聚焦领域进行了综合性研究。案例分析篇从保定传统历史文化街区旅游活化利用、山海关长城遗产旅游利用、文旅融合赋能石家庄城市更新、全域旅游时代大名县文旅产业发展、唐山新城市景观与黑色旅游等方面进行了实证分析与研究。

关键词： 旅游业　现代旅游业体系　文旅融合　河北

Abstract

Annual Report on Tourism Development of Hebei (2025) is compiled by Hebei Academy of Social Sciences, and the Tourism Research Center of Hebei Academy of Social Sciences organized scientific research institutions inside and outside the province, universities, government departments and experts and scholars in various fields to write. This book closely focuses on the major decision-making and deployment of Hebei Provincial Party Committee and provincial government, as well as the key, difficult and hot issues faced by the province's tourism industry development, aiming to provide a way for all sectors of society to comprehensively and accurately understand the development process and achievements of Hebei's tourism industry, and provide theoretical basis and decision-making support for the construction of Hebei's tourism province, with high theoretical value and practical significance.

The year 2024 holds significant meaning for the development of the national tourism industry. On May 17th, the National Tourism Development Conference was held. This is the first important meeting with tourism development as its theme since the founding of the People's Republic of China, convened by the Central Committee of the Communist Party of China. With strong policy support, the national tourism market has been steadily recovering. Domestic cultural and tourism consumption demand has been growing rigidly, innovative hotspots in cultural and tourism have been emerging one after another, cultural and tourism integration has been constantly innovating, and the empowerment of digital technology has become more significant. Against this backdrop, Hebei Province, with the brand building of "So Close, So Beautiful, Weekend in Hebei" as the guiding principle, has adopted a series of innovative policies and practical measures to enrich cultural and tourism consumption scenarios, optimize the layout of the cultural and tourism industry, and stimulate cultural and tourism consumption vitality. In 2024, the province received a total of 937 million tourists, and the total tourism revenue exceeded 1 trillion yuan, both growing by more than 10% compared to 2023. In 2025, with the coordinated efforts of policies, technologies, and the market, the tourism industry will enter a brand-new development stage characterized by "all-domain integration, full-chain value addition, and all-people sharing". Facing the new tasks, new requirements, and new development opportunities, how to achieve innovation while maintaining the essence, improve quality and efficiency, and promote integrated development, and how to effectively break through key areas to achieve both quantitative and qualitative growth, are the questions that Hebei's tourism industry must confront and answer well.

Based on this, this book centers on the research theme of "Integration Innovation and High-quality Development", forming four research sections: General Report, Innovative Research Chapter, Hot Spot Perspective Chapter and Case Studies. It includes 1 general report and 21 special reports, aiming to provide references and suggestions for building a modern tourism system and making the cultural and tourism industry a pillar industry in Hebei Province in the new era. General Report reviews the overall situation and existing problems of Hebei Province's tourism development in 2024, analyzes the overall trend of future tourism development in China, and proposes ideas and suggestions for the future development of Hebei Province's tourism industry. Innovative Research Chapter analyzes the development situation of Hebei Province's tourism industry from five aspects: tourism industry facilitating cultivation and development of new productive forces, building "outstanding" cultural and tourism cities, cultivation of new tourism scenarios and business formats, docking of new tourism supply and demand, and tourism market game and enhancement strategies, and put forward suggestions such as cultivating new-type workers, developing urban characteristic brands, creating diversified consumption scenarios and business formats, building high-quality tourism supply and demand platforms, and forming refined and differentiated development ideas. Hot Spot Perspective Chapter conducts comprehensive research on the key focus areas of Hebei Province's tourism industry at the current stage from multiple aspects such as cultural and tourism integration, rural tourism, health-preserving residency, ice and snow tourism and tourism performances. Case Studies conducts empirical analysis and research on aspects such as the revitalization and utilization of traditional historical and cultural streets in Baoding, the utilization of the Great Wall heritage tourism in Shanhaiguan, the empowerment of urban renewal in Shijiazhuang through cultural and tourism integration, the development of county-level cultural and tourism industries in the era of all-inclusive tourism in Danming County, and the new urban landscape and black tourism in Tangshan.

Keywords: Tourism Industry; Modern Tourism Industry System; Integration of Culture and Tourism; Hebei

目录

Ⅰ 总报告

B.1 2024~2025年河北省旅游发展报告
　　…………………………………… 河北旅游发展报告课题组 / 001
　　一　2024年河北省旅游业发展总体情况 …………………… / 002
　　二　我国旅游业发展总体趋势分析 ………………………… / 006
　　三　河北省旅游业发展存在的问题 ………………………… / 011
　　四　河北省旅游业发展对策建议 …………………………… / 013

Ⅱ 创新研究篇

B.2 以发展旅游业助力河北省新质生产力培育与发展的实践路径研究
　　…………………………… 杨丽花　唐雨欣　白翠玲 / 023
B.3 以城市"出圈"推动文旅产业高质量发展的路径探析
　　………………………………………………… 和　冰 / 032
B.4 河北以新场景、新业态激发文旅消费新活力发展研究
　　………………………………………………… 徐　晓 / 045

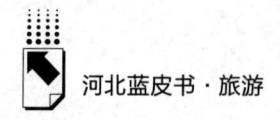

B.5 河北旅游新供给与新需求有效对接对策研究……………… 朱丽娇 / 057
B.6 "这么近，那么美，周末到河北"：河北11地市旅游市场博弈
与提升策略……… 张祖群　王　滢　周晓彤　李丁根　张宇航 / 069

Ⅲ 热点透视篇

B.7 文旅融合助推河北经济高质量发展的路径及举措
……………………………………… 张　宁　蒲　凌　王　天 / 081
B.8 河北省太行山乡村旅游集聚区建设研究……… 李　晓　王煜琦 / 094
B.9 河北省文化和旅游资源村空间分布及发展研究………… 薛秀青 / 107
B.10 以康养旅居为突破口，培育壮大河北银发经济的重点举措研究
………………………………………………………… 贾子沛 / 120
B.11 河北省冰雪旅游国际化发展策略研究 ………………… 王春蕾 / 131
B.12 河北省乡村旅游重点村产业融合发展研究 …………… 张　葳 / 143
B.13 以演艺经济释放河北省文旅消费活力的路径研究 …… 王春蕾 / 153
B.14 数字化赋能河北省乡村旅游高质量发展研究
……………………… 和文征　魏建业　白翠玲　唐雨欣 / 164
B.15 推动河北文化创意产业高质量发展的对策研究 ……… 张　葳 / 173
B.16 河北省民宿产业高质量发展研究
……………… 王彩英　刘　帅　高建立　王姝娟　代建文 / 184
B.17 新时代河北省博物馆高质量文旅融合着力点研究 …… 贾子沛 / 198

Ⅳ 案例分析篇

B.18 传统历史文化街区旅游活化利用研究
——以保定为例 …………………………… 邢慧斌　赵　菲 / 209

B.19 河北省长城遗产旅游利用的路径与机制
　　——以山海关长城为例 ………… 雷　欣　白翠玲　李昱瑾 / 222

B.20 文旅融合赋能城市更新的策略研究
　　——以石家庄为例 ………………………… 朱丽娇　孙　童 / 233

B.21 全域旅游时代河北省县域文旅产业发展研究
　　——以大名县为例 …… 姚　佳　张让刚　贾会敏　张志国 / 242

B.22 凤凰涅槃：唐山灾后重建、新城市景观与黑色旅游
　　………………………… 张祖群　李潘一　胡雨薇　周晓彤 / 254

CONTENTS

I General Report

B.1 Report on Tourism Development of Hebei Province in 2024-2025
Hebei Tourism Development Report Research Group / 001

II Innovative Research Chapter

B.2 Research on the Practical Path of Cultivating and Developing New Quality Productivity in Hebei Province's Tourism Industry
Yang Lihua, Tang Yuxin and Bai Cuiling / 023

B.3 Research on the Path to Promoting High-quality Development of the Cultural and Tourism Industry Through a City's "Going Viral"
He Bing / 032

B.4 Research on Stimulating the Development of Cultural Tourism Consumption with New Scenes and New Business Forms in Hebei
Xu Xiao / 045

CONTENTS

B.5　Research on Effective Docking Countermeasures Between New Supply and New Demand of Tourism in Hebei　　　　*Zhu Lijiao* / 057

B.6　"So Close so Beautiful Weekend to Hebei": Hebei 11 Cities Tourism Market Game and Promotion Strategy
　　　　Zhang Zuqun, Wang Ying, Zhou Xiaotong, Li Dinggen and Zhang Yuhang / 069

Ⅲ　Hot Spot Perspective Chapter

B.7　Research on the Path and Measures of Cultural and Tourism Integration to Promote High-quality Economic Development in Hebei
　　　　Zhang Ning, Pu Ling and Wang Tian / 081

B.8　Research on the Construction of Rural Tourism Cluster in Taihang Mountain Hebei Province　　　　*Li Xiao, Wang Yuqi* / 094

B.9　Research on Spatial Distribution and Development of Cultural and Tourism Resource Villages in Hebei Province
　　　　Xue Xiuqing / 107

B.10　Research on the Key Measures of Cultivating and Expanding Silver Hair Economy in Hebei Province by Taking Health Care and Sojourning as a Breakthrough　　　　*Jia Zipei* / 120

B.11　Research on Internationalization Development Strategy of Ice and Snow Tourism in Hebei Province　　　　*Wang Chunlei* / 131

B.12　Research on Industry Integration and Development of Key Rural Tourism Villages in Hebei Province　　　　*Zhang Wei* / 143

B.13　Research on the Way to Release the Vitality of Cultural Tourism Consumption in Hebei Province by Performing arts Economy
　　　　Wang Chunlei / 153

B.14　Research on Digital Enabling High-quality Development of Rural Tourism in Hebei Province
　　　　He Wenzheng, Wei Jianye, Bai Cuiling and Tang Yuxin / 164

B.15 Research on Countermeasures and Suggestions for Promoting the High-quality Development of Cultural and Creative Industries in Hebei　　　　　　　　　　　　　　　　　　　　*Zhang Wei* / 173

B.16 Research on High-quality Development of Homestay Industry in Hebei Province
　　　　　Wang Caiying, Liu Shuai, Gao Jianli, Wang Meijuan and Dai Jianwen / 184

B.17 Research on the Integration of High-quality Cultural Tourism in Hebei Provincial Museum in the New Era　　　　　　　　　　　*Jia Zipei* / 198

Ⅳ　Case Studies

B.18 Research on Tourism Activation and Utilization of Traditional Historical and Cultural Districts
　　　—*A Case Study of Baoding*　　　　　　　*Xing Huibin, Zhao Fei* / 209

B.19 Research on the Path and Mechanism of Tourism Utilization of Great Wall Heritage in Hebei Province
　　　—*A Case Study of Shanhaiguan Great Wall*
　　　　　　　　　　　　　　　　Lei Xin, Bai Cuiling and Li Yujin / 222

B.20 Research on the Strategy of Urban Renewal Enabled by the Integration of Culture and Tourism
　　　—*A case study of Shijiazhuang*　　　　　*Zhu Lijiao, Sun Tong* / 233

B.21 Research on the Development of County Cultural Tourism Industry in the Era of Global Tourism in Hebei Province
　　　—*A Case Study of Daming County*
　　　　　　　　　Yao Jia, Zhang Ranggang, Jia Huimin and Zhang Zhiguo / 242

B.22 Phoenix Nirvana: Tangshan Post-disaster Reconstruction, New Urban Landscape and Dark Tourism
　　　　　　　　　Zhang Zuqun, Li Panyi, Hu Yuwei and Zhou Xiaotong / 254

总报告

B.1
2024~2025年河北省旅游发展报告

河北旅游发展报告课题组[*]

摘　要： 2024年以来，河北聚焦建设文旅融合、全域全季的旅游强省，倾力打造"这么近，那么美，周末到河北"品牌，文旅消费市场维持强劲上升势头，文旅消费空间迭代焕新，旅居康养产业加速壮大，文旅投资结构更加优化，文旅宣传推广创新开放。但河北旅游业发展也存在人均消费支出水平较低，文旅融合层次较浅，旅游目的地基础设施水平、交通通达度及服务品质有待提升，文旅市场主体活力有待激发等问题。河北应顺应旅游业发展新形势，着力打造全链条式旅游产品和服务供给体系，推动文旅深度融合发展，推动旅游公共服务高质量发展，充分激发文旅市场主体活力，强化数字科技赋能作用，深入推动京津冀文旅产业协同发展。

---

[*] 课题组组长：边继云。课题组成员：朱丽娇、和冰、李晓、王春蕾、贾子沛、周礼、徐晓、刘霁晴。执笔人：贾子沛、边继云。贾子沛，河北省社会科学院旅游研究中心助理研究员，主要研究方向为旅游经济；边继云，河北省社会科学院旅游研究中心主任、研究员，享受河北省政府特殊津贴专家，主要研究方向为旅游经济、创新经济、区域经济。

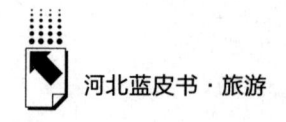

关键词： 旅游业　文旅融合　品牌建设　河北

2024年以来，我国旅游业自顶层设计到实践探索，都在发生深刻变革。习近平总书记对旅游工作做出重要指示，提出"着力完善现代旅游业体系，加快建设旅游强国"[①]"推动旅游业高质量发展行稳致远"[②]"把文化旅游业打造成支柱产业"[③]等系列论述，既对旅游业发展提出了新的任务要求，也为旅游业发展提供了方向指引。在此背景下，全国各地推动旅游业高质量发展的实践如火如荼。河北作为文化和旅游资源大省，近年来旅游供给体系日渐完善，"这么近，那么美，周末到河北"渐成文旅新时尚。2024年以来，河北聚焦建设文旅融合、全域全季的旅游强省，旅游产业发展大会、旅游强省建设推进会陆续召开，以改革创新思维统筹推进旅游业创新、融合和高质量发展，全省旅游业发展格局焕然一新。

一　2024年河北省旅游业发展总体情况

（一）文旅消费市场维持强劲上升势头，"假日经济"焕发强大活力

2024年，河北省旅游业复苏向好态势进一步巩固，文旅消费市场维持强劲上升势头。其中，假期旅游市场升温尤为显著。春节假期期间，河北聚焦"冬游河北过大年"主题，打造了古城、民俗、老字号、博物馆等十大新春场景，累计举办文旅活动超13000场，共惠及3.7亿人次，其中现场观

[①] 《加快建设旅游强国　推动旅游业高质量发展》，求是网，2024年6月27日，http://www.qstheory.cn/dukan/hqwg/2024-06/27/c_1130169272.htm。

[②] 《推动旅游业高质量发展行稳致远》，"人民网"百家号，2024年5月18日，https://baijiahao.baidu.com/s?id=1799342402064632071&wfr=spider&for=pc。

[③] 《把文化旅游业打造成支柱产业》，"光明网"百家号，2024年12月12日，https://baijiahao.baidu.com/s?id=1818173170272494030&wfr=spider&for=pc。

众超1800万人次①。携程平台数据显示，春节假期期间，河北省旅游订单量同比增长115%，门票订单量同比增长两倍多。此外，"五一"假期和国庆假期，河北省文旅消费市场热度节节攀升。"五一"假期全省接待游客人数同比增长10.9%，客流量较2019年同期增长超30%，其中接待京津游客900.7万人次，占接待游客总量的17%；国庆假期全省接待游客6519.7万人次，旅游总消费506亿元，同比分别增长13.8%、13.2%，京津游客达到1082.3万人次，占接待游客总量的16.6%②。中国旅游研究院监测数据显示，"五一"假期和国庆假期期间，河北省接待游客人数分别上升至全国第6位和第5位，全省多地成为国内热门旅游目的地，假日文旅消费市场正在为旅游经济回升向好注入强大动能。

（二）文旅消费空间迭代焕新，新场景、新业态、新体验层出不穷

聚焦大众多元化、个性化、品质化的文旅消费新需求，2024年河北省文旅消费继续迭代升级，全省多地围绕文旅消费集聚区、旅游休闲街区、旅游景区积极布局，加大力度打造新场景、新业态，一批互动更紧密、更沉浸、更多元的夜间消费、旅游演艺、乡风民俗、美食非遗和"微度假"项目陆续落地，成为拉动文旅消费的新生力量。例如，正定南关古镇在春节假期期间重点打造了社交互动式文旅场景，休闲茶馆、旅居会所占比达70%以上，日均人流量达5万人③；唐山持续打造"餐饮+演艺+文化"新消费场景，皮影、评剧、乐亭大鼓、剪纸、糖画制作等20余项非物质文化遗产被有效植入场景业态，"五一"假期日均接待游客达4万人次；廊坊则打造了国内首个沉浸式红楼梦主题文化生活体验街区"只有红楼梦·戏剧幻城"，推出21场沉浸式演出、108个情景空间及系列文旅消费场

---

① 《"冬游河北"欢乐过大年，13000余场春节文旅活动惠及3.7亿人次》，新浪网，2024年2月23日，https://news.sina.com.cn/zx/gj/2024-02-23/doc-inaizhpn8087489.shtml。
② 《接待游客人数、旅游总花费双增长！河北国庆假期接待游客数量全国第五》，"河北日报"百家号，2024年10月21日，https://baijiahao.baidu.com/s?id=1813485691573694446&wfr=spider&for=pc。
③ 资料来源：春节假期期间课题组赴国家文化和旅游消费试点城市调研数据。

景，国庆假期接待游客481.8万人次，同比增长32.9%[1]。此外，河北省还打造了滨海、古城、乡村、温泉、长城等"十大周末游场景"和五大文旅消费业态，在激发周末文旅消费活力上作用明显。中国旅游研究院《2024周末休闲旅游指数报告》显示，在各省份周末休闲旅游指数排名中，河北省已进入前十。

（三）旅居康养产业加速壮大，成为旅游业与银发经济发展新引擎

在我国人口老龄化背景下，2024年河北省围绕康养产业加大政策配套和机制创新力度，发布《河北省支持康养产业发展若干措施》，在财政金融、用地保障、医疗服务、人才培育、综合配套等方面出台20条政策举措，并在全省范围内建立京津冀旅居康养产业发展协调推进工作机制。在产业发展领域，河北省加快旅居康养项目建设，以环京津地区为重点，集中力量打造高品质旅居康养目的地。截至2024年底，河北省共建成养老机构1983家、床位25.4万张、社区养老服务设施5561个、老年助餐服务点1.3万个[2]，涌现出阿那亚、保定小院、安国数字中药都、燕达金色年华健康养护中心、扁鹊康养小镇、北戴河国家生命健康产业创新示范区、以岭健康城等国家级标杆项目以及承德温泉旅居、秦皇岛生命健康等重点产业集群。截至2023年底，到河北省旅居养老的京津户籍老年人已达59万人次[3]，旅居康养产业已成为河北省旅游业发展的重点关注领域和新生支撑力量。

（四）文旅投资结构更加优化，农文体旅一体化加速推进

2024年以来，河北省继续加大文旅产业投融资力度，截至2024年10

---

[1]《廊坊："戏剧+"点燃文旅消费新活力》，廊坊市人民政府网站，2024年7月23日，https://www.lf.gov.cn/Item/141144.aspx。
[2]《河北建成养老机构1983家》，人民网，2024年12月9日，http://society.people.com.cn/n1/2024/1209/c1008-40377983.html。
[3]《截至2023年底，4万京津户籍老人到河北社区养老》，《新京报》2024年2月18日。

月，河北省文旅项目实际完成投资326.3亿元[1]，投资完成率达76%，文旅项目数量达926个。从文旅投资结构来看，旅游综合服务类项目共计322个，占比达34.8%，各类度假综合体、旅游休闲集聚区大大提升了河北省旅游产品的多元化、综合化、一体化供给能力。旅游餐饮、旅游住宿、旅游出行、旅游游览、旅游购物及旅游娱乐类项目共计305个，占比达32.9%，比2023年全年高出近7个百分点，成为河北省围绕"食、住、行、游、购、娱"全链条进行项目产品布局的重要力量。值得注意的是，2024年河北省旅游游览、旅游购物及旅游娱乐类项目共计175个，占比接近1/5，比上年高出近5个百分点，表明除旅游必需的"食、住、行"项目之外，"游、购、娱"项目越来越受到关注，文旅投资项目更加多元化。此外，根据河北省发展改革委发布的《河北省2024年省重点建设项目名单》，2024年文旅类新建、续建的11个重点投资项目中，文体旅、农文旅项目占比较高，张家口崇礼雪如意滑雪场、中能国际赛道文体旅综合产业城、稻香里现代农业文化产业园等一批高质量"文旅+体育""文旅+农业"类项目将引领河北省农文体旅一体化加速推进。

（五）文旅宣传推广创新开放，"这么近，那么美，周末到河北"品牌影响力辐射世界

近年来，河北省委、省政府持续围绕"这么近，那么美，周末到河北"品牌扎实开展文旅宣传推广工作，通过举办省级旅游产业发展大会、开展各类主题活动、主动融入国内重大展会平台、全面搭建文旅宣传媒体矩阵、实施旅游包车政策等方式，大幅增强"这么近，那么美，周末到河北"品牌影响力。抖音数据显示，截至2023年末，河北省旅游相关短视频数量已经破亿条，"河北旅游"搜索量同比增长539%。为进一步提升品牌影响力，2024年河北省相关部门赴日本、韩国、俄罗斯、乌兹别克斯坦等国家开展文旅合作交流与品牌推广活动，借助第八届省旅游产业发展大会成功举办

---

[1] 资料来源：河北省文化和旅游产业信息管理服务平台文旅项目库。

"Hello！河北——2024河北文旅全球推广大会"，推出《河北48小时》《等你三千年》等一批高质量的影视作品，推广互免签证和144小时过境免签利好政策，不断推动"这么近，那么美，周末到河北"品牌影响力辐射世界。数据显示，2024年以来，秦皇岛已接待超40个国家和地区的游客；石家庄则入选携程旅行《2024年国庆旅游消费报告》入境游TOP50热门目的地，首尔、釜山航线游客占石家庄机场国际航线游客的比重达60%~70%，年度游客规模预计将达到10万人。

二　我国旅游业发展总体趋势分析

（一）旅游业发展面临的新形势

1. 守正创新、提质增效、融合发展将成为推动旅游业高质量发展行稳致远的战略重点

2024年，习近平总书记对加快建设旅游强国、推动旅游业高质量发展做出重要指示，强调"要以新时代中国特色社会主义思想为指导，完整准确全面贯彻新发展理念，坚持守正创新、提质增效、融合发展"[①]。这一论述深刻揭示了我国旅游业在新时代新征程谋求高质量发展的核心路径，将成为我国未来推动旅游业高质量发展行稳致远的战略重点和各地区、各部门推动旅游业高质量发展的重要遵循。

2. 把文化旅游业打造成支柱产业将成为各地推动经济高质量发展的核心重点

2024年以来，习近平总书记在重庆、湖北、安徽、福建、甘肃等地考察时多次强调把文化旅游业打造成支柱产业[②]。这一重要论述为全国各地推

[①]《习近平对旅游工作作出重要指示》，"光明网"百家号，2024年5月18日，https://baijiahao.baidu.com/s?id=1799331644614511098&wfr=spider&for=pc。

[②]《把文化旅游业打造成支柱产业》，"光明网"百家号，2024年12月12日，https://baijiahao.baidu.com/s?id=1818173170272494030&wfr=spider&for=pc。

动文化旅游业高质量发展提供了重要遵循。客观来看，把文化旅游业打造成支柱产业，既是全国及各地区推动产业结构调整、打造经济发展新动能的客观需要，也是区域增强文化竞争力、提升发展影响力的重要战略工具。把文化旅游业打造成支柱产业，将成为各地推动经济高质量发展的核心重点。

3.赋能区域高质量发展、更好服务美好生活将是未来旅游业发展必须完成的使命

进入新时代，我国旅游业已由经济属性全面转向综合属性。随着旅游成为人们日常生活的重要组成部分，旅游业既是推动新旧动能转换的重要产业，也是关乎人民群众生活质量和幸福指数、满足人民美好生活新期待的幸福产业。因此，坚持旅游为了人民、全民全域共享旅游发展成果，让旅游业产生更多综合效益，推动其真正赋能区域高质量发展，更好服务美好生活，将成为当下和未来一个时期内旅游业发展的主要目标和必须完成的使命。

（二）旅游业发展面临的新趋势

1.文旅融合向更深层次推进，产业大融合格局正在加速形成，文旅产业步入高质量发展阶段

现阶段，文旅融合正在由局域化、松散化、浅层化向全局化、协同化和深层化转变，由资源要素的简单叠加真正走向以文塑旅、以旅彰文的深度融合。从全国实践来看，文化价值将在未来文旅融合中占据越来越重要的位置，各地文化价值正在更加深度地被挖掘、创造性转化和创新性发展，地方旅游因文化价值的进一步彰显而产生更大的经济效益，游客多元化、个性化的文旅体验和消费需求将得到更充分的满足。例如，西安大唐不夜城、洛阳"神都奇幻志"、扬州中国大运河博物馆等一批全国标杆性文旅深度融合成果正在不断涌现，贵州"村超"、哈尔滨冰雪旅游、上海《繁花》City Walk、乌镇戏剧节、青岛海上啤酒节等一批基于本地文化价值的现象级业态正在释放强大动能，海量"文旅+影视""文旅+体育"

"文旅+演艺""文旅+夜游"等具备文化价值的新场景、新业态、新玩法将成为主流，不断引领文旅融合向更深层次迈进，文旅大融合格局正在加速形成。

2. 文旅消费向更高层级迈进，旅游市场需求将日益呈现"更新、更细、更小、更省"特征

2024年以来，我国文旅市场消费潜力持续释放，2024年国内出游人数达56.2亿人次，同比增长14.8%；国内游客出游总花费5.8万亿元，同比增长17.1%[①]，旅游消费维持了上年的强劲势头。从文旅消费趋势来看，旅游市场需求将呈现"更新、更细、更小、更省"特征。一是"更新"。博物馆游、演出游、City Walk、打卡游、美食游等新式旅游热度大涨，携程数据显示，2024年"五一"假期各大城市演唱会周边民宿咨询热度上涨210%，国内各大博物馆、主题乐园等周边民宿搜索热度提升420%。从这一强劲势头来看，未来我国游客旅游模式、出游动机将不断"花式更新"。二是"更细"。2024年我国银发、亲子和青年学生群体规模均增长迅猛，康养游、亲子游、房车游、研学游订单量水涨船高，未来我国旅游消费群体、消费需求将持续细分，各类旅游细分赛道将不断发展壮大。三是"更小"。从2024年假期旅游趋势来看，文旅市场消费已经出现下沉势头，"小而美"的县域旅游将成为新趋势。美团平台数据显示，2024年5月至6月初，与"县域旅游"相关的关键词搜索量同比增长605.2%，大众点评评论及笔记条数同比增长100%。端午假期期间，县域景区门票预订量同比增长65.1%，酒店民宿预订量同比增长50.8%。四是"更省"。携程数据显示，2024年暑期国内机票均价下降约一成，出境机票均价较上年呈两位数下降。与此同时，研学游订单量大幅增长，海外研学游均价下降约四成。未来一段时间内，我国文旅市场消费将更趋理性，倒逼旅游产品和服务供给迭代升级。

[①]《2024年文化和旅游发展统计公报发布》，光明网，2025年6月4日，https://travel.gmw.cn/2025-06/04/content_38069474.htm。

3. 文旅投资将更加侧重数字类、融合类、沉浸类、康养类等热门细分赛道，投资主体及目标将逐渐由单一转向多元

当前，多元化、体验化、品质化的文旅消费需求日益旺盛，全国各地文旅投资结构不断优化，这在全国各省份2024年度重点建设项目清单和投资计划中已有所体现。一是文旅项目整体投资规模正在不断扩大。2024年云南、重庆、广东、北京等7个省份文旅投资项目超30个，第一季度全国各大文旅集团投资签约重点项目达到62个，投资金额为457亿元，分别同比增长74.2%、44.6%，文旅项目越来越受到地方重视，将不断融入各地战略性投资计划。二是文旅投资将更加侧重数字类、融合类、沉浸类、康养类等热门细分赛道。在安徽、山西、贵州等地，文旅康养项目占据了主导；北京"3个100"重点工程的百个重大科技创新及现代化产业项目库中，涉及数字文旅和文旅体商深度融合的项目达30余个；江苏数字文化产业项目占文旅项目的比重达到了50%。三是投资主体与投资目标将逐渐由单一转向多元。2024年，贵州39个旅游业、酒店业融合项目民间投资额超过530亿元；江苏公布的65个全省重点文旅产业项目中，民企主体投资项目、其他类别投资项目占比合计达四成；福建46个省级重点文旅项目中，80%与文化遗产保护利用以及文旅与生态融合相关。随着民营企业投资文旅项目的信心逐步增强，在将文化旅游业打造为支柱产业、民生产业、幸福产业的发展战略引领下，未来文旅投资主体将更加多元，投资驱动力将不断由经济效益导向转为综合效益导向。

4. 文旅服务逐步提质扩容，高品质供给、精细化运营与包容性政策将共同助力国民旅游体验提档升级

从淄博烧烤"爆红"到哈尔滨冰雪旅游和天水麻辣烫"出圈"，可以看到，体验性已经成为当前旅游消费者的关注重点，提供高品质、精细化的服务成为当前文旅产业发展的重要逻辑。2024年以来，我国各地文旅服务持续提质扩容，如山西出台《关于推动文旅产业高质量发展的实施意见》，在全国率先打响"旅游满意在山西"和"山西标准"品牌，推动以游客为中心的旅游服务质量评价体系建设；辽宁出台《全省文化和旅游市场服务质量提升行动方案（2024—2025年）》，提出着力营造宜业宜游的政策环境、便捷高效的营商环境、轻松愉悦的娱乐环境等九大旅游环境；厦门提出实施"旅游品质年"行动，全力打造全国旅游服务品质标杆城市。此外，各地在包容性政策和"共情"举措上做足文章，相继推出各类创新举措。如上海、南京、杭州、成都等旅游热门城市均推出了多场景、全覆盖的行李寄存服务，实现"行李跟人游"。各地纷纷将接待游客作为"一把手"工程予以推进，旅游服务品质化、精细化程度不断提升，将助力国民旅游体验不断提档升级，形成高品质旅游服务供给和需求的良性循环。

5. 文旅新质生产力蓬勃发展，科技赋能文旅场景向智慧化沉浸、一站式体验、高效化传播转型

自2023年习近平总书记首次提出"新质生产力"[①] 到2024年国务院《政府工作报告》提出"加快发展新质生产力"，新质生产力正在不断加速赋能文旅产业。各地依托本地特色文化资源，推动云端技术、5G、人工智能、VR、LED显示及光影技术深度植入，形成了一批智慧化沉浸、一站式体验的文旅新产品、新业态、新场景。"只有红楼梦·戏剧幻城"、《唐宫夜宴》XR大空间沉浸展、《奇遇三星堆》VR沉浸探索展等一批全国标杆数字赋能沉浸式文旅产品相继推出，"山海奇豫"上海豫园AR灯会、宁波天一阁虚拟现实文旅体验平台、北京中轴线申遗"数字中轴系统"、"飞越解放碑"VR城市印象系列等15个典型案例入选2023年度国家虚拟现实先锋应用案例名单，为文旅数字化发展提供了示范。此外，数据大模型、元宇宙平台、AIGC技术正在加速融入"两微一端"、短视频平台、电视网络、直播平台等全媒体传播矩阵，大大提高了文旅品牌的传播效率。如2024年哈尔滨依托中国移动梧桐大数据，为用户推送准确的旅游资讯与提醒；抖音联合博纳影业推出了全国首部AIGC科幻短剧集

---

① 《习近平总书记首次提到"新质生产力"》，"海外网"百家号，2023年9月12日，https：//baijiahao.baidu.com/s? id＝1776790622411560877&wfr＝spider&for＝pc。

《三星堆：未来启示录》，吸引了大量关注。在未来，文旅产业与新质生产力将结合得更加紧密，科技将不断赋能文旅场景向智慧化沉浸、一站式体验、高效化传播转型。

三　河北省旅游业发展存在的问题

（一）人均消费支出水平较低，文旅消费结构有待优化

受经济增速下行压力增大的影响，2024年以来，在经历旅游"报复性消费"之后，国内游客消费更加趋于理性，而河北省游客人均消费不足的问题更加凸显。《每日经济新闻》发布的《2024开年第一期旅游消费趋势数据报告》显示，2024年春节假期期间，五成以上受访游客预估人均花费为2001~6000元，而河北省预计仅为1000元左右，各文旅消费集聚区人均消费支出水平较低。2024年国庆假期期间，河北省旅游总花费为506亿元，虽同比增长13.2%，但人均旅游消费支出为776.2元，低于全国平均水平。此外，2024年春节假期期间，河北省文旅业态消费以餐饮为主，住宿、游玩、购物、娱乐消费不足，各夜间旅游消费集聚区、旅游休闲街区游客消费支出主要集中在餐饮、家庭聚会与特色小吃领域，文旅消费结构有待进一步优化。

（二）文旅融合层次较浅，旅游目的地业态"合"而不"融"

现阶段，河北省部分文化资源丰富、文化内涵承载力较强的旅游目的地还处于观光层面，文化和旅游需进一步由简单叠加走向深度融合，最大限度给予游客丰富而深层次的文旅体验。例如，近年来，河北省广府宗城、鸡鸣驿、赵州桥、滦州古城等一批传统古城镇旅游目的地的旅游设施逐步完备、旅游业态持续丰富，但在文化资源挖掘、文化附加价值提升等方面仍需进一步加强。长城资源数量位居全国第二的国家长城文化公园（河北段）是河北省文旅深度融合的重要载体，虽然以长城为核心吸引物已经形成2个国家

5A级旅游景区、5个国家4A级旅游景区、6个国家3A级旅游景区以及山海关关城、金山岭山乡、大境门商堡、太子城冬奥4个文旅融合发展示范区，但在长城文化的动态性展示、创造性转化和创新性发展方面仍需加强。

（三）旅游目的地基础设施水平、交通通达度及服务品质有待提升

近年来，河北省大力推动旅游基础设施建设，截至2023年12月共建成旅游风景道和绿道6100余公里、旅游驿站和观景平台400余个、旅游集散中心110个[①]，但是与先进地区相比仍有差距。以旅游交通为例，偏远地区、部分旅游景区的交通通达度不足，对河北省旅游高质量发展形成较大制约。例如，太行山旅游带作为全省重点旅游发展支撑区，面临东西向交通不畅、煤旅交通混杂、旅客换乘难等突出问题。同时，河北省"快旅慢游"交通网络尚未实现全方位、深层次覆盖，不少县域、乡村旅游目的地换乘难问题也比较突出。此外，河北省部分旅游景区、康养度假区缺乏精细化的管理服务，旅游服务品质仍需进一步提升。

（四）文旅市场主体活力有待激发，社会资本进入旅游业意愿偏弱

河北省文旅产业龙头企业较少，中小企业占到90%以上，市场主体活力有待激发。根据省工商联发布的"2024河北省民营企业100强榜单"，服务业领域仅有康旅控股集团有限公司、燕达国际健康城投资管理有限公司、河北利鑫投资集团有限公司等少数文旅产业龙头企业上榜，中医药业、房地产业及餐饮业虽有部分企业着手布局文旅板块，但整体体量还较小。另外，由于基础设施、营商环境、营收盈利、融资渠道等方面的短板尚存，社会资本大多仍处于观望状态，在河北省投资文旅产业的意愿并不强烈，未来需重点加大优质政策环境、营商环境、企业培育环境的营造力度，加快吸引一批社会资本、民间资本来河北省投资发展旅游业。

[①] 《河北打造交旅融合新场景》，中国旅游新闻网，2023年12月21日，https://www.ctnews.com.cn/chanye/content/2023-12/21/content_154367.html。

四 河北省旅游业发展对策建议

（一）围绕"食、住、行、游、购、娱"着力打造全链条式旅游产品和服务供给体系，充分释放旅游消费潜力

针对目前河北省旅游供给还较为单一，"食、住、行、游、购、娱"等主要领域业态结构不均衡、联动性不足问题，要在旅游产品和服务供给上下足功夫，构建产业链条更加完整、产品供给更加多元、产品结构更加合理的全业态、全场景式旅游产品和服务供给体系，充分释放旅游消费潜力。

1. 强化示范带动，在全省打造全链条式旅游产品和服务供给体系

着力打造"食、住、行、游、购、娱"全链条式旅游产品和服务供给体系，依托河北省资源基础好、文化底蕴深厚、旅游认知度高的龙头项目和主要业态进行延链补链，逐步搭建旅游产品和服务全要素供给网络，并在全省范围内形成强有力的支撑。建议围绕承德避暑山庄、西柏坡等传统热门景区，阿那亚、唐山宴、保定小院等新兴业态，以及黄骅"宴海如梦"、井陉红土岭、西部长青"小三亚"、遵化山里各庄等省级战略性重点项目，充分开发住宿餐饮、交旅融合、旅游服务、文创开发、购物娱乐业态，大力延伸产业链条，补齐产业链薄弱环节，在全省形成一批全链条式旅游产品和服务供给示范载体，形成产业链条更完整、产业结构更优化、产业集聚更高效、龙头带动更强劲的全链条式旅游产品和服务供给格局。

2. 积极推动"文旅+"向更广领域拓展，打造多元化文旅产品和服务供给体系

现阶段，旅游消费需求多元化、个性化、复合化、品质化趋势更加明显，旅游消费市场逐步细分，打造精细化、综合化的文旅产品和服务供给体系刻不容缓。河北省兼有高原、山地、丘陵、平原、湖泊和海滨，在全国范围内具备唯一性，为打造多元化文旅产品和服务供给体系提供了得天独厚的资源条件。要依托河北省山地、滨海、冰雪、温泉、中医药等丰富优质的资源，创新开发不同主题、满足多层次需求的多元化文旅产品，大力培育一批

"文旅+运动""文旅+中医药""文旅+研学""文旅+夜游""文旅+康养""文旅+非遗""文旅+红色"等主题突出、特色鲜明的融合型消费场景，推出亲子度假游、冰雪运动游、红色研学游、中医药康养游等精品旅游线路，串点成线、以线带面，全面提升文旅产品和服务供给能力，打造多元化文旅产品和服务供给体系。

3. 强优势、补短板，全面优化河北省旅游产品和服务供给结构

整体来看，河北省文旅业态消费以餐饮为主，在住宿、游玩、购物、娱乐消费方面存在短板。在此客观形势下，河北省需全面优化旅游产品和服务供给结构，强优势、补短板，形成以"食"为关键支撑和核心吸引点，演艺、购物、娱乐竞相发展的旅游产品和服务供给模式。首先，美食在游客旅行当中具有强大的吸引功能及支撑功能，据中国旅游研究院统计，全国92.3%的受访者会在旅游过程中做美食攻略，93.1%的受访者将体验当地美食作为旅游的主要目的之一。因此，要加快释放河北省美食的强大效能，可借鉴浙江"百县千碗"工程建设经验，推动河北省深入实施"百县名吃"工程，相关部门可联合行业协会制定"百县名吃"菜品标准，建立河北省菜品名录和美食库，并组织全省各地依据地区特色评选菜品，构建"一菜一品、一县一品"的河北省美食名吃体系，打造一批"味蕾游"爆点产品，推动驴肉火烧、香河肉饼、沧州火锅鸡、麻糖等一批本地名吃的影响力辐射全国。其次，聚焦河北省"游、购、娱"要素供给不足、消费能力较弱这一短板，要以提升旅游体验、强化游客参与、构建互动场景为关键手段，抓好节庆活动、民间赛事、演艺音乐等具有较强互动性、体验感和参与感的产品，打造一批高品质的"音乐游""节庆游""赛事游""购物游"等新兴产品，为河北省旅游消费拓展新的空间。

（二）推动文旅深度融合发展，着力探索文旅融合新模式、新机制、新技术和新场景

实现文旅深度融合发展，既要在纵向上加强文化资源的挖掘及其创造性转化和创新性发展，又要在横向上拓展文旅融合的服务边界和功能。因此，

要围绕文旅融合强基础、谋创新、拓功能，全面构建河北省文化标识体系，加大文旅融合创新力度，打造文旅融合新型空间，推动文化和旅游在更广范围、更深层次、更高水平上实现融合发展。

1. 实施文化基因解码工程，全面构建河北省文化标识体系

文化资源的挖掘、整合是文旅深度融合的前提和着力点，深度挖掘文化资源，全面统筹文化遗产，能够为文旅深度融合提供精准而全面的基础性供给。当前，河北省旅游景区、度假区、热门旅游目的地"有旅无文"的现象普遍存在，游客文化体验度不高，根本原因在于对本地文化资源的挖掘还较浅，对已有的文化资源缺乏深度解读和阐释。建议河北省相关部门借鉴推广浙江、山东等地经验，着手实施河北省文化基因解码工程，建立文化资源普查库和代表性文化清单，对河北省各地文化资源的历史故事、地理位置、分布范围、传承脉络、保护等级等信息进行广泛收集、翔实记录，全面摸清河北省文化资源分布情况，并整合专家智库、行业协会、重点高校以及领域相关研究人员对河北省非遗文化、燕赵文化、红色文化、长城文化等重点文化资源进行高质量"解码"，推动一批相关成果落地。

2. 强化文旅深度融合的创新性，推出更多文旅融合创新场景

推动文旅深度融合，既要有悠久深厚的底蕴，也要有引人注目的创新点。《中国文旅经济创新·创造力报告（2024年）》总结了100个2024年中国文旅经济创新创造典型案例，甘肃省博物馆文创、无锡拈花湾、乌镇戏剧节等入选。从入选案例亮眼的旅游经济和辐射全国的文化影响力可见，创新既是现代旅游业提质增效、融合发展的关键一环，又是推动地方文旅深度融合的重要抓手。因此，河北省要以创新精神为引领，积极打造文旅创新融合发展新业态，推动文化创新、科技创新、理念创新、空间创新、融合创新5个维度赋能文旅深度融合。例如，在科技创新层面，可出台政策鼓励支持景区、度假区、文博场馆、新兴项目与科技型企业加强合作，推广建设一批如邯郸数字化府衙文化体验馆、山海关智慧旅游中心、雄安数字时空长廊等的智慧景区示范点和数字化文旅新场景、新业态，实

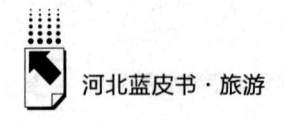

现"以新见深"。

3.拓展文旅融合功能，推动文旅融合由"景点融合"走向"全域融合"

面对当前"泛旅游化"的发展趋势，文旅融合已经迈入"从优到精、由点到面"的全新发展阶段。实现文旅深度融合，必须拓展服务边界，让其不再局限于景区、场馆等"围墙"之内，而是延伸至社区、道路、酒店、车站乃至整个城市及周边地区，如浙江的"微改造 精提升"工程。建议河北省借鉴浙江等地经验，探索"文化+泛旅游"发展模式，采用"微改造"方式积极盘活"沉睡"的文旅资源，打通更多景观节点，将燕赵文化、长城文化、红色文化等本地特色文化元素融入城市重要节点，与城市形象提升、景点景观改造融合，打造一批城市书房、老屋工坊、老屋民宿等新场景、新空间。

（三）推动旅游公共服务高质量发展，构建全域化、便捷化、高质量、有温度的旅游公共服务供给体系

构建全域化、便捷化、高质量、有温度的旅游公共服务供给体系，是河北省实现旅游服务品质全面提升、推动旅游业高质量发展的重要手段。下一步，要重点探索创新旅游公共服务激励和保障机制，积极布局旅游公共服务新型空间，高质量打造河北省旅游暖心服务矩阵，实现游客满意度和旅游吸引力的跨越式提升。

1.以体制机制为引领，全面推动河北省旅游公共服务水平高质量提升

近年来，河北省扎实推进公共文化领域改革、文化惠民"七进演出"、旅游公共服务供给体系建设、旅游"厕所革命"等重点工作，未来要着力在体制机制上做文章，探索更多引导性强、可复制推广的旅游公共服务激励机制，引导各地推出高质量、便捷化的旅游公共服务。例如，探索旅游"标杆服务员""首席执行官"制度，建立河北省旅游公共服务优质案例库，每年推出若干示范性旅游服务地区、个人及企业，并予以奖补支持，强化标杆的示范引领作用。此外，要着力完善创新河北省旅游公共服务保障机制，积极探索"路长制""夜间区长制"等保障机制，以及旅游投诉"先行赔

付"服务、旅游安全保障服务等。例如，借鉴三亚市"先行赔付"服务体系建设经验，通过建立旅游企业理赔平台等方式，为在冀游客提供更加高效、安全的保障。

2. 以新型空间为载体，推动河北省旅游公共服务平台转型升级

当前，旅游公共服务逐渐由单一化走向综合化，旅游公共服务新空间、新载体层出不穷，需要形式更新、功能更全、供给多元的旅游公共服务平台予以支撑。在2023年文化和旅游部公共服务司公布的旅游公共服务"十佳"案例中，福建福州旅游集散服务中心、江西赣州文旅驿站、云南昆明文化和旅游公共服务中心等一批旅游公共服务新空间入选。建议河北省积极布局旅游公共服务新空间，推动旅游公共服务平台积极寻找和旅游产业链各环节的契合点，着力打造一批兼具公共服务、文化体验、产品展销功能，集"食、住、行、游、购、娱"和地方特色于一体的文旅服务综合体、新式旅游驿站、旅游信息咨询中心和旅游公共服务平台，推动全省旅游公共服务供给体系高质量发展。

3. 以政策举措为抓手，高质量打造河北省旅游暖心服务矩阵

从淄博、哈尔滨、开封等"网红"旅游城市可以看到，为游客提供暖心服务是地方文旅服务包容性、亲民性的重要体现，也是提升旅游公共服务质量的关键一招。目前，各地均加速打造旅游暖心服务政策体系，如海南推出了30条旅游暖心服务措施，涵盖提升入境游便利化水平、优化行李托运寄存服务等多个方面。建议河北省强化政策体系和顶层设计，由省相关部门研究出台旅游暖心服务相关政策，积极推动"轻松游"行李托运、入住前一日免费取消、门票"免减优"、节假日停车保障等创新服务和举措在全省范围内铺开，高质量打造旅游暖心服务矩阵和包容性政策体系。

（四）围绕文旅企业大力开展"三优"工程，充分激发文旅市场主体活力

现阶段，河北省文旅市场主体活力亟待提升，要围绕文旅企业做好"环

境文章"，大力开展优化文旅企业政策环境、优化文旅企业营商环境、优化文旅企业培育环境"三优"工程，全面培育文旅企业来冀投资兴业的优质土壤，构建"龙头企业示范带动，中小企业竞相发展"的优质文旅企业生态圈。

1. 优化文旅企业政策环境

一方面，培育壮大龙头企业是推动文旅产业成为地区支柱产业的关键。聚焦河北省旅投集团、康旅控股、利鑫集团等文旅领域龙头企业和规模以上企业，利用好财政和金融政策，着力加大地方政府专项债券支持力度，探索推广不动产投资信托基金（REITs）等新型方式，支持重点项目建设；建立省级文旅领域龙头企业清单，在省级重点项目推荐等方面给予优先支持。另一方面，加大财税金融对文旅企业尤其是中小型文旅企业的支持力度。针对目前河北省中小型文旅企业普遍面临的融资难、周转难等问题，应加大省级文化和旅游发展资金支持力度，积极搭建政银企对接平台，出台政策引导银行推出一批针对中小型文旅企业的特色金融产品和供应链金融产品，进一步降低中小型文旅企业的融资成本。

2. 优化文旅企业营商环境

优质的营商环境能够为文旅企业来冀投资兴业提供土壤，也是破解河北省现阶段社会资本投资文旅产业意愿不强问题的关键。一方面，要积极推出税收、贷款、货币等方面的优惠政策，为民营企业投资河北省文旅产业提供资金保障。另一方面，要强化政府服务意识，构建政策推送精准化、事项审批快捷化、营商服务便利化、诉求办理高效化的文旅企业服务机制。例如，全面推动文旅政策菜单式、一站式宣传，主动向企业精准推送惠企政策。依托各级政务服务审批平台，实施旅游事项审批"一网通办""一窗通办"，让新型文旅市场主体和项目"应批尽批"，鼓励、支持、引导更多民营文旅企业在冀投资兴业，让民营企业真正成为推动河北省文旅产业高质量发展的主力军。

3. 优化文旅企业培育环境

一方面，要开展文化和旅游市场主体倍增工程。可借鉴浙江省文化和旅游企业梯度培育计划、山东省文化和旅游企业"百企领航"培育计划等先进经验，在河北省分梯队、分层次、分领域培育一批行业示范带动性强、规模体量大、市场竞争力强的文化和旅游领军型企业，一批具备特色发展优势的专精特新骨干型企业以及一批创新能力较强、发展潜力较大的成长型企业，逐步形成创新能力强、支撑能力强、示范引领强的文化和旅游企业集群。另一方面，要着力搭建优质的培育孵化平台，为文旅企业创新与人才创业提供有利环境。建议河北省全面布局集资源整合、优惠政策、项目推介、投融资服务等功能于一体的文旅产业孵化基地和一站式孵化服务平台，为文旅企业发展提供有力的服务保障和优质的创新创业环境。

（五）强化数字科技赋能作用，推动文旅产业科技创新能力、数字文旅人才供给能力、数字治理能力跨越式提升

随着文化产业和旅游业数字化转型步伐不断加快，科技与文旅融合发展已成为新的行业趋势。河北省通过打造文旅大数据平台、构建智慧服务新模式、探索智慧文旅新场景等系列举措，充分提升了文旅产业服务效率。下一步，要重点关注文旅产业科技创新能力提升、数字文旅人才培育和数字治理体系建设，使数字文旅成为推动河北省文旅产业创新升级和高质量发展的重要力量。

1. 提升文旅产业科技创新能力

当前，河北省文化和旅游科技创新体系尚未完善，整体创新效能还不高，科技创新成果主要集中在制造业，下一步要重点提升文旅产业的科技创新能力。河北省应依托省内高校、科研院所、重点企业，培育一批文旅重点实验室、文旅智库、文旅技术创新中心等文旅领域科技创新支撑载体。加大文旅科技型企业培育力度，利用好惠企政策、孵化平台培育一批专精特新文旅科技型中小企业。此外，河北省还应持续优化文旅产业科技创新能力提升机制，通过文旅科技服务联盟、文旅科技创新展会等形式，加速推动一批科技创新成果落地转化。

2. 提升数字文旅人才培育能力

加快文旅产业数字化转型，人才是关键，但从河北省乃至全国范围来看，数字文旅人才都是稀缺资源，因此必须加强数字文旅人才培育，为河北省文旅产业现代化发展提供源源不断的动力。一方面，要重点聚焦职业院校，提升数字文旅人才培育能力。河北省旅游类职业院校优势突出，河北旅游职业学院等重点院校每年为全省输送大量旅游人才。因此，要发挥好河北作为"职教大省"的优势，支持有条件的职业院校探索数字文旅人才培育新模式，鼓励其根据需要增设数字文旅专业，着力培育一批文旅产业数字化复合型人才。另一方面，要以产业发展为导向、数字化文旅项目为牵引。支持省内外企业与河北大学、河北科技大学、燕山大学等高等院校共建一批数字文旅人才培训基地、现代文旅学院、数字文旅实验室及实习基地，健全产教融合、校企协同的人才培育体系和创新平台，培育一批高层次、应用型的跨界领军人才。

3. 提升文旅产业数字治理能力

数字技术向旅游领域的持续渗透，既加速了产业变迁，也对产业提出了新的治理要求，以数字技术提升文旅产业行政部门的市场监管和服务水平，进而提高文旅产业治理效率，是数字文旅时代的重要特征。对于河北省而言，一方面，要通过数字技术优化治理手段，全面推动文化和旅游系统数字化改革，打造政策"一屏下达"、文旅系统"掌上办事""掌上办公"的数字化工作场景。另一方面，要大力推进新型文旅大数据平台建设，打造推广一批集区域信息查询、企业监管、公共服务、数据分析、模型预测于一体的智慧治理与大数据分析平台，如河北省文化和旅游创新发展中心与美团计划组建的"文旅大数据创新应用与高质量发展实验室"、河北省文化和旅游厅与中国移动河北公司共同组建的"AI+数智文旅大数据创新中心"等，建立完善旅游重大决策数据分析机制，运用数字技术提升文旅产业整体治理效能。

（六）深入推动京津冀文旅产业协同发展，打造要素互通、资源共享、联动发展的高能级区域文旅一体化发展新高地

文旅产业是京津冀协同发展的重要支点。深入推动京津冀文旅产业协同发展，既有利于推动文旅要素跨区域互联互通、文旅资源串联成片，满足大众旅游多层次、多样化的需求，又有利于河北省充分发挥地域优势，全面打通京津及周边省份重点客源市场。因此，要以联动发展思维为引领，全面推动三地文旅产业一体化、机制一体化、市场一体化，构建要素互通、资源共享、联动发展的高能级区域文旅一体化发展新高地。

1. 推进产业一体化，打造京津冀文旅产业协同发展高地

一方面，重大项目是推动京津冀文旅产业协同发展的关键支撑。当前，长三角、粤港澳大湾区均着力推动文旅产业重大项目协同建设，如长三角大力建设一体化示范区，共同推进杭黄世界级自然生态和文化旅游廊道、长三角"一地六县"文化旅游休闲康养基地等一批重大项目建设。对于河北省而言，要主动推进文旅产业融入京津冀一体化发展，加强与京津的交流合作，集中力量推动跨区域项目共建共享，打造旅游协同发展示范区和重点项目，带动京津冀文旅产业协同发展。另一方面，开放是建设现代旅游业体系的关键要素。展会平台作为形成跨地区开放格局、区域统一大市场的重要战略工具，将加速推进区域文旅产业一体化发展。建议河北与北京、天津相关部门协同打造一批高能级、常态化、辐射全国、开放共享的文旅产业展会平台，在投资融资、对外贸易、企业合作、市场宣传、跨界对接等领域发挥主阵地作用。

2. 推动机制一体化，着力完善京津冀文旅产业协同联动机制

要实现京津冀文旅产业机制一体化发展，必须破除当前三地行政体制壁垒，以强化政府相关部门合作为主线，推动河北与北京、天津在文旅产业相关政策、标准规划、金融支持、人才培养、平台建设、项目建设、公共服务、品牌推广、市场监管、业态创新等领域建立目标统一、行动协同的长效体制机制。要进一步发挥京津冀旅游工作领导小组和京津冀旅游协同发展工作协调机制的战略统筹作用，通过联席会议制度、省份轮值制度、文旅一体化重点任务评估与考核制度、年度重点合作事项和重点工作计划推进制度等创新性制度，构建京津冀文旅产业协同联动机制。

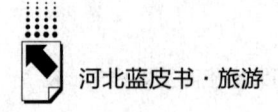

3. 推动市场一体化，打通京津冀文旅领域信息、人才、技术等市场要素流动渠道

着力开拓京津冀互联网市场，与京津共同谋划建立京津冀文旅信息共享平台和行业管理统一平台，为市民、企业和研究机构提供各类信息资讯和旅游指南，打破三地文旅信息孤岛。推动京津冀文旅人才协同培育，实施京津冀文旅优秀人才共同培养和交流计划，支持河北旅游职业学院等一批重点职业院校与北京、天津旅游职业院校组建京津冀旅游职业院校教育联盟，利用好数字技术搭建京津冀文旅人才供需信息数据平台，加强三地文旅人才发展信息、数据的共享。同时，开展跨区域文旅人才协同培养，依托北京全国科技创新中心和科技研发高地优势，鼓励支持北京高校、科研院所与河北有技术需求和创新活动需求的文旅企业开展联合攻关，打通京津冀文旅领域信息、人才、技术等市场要素流动渠道。

参考文献

陈伯泰：《推进文旅深度融合发展要在"四个提升"上下功夫》，《中国旅游报》2024年7月9日。

宋瑞：《数字经济下的旅游治理：挑战与重点》，《旅游学刊》2022年第4期。

宋瑞：《文旅融合推动文化传承创新》，《人民日报》2021年10月3日。

唐晓云：《坚持"三个原则"以创新驱动新时代旅游业发展》，《中国旅游报》2024年5月28日。

文平：《把旅游业打造成为具有显著时代特征的民生产业、幸福产业》，《红旗文稿》2024年第21期。

吴丽云：《加快数字文旅发展要实现四个突破》，《中国旅游报》2020年7月17日。

詹绍文等：《文旅深度融合发展的内涵、逻辑与路径创新》，《行政管理改革》2024年第7期。

创新研究篇

B.2 以发展旅游业助力河北省新质生产力培育与发展的实践路径研究*

杨丽花 唐雨欣 白翠玲**

摘 要： 新质生产力是旅游业发展的核心动力。河北省旅游业发展已经取得了一些成效，但也存在创新能力不足、创新人才短缺、旅游资源要素的整合和配置水平较低等问题。据此，本报告提出河北省旅游业发展的实践路径，包括：培育新型劳动者，构建高素质团队；以科技赋能旅游，实现提质增效；优化生产要素配置，完善旅游业链条。

---

* 本报告系河北省教育厅青年拔尖人才项目"太行山区乡村旅游高质量发展与乡村振兴的耦合机制及协调发展研究"（BJS2023048）、河北省科协智库地学旅游与乡村振兴协同创新研究基地的研究成果。
** 杨丽花，河北地质大学管理学院教授，主要研究方向为乡村旅游、区域旅游与地学旅游；唐雨欣，河北地质大学管理学院旅游地学与规划工程专业学生，主要研究方向为旅游地学与规划工程；白翠玲，河北地质大学管理学院教授，主要研究方向为旅游规划与管理、乡村旅游、遗产旅游。

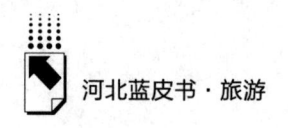

关键词： 旅游业　新质生产力　高质量发展　河北

2023年9月，习近平总书记在黑龙江省哈尔滨市主持召开新时代推动东北全面振兴座谈会时强调，积极培育新能源、新材料、先进制造、电子信息等战略性新兴产业，积极培育未来产业，加快形成新质生产力，增强发展新动能①。2023年12月，中央经济工作会议再次明确发展以科技创新为主导的新质生产力，强调推动新技术在生产领域、服务领域等方面的应用。新质生产力是经济社会高质量发展的核心动力和重要支撑，将新质生产力广泛应用到旅游业，改变了传统的旅游消费需求和旅游产品生产方式。

一　河北省旅游业新质生产力培育与发展现状

（一）科技创新赋能旅游业发展

河北省顺应信息技术迅猛发展的新形势，以科技手段增强文旅产品的表现力、传播力和感染力。河北省多地打造了智能交互、沉浸式文旅体验场景，成为消费新热点。正定古城通过"历史名人互动"、"荣国府实景演出"、沉浸式文旅演艺项目"自豪正定"等沉浸式场景吸引游客，给游客带来全新的旅游体验。其中，荣国府景区结合《红楼梦》文化背景，推出19组特色场景、8个演艺主题、2个互动演艺项目和9个主题业态，全面打造沉浸式"入梦"体验。廊坊"只有红楼梦·戏剧幻城"推出108个情景空间、21场沉浸式演出，365天不间断上演。此外，唐山河头老街、保定直隶总督署、秦皇岛山海关、石家庄龙泉古镇、邯郸广府古城等均打造了不同形

---

① 《习近平主持召开新时代推动东北全面振兴座谈会强调：牢牢把握东北的重要使命　奋力谱写东北全面振兴新篇章》，中国政府网，2023年9月9日，https://www.gov.cn/yaowen/liebiao/202309/content_6903072.htm。

式的沉浸式体验项目，吸引了大量游客。

河北省推动旅游业从资源驱动向创新驱动转变，让旅游业更好地发挥综合带动作用，更多智能交互、沉浸式文旅体验场景成为消费新热点。如唐山市文化广电和旅游局在全市组织开展"唐山周末"休闲旅游场景业态提升活动，分为动员部署、建设提升、总结验收、宣传推广4个阶段进行，通过专业培训、现场指导、观摩评比、成果发布等形式，推动全市周末休闲旅游产品和服务品质进一步提升。唐山宴、河头老街等集观光、餐饮、娱乐、购物、休闲于一体的场景业态火热"出圈"，不断满足游客和市民旅游休闲新需求。

（二）旅游新产品新业态不断涌现，赋能旅游业发展

旅游业供给丰富度不断提升。根据中国旅游研究院《2024周末休闲旅游指数报告》，河北省旅游业供给丰富度指数排在全国第9位，高于全国平均水平。2024年9月，河北省举办了第八届旅游产业发展大会，强调聚焦创新业态，通过激发新消费、开辟新赛道、构建新规则、布局完善新产业链，孵化新的规模化市场空间。此外，2024年以来，河北省遴选认定旅游名县创建县30个、旅游名县命名县10个。推动衡水湖创建国家5A级旅游景区，承德市承德县板城酒博园景区、张家口市张北县天保那苏图景区成功创建国家4A级旅游景区。实行旅游包车周末和节假日免费通行河北高速政策，对引客入冀旅行社给予奖励。开通北京至河北旅游直通车线路6条，推出京津冀旅游环线列车，建设完工旅游公共服务设施819个、风景道1119公里。

旅游产品持续创新与升级。深入实施"旅游+""+旅游"战略，推动旅游与其他产业深度融合，形成了一批新业态旅游精品。重点打造了中国马镇、太行水镇、正定古城、唐山南湖、以岭健康城等一批新业态项目，推出了"河北旅游不得不购的十大商品""河北游礼""冀念品""直隶八珍""秦皇岛游礼"等一批省市旅游品牌。新业态的发展不仅丰富了河北省的旅游产品，也为游客提供了更多元化的旅游体验，推动了河北省旅游业的高质

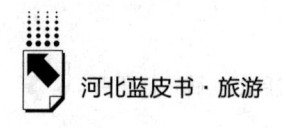

量发展。

大力发展康养旅游。河北省依托丰富的自然资源、深厚的中医药文化底蕴，培育研学游、露营游、微度假等文旅新业态、新场景，打造生态康养、森林康养、温泉康养、乡村康养、运动康养等特色康养旅游产品。例如，武安市不断壮大健康新业态，发展中医药健康旅游。位于武安市天慈峰林景区内的"中药百草园"拥有以食疗药材为主的60余种中草药材。同时，武安市以全面构建休闲度假、康体养生、医疗保健主题的康养度假产业体系为引领，在全市布局康养旅游五大主题区块，培育新的消费增长点①。

相关政策不断完善。《河北省文化和旅游发展"十四五"规划》提出，通过发展高质量的周末休闲旅游产品和业态，达到吸引周边游客来河北体验周末游的目的，编制并以河北省旅游工作领导小组办公室名义印发《河北周末休闲省旅游场景业态提升建设指引》，强调开发精品住宿、特色美食、国潮沉浸等五大创新业态，做大做强自然深呼吸、海滨欢乐颂、京畿不夜城等十大新型主题场景，进一步强化"这么近，那么美，周末到河北"的品牌支撑。组织开展省、市、县三级专题培训会，指导各地结合实际创新打造旅游主题场景及新业态。举办河北省文旅新质生产力供需对接活动，发布"周末休闲省旅游场景业态提升推荐企业名单"，积极指导各地培育一批满足市场需求的新产品、新业态、新场景。

（三）确定目标市场，进行整合营销

在品牌宣传方面，河北省聚焦京津等核心客源市场进行整合营销，打造"这么近，那么美，周末到河北"品牌，采取媒体宣传、线下活动和跨界推广相结合的方式，通过多平台宣传提升品牌形象。利用新媒体进行营销，河北省文化和旅游厅在微信、微博、抖音等七大平台开通了官方账号，搭建与

---

① 《武安市推进五大主题区块发展，打造康养旅游目的地》，河北省文化和旅游厅网站，2024年6月11日，https://whly.hebei.gov.cn/c/2024-06-11/576727.html。

游客互动的平台，了解市场需求。同时，河北省在主流媒体进行文旅品牌系列宣传活动，加深了潜在消费者对品牌的印象，激发了他们关注河北、了解河北和来河北旅游的动力。通过线上线下相结合的全媒体宣传格局，"这么近，那么美，周末到河北"河北省文旅品牌塑造与传播案例荣获"长城奖文旅好品牌银奖"。

二 河北省旅游业发展面临的问题

（一）创新能力不足，技术与旅游的融合度有待提高

如何形成新型劳动资料以推动旅游业的高质量发展是河北省亟须解决的问题。文旅产业属于新质生产力应用产业，将大数据、云计算、区块链、虚拟现实和增强现实等技术转化为旅游业的新型劳动资料是目前的重点。虽然目前河北省一些景区已经采用了新技术进行改造升级，但整体的智慧化建设应用仍不够广泛。同时，部分景区对新技术的认识不足，仍然习惯于传统的经营模式，缺少数字化体验项目，无法吸引旅游者。

（二）创新人才短缺

河北省缺乏既懂旅游又懂创新技术的复合型人才，难以推动旅游与科技的深度融合，限制了新质生产力在旅游领域的发展。比如，在开发创新型旅游产品时，可能因人才短缺而无法将创意有效转化为实际产品。在旅游人才培养过程中，河北省人才供给侧和产业需求侧在目标、结构、水平上亟待提升匹配度。

（三）旅游资源要素的整合和配置水平较低

一是产业融合层次较浅。虽然河北省提出了"旅游+""+旅游"战略，但在实践中，旅游与文化、体育、康养等产业的融合大多停留在表面，尚未形成深度融合的产业链和产品体系，如"旅游+文化"可能只是简单地在景

区增加一些文化表演，而没有深入挖掘文化内涵并将其融入旅游的各个环节。二是跨产业合作机制不完善。不同产业之间存在管理体制、利益分配等方面的差异，导致跨产业合作难度较大，协同发展效率不高。例如，在"旅游+体育"项目中，旅游部门与体育部门在赛事举办、场地利用等方面可能存在协调不畅的问题。三是融合发展的新业态规模较小。研学旅游、工业旅游、乡村旅游等融合发展的新业态总体规模和影响力还不够大，尚未形成强大的市场竞争力，与先进地区相比存在较大差距，在产品质量、服务水平等方面有待提升。

三 河北省旅游业发展的实践路径

（一）培育新型劳动者，构建高素质团队

新质生产力的培育需要充分调动和激发人的积极性、主动性和创造力。河北省必须提升人才培养质量，积极培养新型劳动者，即能充分利用现代技术、适应先进设备、了解行业和市场需求及趋势、具有知识快速迭代能力的人才。一是创新人才培养培训体系。推动高校人才培养模式的变革，将专业设置与行业发展紧密结合，确保高校教学、学生培养与产业发展保持一致，培养产业适用型人才。健全产学研协同育人机制，培养符合学科交叉、产业融合发展趋势的复合型人才，加大对旅游管理硕士、博士等应用型人才的培养力度，培养更多熟悉产业发展和市场运作规律、掌握企业运营管理技能的创新型人才。通过常规培训、专业人才培养计划等多种方式，加强对旅游从业者的培训，提升其工作能力和服务技能，加深其对产业发展的认知，全面提升旅游从业者的素质。优化旅游人才培养机制，特别是高等教育旅游人才的培养模式。二是建立人才激励机制。政府可以通过税收减免、金融支持、项目资助等方式吸引高技能人才，为他们提供更好的待遇和更多发展机会。

（二）以科技赋能旅游，实现提质增效

新质生产力对旅游业的赋能体现在旅游产品的创新、旅游服务的升级等方面。一是深化技术创新，运用5G、大数据、人工智能、区块链等新技术，有效整合现有公共服务平台，拓宽旅游公共服务信息采集渠道，推动文化、旅游、公安、交通、气象等部门数据的开放共享。二是加快建设河北省智慧旅游大数据中心，包括智慧旅游运行监管、智慧旅游公共服务、智慧旅游互动营销三大平台，实现全省旅游业全方位智慧化建设。搭建游客、旅游企业和政府相互沟通的平台，提升游客旅游体验，加强旅游企业技术研发和创新，同时加强数据安全监管，保护相关利益者的隐私。三是充分了解游客需求，将技术创新和市场需求相匹配，进一步推动文旅产品和服务满足消费者的需求。四是建立多方协作机制，文旅产业从业者、高技术研发人才和政府相关部门应共同努力，在技术层面推动文旅产业高质量发展，推动产业结构的优化升级。

（三）优化生产要素配置，完善旅游业链条

旅游产业链与一般产业链不同，它是需求导向型产业链，新质生产力直接推动旅游产业链的升级，使其朝复杂化、高端化方向发展。一是加强旅游资源要素的整合。对景区景点进行优化升级，按照"成功创建一批、建设提升一批、重点培育一批"的原则，梯次化推进高等级旅游景区创建工作。整合交通资源，构建"三地四场"世界级航空机场群，完善公路网布局，实施通景公路质量提升工程。整合文化资源，深度挖掘燕赵文化、红色文化等的内涵，打造文化演艺精品，开发特色文创产品。二是强化品牌营销。叫响"这么近，那么美，周末到河北"品牌，整合营销渠道，加强与线上旅游平台、社交媒体平台的合作，开设京津冀旅游专题页或专区。与其他省份联合举办旅游推介活动，共同开拓国内外旅游市场。三是推动产业融合。推动"文旅+"产业融合，如在"文旅+农业"方面，发展休闲农业与乡村旅游，打造环首都、太行山等高品质乡村旅游片区；在"文旅+体育"方面，

借助京张体育文化旅游带建设，开发冰雪运动、山地户外运动等体育旅游项目；在"文旅+科技"方面，利用虚拟现实、增强现实等技术开发沉浸式旅游体验项目、智慧旅游服务。四是促进区域协同整合。落实京津冀协同发展战略，与京津共同推进京津冀旅游协同发展体系建设，构建统一的旅游市场和产品体系。以燕山—太行山、长城、大运河等特色资源为依托，打破行政壁垒，跨区域整合旅游资源，打造如京张体育文化旅游带、长城文化旅游带的精品文化旅游带。

参考文献

冯学钢、李志远：《新质生产力与旅游业高质量发展：动力机制、关键问题及创新实践》，《上海经济研究》2024年第9期。

厉新建、宋昌耀、张安妮：《旅游业新质生产力：难点与方向》，《旅游导刊》2024年第3期。

厉新建等：《专利视角下旅游业新质生产力的理论框架与提升策略》，《燕山大学学报》（哲学社会科学版）2024年第4期。

梁永国、宋杨：《新质生产力背景下河北省旅游经济高质量发展研究》，《国土与自然资源研究》2025年第1期。

马波：《发展新质生产力：旅游业的逻辑分析框架》，《旅游导刊》2024年第3期。

孙九霞、王钰宁：《数智力视角下的新质生产力与新质旅游目的地塑造》，《地理科学》2025年第1期。

唐承财等：《新质生产力视域下国内外数字文旅研究评述与展望》，《地理科学进展》2024年第10期。

王金伟等：《新质生产力赋能旅游业高质量发展：理论内涵与科学问题》，《自然资源学报》2024年第7期。

谢晓如等：《旅游新质生产力及其对地方的作用机制——基于视频化社交媒体场域的案例研究》，《地理科学》2025年第1期。

杨建春、李开潮：《新质生产力赋能旅游业高质量发展：理论逻辑与实践路径》，《云南民族大学学报》（哲学社会科学版）2024年第6期。

余超、李泉宏、刘英基：《新质生产力、消费结构与旅游业高质量发展》，《河南师范大学学报》（自然科学版）2024年第5期。

余正勇：《旅游业新质生产力：概念内涵、价值意蕴及培育路径》，《燕山大学学报》

（哲学社会科学版）2024 年第 4 期。

张飞：《新质生产力背景下县域文旅融合发展路径分析》，《旅游纵览》2024 年第 20 期。

赵耀、舒伯阳：《新质生产力驱动旅游业高质量发展的内在逻辑与实践路径》，《地域研究与开发》2024 年第 5 期。

B.3 以城市"出圈"推动文旅产业高质量发展的路径探析

和 冰*

摘 要： 近年来，随着宏观政策利好和出游需求不断释放，旅游业进入由"供给迎合需求"到"供给创造需求"的新阶段。消费趋势呈现体验化、悦己化、网络化、去中心化等新特征，自媒体、短视频等网络传播平台助力贵州榕江、山东淄博、甘肃天水、江苏徐州等小众城市一夜之间变身"网红"城市，助力哈尔滨、西安、洛阳、开封等老牌旅游城市掀起新一波旅游热潮，"出圈"成为提升文旅产业知名度和品牌影响力的重要途径。本报告以当前国内"出圈"城市为研究对象，探讨揭示其背后的文旅产业发展规律，解密其"流量密码"和"出圈机理"，为河北文旅产业发展提供有益参考。

关键词： 城市"出圈" 文旅产业 高质量发展 河北

一 城市"出圈"的发展历程

从北京、三亚、西安、南京、洛阳、苏州等传统旅游城市独占鳌头，到厦门、福建、杭州、重庆、成都等特色旅游城市崭露头角，再到淄博、榕江、天水、徐州、正定等小众城市"爆火出圈"，一批又一批城市以各种方式走红，掀起一波接一波城市"文旅热"。城市"出圈"的发展历程可以划分为4个阶段。

---

* 和冰，河北省社会科学院旅游研究中心经济师，主要研究方向为旅游规划与设计。

（一）早期图文传播阶段（2000~2012年）

在互联网发展初期，以携程、马蜂窝等为代表的旅游网站兴起，游记、攻略、精美照片成为人们了解城市旅游资源的重要窗口。一些城市敏锐地捕捉到这一趋势，开始在网络上推广自身特色。例如，丽江凭借保存完好的古城风貌、壮丽的玉龙雪山、神秘的东巴文化以及独特的纳西风情，吸引了众多文艺青年和背包客。他们在旅行结束后，将在丽江的所见所闻撰写成游记发布在网络上，配以精美的照片，引发了更多人对丽江的向往。厦门则以其充满文艺气息的鼓浪屿、美丽的环岛路、富有特色的闽南建筑以及悠闲的海滨生活方式受到青睐，在鼓浪屿上，风格各异的欧式建筑与南洋风情建筑错落有致，吸引了大量摄影爱好者前来拍摄，并将照片分享到网络。这些图文并茂的内容在网络上逐渐传播开来，使丽江和厦门等城市成为当时人们心中向往的旅游目的地，在网络旅游社区和摄影爱好者群体中积累了较高的知名度，初步奠定了"网红"城市的基础。

（二）社交媒体平台兴起与旅游攻略多元化阶段（2013~2016年）

随着微博、微信等社交媒体平台迅速兴起，用户数量呈"爆发式"增长。这一阶段，城市推广不再局限于专业旅游网站，而是借助社交媒体平台的广泛传播力，让更多人了解到城市的多元魅力。杭州便是在这一阶段充分利用社交媒体平台实现城市形象传播的典型案例。杭州不仅有闻名遐迩的西湖，还有充满历史韵味的西溪湿地、灵隐寺等景点。除了自然景观，杭州的互联网科技产业蓬勃发展，阿里巴巴的总部位于此，使杭州拥有"互联网之都"的美誉。这些元素通过社交媒体平台上的用户分享、旅游博主推荐以及官方账号宣传等多种形式广泛传播。例如，微博上的旅游"大V"们纷纷发布杭州旅游攻略，涵盖美食探店、景点"打卡"、文化体验等丰富内容；微信公众号也推出了一系列关于杭州城市生活、旅游活动的专题文章。同时，杭州还举办了西湖国际博览会、杭州动漫节等大型活动，并通

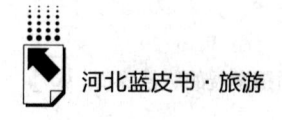

过社交媒体平台进行提前预热和现场报道，吸引了大量国内外游客的关注和参与，进一步提升了杭州在全国乃至全球范围内的知名度和影响力，杭州由此成为当时备受瞩目的"网红"城市之一。

（三）短视频"爆发"阶段（2017~2022年）

短视频平台如抖音、快手的出现彻底改变了信息传播方式，城市形象传播进入了全新的视觉化、碎片化时代。西安在短视频浪潮中脱颖而出，成为"网红"城市中的明星。西安拥有深厚的历史文化底蕴，是十三朝古都，兵马俑、古城墙、大雁塔等历史遗迹举世闻名。通过短视频平台，这些古老的文化元素以全新的创意形式展现出来。例如，西安大唐不夜城通过打造一系列沉浸式文化体验项目，如"不倒翁小姐姐"表演、"李白对诗"等，吸引了大量游客驻足观看并拍摄短视频上传至网络。这些短视频迅速走红，引发了全民模仿和关注热潮，使西安的盛唐文化形象深入人心。成都也凭借其独特的美食文化、悠闲的生活节奏和可爱的大熊猫元素在短视频平台上大放异彩。锦里古街、宽窄巷子的美食探店视频，憨态可掬的大熊猫日常视频，以及成都市民在茶馆里喝茶聊天、打麻将的生活场景视频，让成都成为人们心目中充满烟火气和幸福感的城市，吸引了大量游客前往体验"巴适得板"的成都生活。重庆则以其"8D魔幻"地形而闻名，轻轨穿楼、洪崖洞独特的建筑风貌以及复杂的道路结构在短视频中呈现强烈的视觉冲击效果，吸引了无数游客前来感受这座山城的独特魅力。

（四）多元特色"出圈"阶段（2023年至今）

随着互联网内容生态的进一步丰富和用户需求的多样化，一些中小城市凭借独特的文化活动、影视作品、美食等单一特色元素迅速走红网络，成为新兴的"网红"城市。淄博便是因烧烤而"一夜爆红"的典型案例，淄博烧烤以小饼卷烤肉、蘸料丰富等特色在社交媒体平台上引发了大量网友的关注和讨论。社交媒体平台上关于"进淄赶烤"的话题热度持续攀升,吸引了全国各地的游客纷纷前往淄博品尝烧烤,体验当地的热情好客。一时间,淄博的烧烤店成为热门"打卡点",城市的知名度和旅游热度快速上升。贵州榕江因"村BA"和"村超"而声名远扬。纯粹的民间赛事、热烈的现场氛围、独特的民族文化表演和村民们对篮球、足球运动的热爱,在网络上引发了广泛关注。赛事期间,现场人山人海,网络直播观看人数屡创新高,不仅带动了榕江体育旅游产业的发展,也让更多人了解到榕江的少数民族风情和乡村魅力。此外,电视剧《狂飙》的热播带火了江门,剧中取景地成为剧迷们的"打卡"目的地,推动了江门旅游业的发展;歌曲《早安隆回》让湖南隆回走进大众视野,吸引了众多游客前往感受歌曲中的美好意境和当地的风土人情。这些中小城市通过单一特色元素的极致放大和网络传播,在短时间内实现了城市形象的快速"出圈",展示了城市的独特魅力和生活气息,也为其他城市提供了新的思路和借鉴。

二 城市"出圈"背景下的市场需求新特征

从传统媒体时代到移动互联网时代再到短视频流量时代,城市"出圈"的每一个发展阶段都体现了旅游营销环境的巨大变化,也反映了不同时代旅游市场需求特征的新形势、新趋势。因此,深入了解市场消费特征、精准把握旅游市场需求成为"吸睛"的首要因素。

(一)出游意愿持续增长,大众旅游成为市场新常态

近年来,随着消费促进政策持续发力,文旅市场迎来"爆发式"增长。特别是2023年以来,全国各地旅游景区在节假日期间重现人山人海景象,热门景区门票、车票都出现了"一票难求"的现象。经文化和旅游部数据中心统计,2023年,国内出游人数达48.9亿人次,同比增长93.3%;国内游客出游总花费4.9万亿元,同比增长140.3%。2024年,国内出游人数达56.2亿人次,同比增长14.8%;国内游客出游总花费5.8

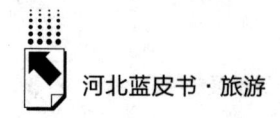

万亿元，同比增长17.1%①。中国旅游消费行为大数据调查显示，超过八成的网民在节假日有不同类型的出游计划、出游意愿。以上数据充分表明，旅游正在加速融入城乡居民的日常生活，大众出游需求持续旺盛。

（二）消费观念不断升级，品质旅游成为市场新选择

随着人们消费能力和消费观念的变化，过去同质化、粗放式和单一化的旅游产品早已无法满足消费者的需求，旅游市场需求不断升级。综合型旅游项目受到市场青睐，市场由单一的观光需求转向观光、休闲、度假、体验、会议、研学等复合型需求，游客希望在一个区域或项目中得到多种体验。旅游新业态深受欢迎，自驾游、乡村游、近郊游、运动游、研学游、养生游等产品迎合了当下人们向往自然、生态休闲、不受团队束缚的心理需求。高品质的旅游产品受到追捧，游客消费理念成熟、旅游经验丰富，对旅游产品的创新性、旅游服务的规范性、旅游环境的舒适性要求更高。

（三）旅游下沉趋势明显，生活化场景成为消费新对象

当前，人们追求"性价比"、讲究体验化的消费模式延伸到旅游业，人们选择旅游目的地的方向逐渐从"名川大山""文物古迹"向"人间烟火""市井小食"转变，旅游下沉趋势更加明显。在此基础上，旅游消费呈现非团队化、去中心化、减距离化、弱景区化等新特征，并形成了兼具成本与情绪价值优势的新趋势：一是换一个地方延续日常生活，如当下流行的去民宿、露营地做饭、运动、休闲等；二是注重旅游在地体验和融入居民生活场景，如City Walk、逛早市等。由此可以看出，特色鲜明、别样体验、生活幸福感强的旅游目的地成为当下游客乐于追寻的"别处生活"。

---

① 资料来源：文化和旅游部2023~2024年文化和旅游发展统计公报。

（四）情感需求日益旺盛，跟着"网红"出游成为消费新时尚

互联网流量时代，短视频平台的个性化推荐机制与普通用户的自发传播力量打开了一扇传播城市形象的新窗口，谁能占据手机屏幕，谁就获得了家喻户晓的机会。一个人、一首歌、一部剧、一场球、一顿烧烤就能带火一座城，任何事物都可能成为吸引流量的"网红"要素。互联网流量时代造就了旅游业的"网红经济"，从"不倒翁小姐姐"、重庆洪崖洞，到淄博烧烤、天水麻辣烫，再到哈尔滨冰雪、贵州榕江"村超"、"我的阿勒泰"，"跟风出行"成为旅游消费热点的一大标签。这个现象反映的是游客的精神追逐和共情共鸣，他们通过到地"打卡"、分享传播、表达自我、获得认同的过程实现并享受情绪价值体验，从而引发集中消费和网络共振。"出圈"和"热梗"是"社会情境+内容本体+平台算法"的共同结果，"出圈"城市通过"造梗""话题营销"等方式直击情感痛点，"轰炸式"不间断分享互动，从而实现线上"粉丝"积累和线下流量转化。

（五）年轻群体成为主力，引领旅游市场消费新热潮

根据多个热门旅游城市的旅游者年龄画像可以看出，以"80后""90后""00后"为主的年轻群体正在成为旅游的主力军。这个群体更加喜欢尝试新生事物，更加追求个性化、多样化的旅游体验。同时，这个群体是数字时代的"原住民"，他们易受到数字媒体的影响，热衷于通过社交媒体平台分享经历，具有迅速集中和放大市场热点的能量。从"进淄赶烤"到"尔滨"旅游，从城市漫游到国风国潮，诸多旅游热点的快速传播均离不开这一群体。中国社会科学院旅游研究中心的一项研究表明，年轻群体作为旅游市场的消费主体，正在对旅游消费潮流和旅游业格局产生不可忽视的影响。

三 城市"出圈"的经验与启示

虽然各城市"出圈"的原因千差万别，且看似偶然，但仔细研究之后，

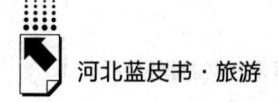

发现这些城市在"出圈"过程中也存在不少共性特征，城市的文旅产业、资源禀赋、服务导向、社会关注度等都成为城市"出圈"的关键要素。

（一）创新文旅消费体验场景是"出圈"的前置条件

近年来，旅游吸引物逐渐由观光风景向体验场景转变，生活化的休闲旅游场景不断激发旺盛的消费潜力。淄博虽然旅游资源不多，但利用烧烤"小炉+小饼+小葱"三件套形成独特的核心美食IP，主打温情好客的大众化消费体验场景，并用明星推荐、"网红打卡"、美食纪录片拍摄等方式成功吸引外地游客到淄博旅游体验。哈尔滨有着浓厚的冰雪文化氛围，多年来深耕冰雪旅游，逐渐从观赏向体验发展，成功策划了500米超长滑道、万人蹦迪、中央大街鄂伦春族表演、人造月亮、"网红"大雪人等一系列新产品、新场景、新玩法，将冰雪体验与地域文化体验深度融合，不断赋予冰雪旅游新的生命力。西安依托厚重的历史文化，打造了华清宫、大唐不夜城、长安十二时辰主题街区等内容丰富、形式多样的体验场景与演艺项目，用可沉浸、可触摸、可体验、可消费的全新场景，让游客"秒回盛唐、沉浸盛世"。

（二）持续制造"话题""热梗"是"出圈"的有效媒介

短视频自媒体时代，深入人心的热点话题是吸引关注、获得流量、让游客共情的必备要素。"出圈"的城市都经过前期精心策划、线上线下互动，热点事件和热点话题在各社交媒体平台上交互发酵，从而获得大量曝光和关注。贵州榕江"村超"先后孵化了上万个新媒体账号，培育了2000多个直播营销团队，在"村超"宣传推广中发挥了不可替代的作用。西安在短视频平台刚兴起时，就成功打造了"不倒翁小姐姐"，后续又成功打造了"李白对诗""古诗词街""盛唐秘盒"等一系列盛唐主题文化热点事件，契合了"国学热"的发展趋势，创造了一系列现象级文化IP，视频播放量累计超100亿次。重庆洪崖洞和轻轨穿楼、四川大熊猫花花和三星堆、上海和平饭店和黄河路"繁花"、烟台日出演唱会等登上热搜榜，将城市"出圈"推向高潮。此外，针对舆情危机，政府及时发现、有效把控、积极应对，成功化"危"为"机"，赢得更多的认同、好感与关注，加速了"出圈"进程。

（三）坚持以游客体验为中心是"出圈"的底层逻辑

城市之所以能够在激烈的市场竞争中成功"出圈"，最大的共同点就是把游客放在了中心位置，一切以游客的便利和需求为出发点，为游客提供满满的情绪价值。淄博为吸引游客开通了烧烤专列，哈尔滨全民动员免费接送游客，柳州为游客开通螺蛳粉公交专线，重庆封桥（千厮门大桥）方便游客拍照"打卡"，河南胖东来为消费者提供超预期的购物体验，这一系列暖心举措，无不让游客感受到城市的真诚与热情。特别是哈尔滨以冰雪为核心卖点，精准洞察游客的需求，虚心接受游客的建议，富有创意地在索菲亚教堂上空升起人工月亮，考虑游客安全连夜在过街通道上铺设防滑地毯，将"宠客"指数拉满。以游客为中心不是宏大的叙事，而是体现在一些细节上的暖人行动。对游客来讲，这些被重视、被尊重的温情体验是最能打动他们的地方，也是吸引各地游客纷至沓来的主要因素。

（四）政府与市民携手是"出圈"的必要保障

城市"出圈"是政府与市民共同为游客提供全方位、超预期产品与服务的结果。淄博"出圈"后，政府迅速行动，全力做好食品安全监管、社会治安秩序维持、公共服务优化完善、宣传推介等工作；普通民众则化身出租车司机、向导和网络宣传大使，与政府共同塑造热情好客、待人真诚的城市品牌。哈尔滨"出圈"后，黑龙江与哈尔滨加强省市协同，及时推动公共服务提档升级，对全市景区、酒店、民宿、购物、交通等方面进行全覆盖式体验监督，督办解决影响游客体验的问题；市民则自发行动，用私家车免费接送外地游客，送免费姜汤、红糖水等热饮，共同营造全城团宠"小金豆"的温馨氛围。甘肃天水派出专项督导组紧盯麻辣烫食材保供，坚决杜绝哄抬价格、不执行公示价格、收取任何未标明的费用、不履行价格承诺等违法违规行为，全力为游客营造良好的旅游环境；市民同样积极行动，把热

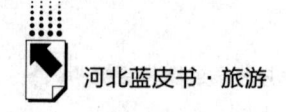

情传递给到访的游客。政府与市民共同行动、共同努力，营造了全域化的良好旅游环境。

四 以城市"出圈"推动河北文旅产业高质量发展的建议

在各路城市相继"出圈"的形势下，河北文旅紧跟发展潮流，推出了石家庄摇滚、正定夜市、保定美食等"出圈"热点，但是目前这些热点还存在辐射范围不广、特色化不强、有一定的同质化等问题。如何实现"流量变留量""吸睛变吸金"，是河北文旅产业今后要重点关注的方向。根据河北文旅资源和产业特色，结合城市"出圈"经验与启示，本报告提出如下建议。

（一）培育特色标签，打造独具城市特色的品牌

《中国旅行消费趋势洞察白皮书（2023年版）》《2024中国消费趋势报告》等研究显示，有65%的旅行者更希望在旅途中"深入当地"，更愿意去具有文化底蕴的城市体验，更加青睐特色美食、演艺演出、时尚户外、文博文创、祈福康养、旅拍"打卡"等具有城市烟火气息的体验式产品。建议各地深入挖掘本土文化，培育具备地方特色、参与体验感强、直击游客情绪的产品业态和消费场景，如特色美食——保定驴肉火烧、石家庄牛肉板面等，演艺演出——摇滚石家庄、只有红楼梦、阿那亚艺术节等，文博文创——河北博物院等，时尚户外——崇礼冰雪、草原天路、井陉"秋名山"、旅游列车等，祈福康养——安国药市、柏林禅寺等，旅拍"打卡"——阿那亚等，通过塑造具有辨识度和吸引力的城市IP和独特标签"引爆"市场。

（二）创新消费场景，满足游客多样化、个性化、品质化需求

聚焦现代旅游市场消费需求，推动河北旅游场景迭代升级和创新提质。一是推动景区景点场景"精提升"。以全省国家A级旅游景区、旅游度假区

等为重点,围绕主题定位持续打磨提升龙头产品和优质项目,创新植入国潮沉浸、时尚运动、夜间消费、科技赋能等场景化产品和互动体验项目,进一步做出亮点、做强特色、做深内涵,增强核心竞争力。二是营造"烟火城市"体验场景。以全省城市主城区、特色县域城区、旅游休闲街区等为重点,创新培育"文博+""街区+""商圈+""楼宇+"等城市微空间,创意打造"品牌+首店""本土+探店""夜间+集市""早市+菜市""潮流+艺术""网红+旅拍""节会+演艺"等具有地方标签的 City Walk 场景,增强现代城市文商旅融合的消费"向新力"。三是丰富"冀忆乡愁"旅居场景。鼓励全省乡村旅游重点村镇因地制宜引进民宿酒店、餐饮美食、农业田园、非遗演艺、户外运动、乡土研学、艺术公社等多元化业态产品,构建乡村微度假、旅居新场景,并联动周边景区、风景廊道、特色项目打造区域型乡村旅游目的地,提升乡村旅游消费能级。

(三)丰富旅游业态,推动旅游要素向旅游产品转变

从"吃住行游购娱"旅游要素入手,打造为"一顿饭""一间房""一场演出"赴一座城的旅游新亮点,推动旅游消费链式延伸,提高人均消费水平。一是做好"一顿饭"。外出旅游品尝当地的美食是不可或缺的重要内容,也是深入体验民俗风情的主要方式,河北各地要聚焦特色饮食文化,推动美食与演艺、非遗、文博、科技等融合发展,创意打造一批"冀菜"名店,传承培育一批"燕赵风味"老字号、特色小店,形成一批特色美食街区、美食地标。二是做美"一间房"。良好的住宿环境与服务是度假游、深度游的核心,应以主题酒店、精品民宿为重点,突出文化内涵、丰富体验产品,将品质度假、康养旅居、研学教育、社交团建等作为重要功能进行拓展延伸,打造一批有温度、有情怀的"微度假中心"。三是做好"一场演出"。年轻人为一场音乐节、一个赛事赴一座城已成为常态,河北要注重演出产品的开发,加快打造一批沉浸式数字艺术馆和现场演艺空间,创作一批极具代表性和影响力的沉浸式音乐、戏剧、光影秀等,打造沉浸式体验场景。四是装满"购物袋"。近年来,生活类工业品

在旅游购物中所占的比重逐年上升，要结合日常生活做好旅游商品开发，引导河北物产向旅游商品转化，如秦皇岛珍珠、唐山陶瓷、渤海湾海鲜等。在重点开发打造"爆款"的基础上，推动旅游商品向特色化、创意化、产业化、品牌化发展，让旅游者能够把河北各地的独特美食、商品、文化带回家。

（四）坚持游客体验至上，营造宾至如归的服务环境

"出圈"城市以精神满足、服务至微、体验独特为特色，充分调动了游客大众发现和记录亮点的积极性，促进了自主分享式的流量传播。建议各地注重"服务体验为王"，实现流量引人、服务留人。一是做好"城市总动员"。建立文旅、交通、公安、市场监管、卫生、环保等跨部门联席会议机制，形成各司其职、快速反应、主动作为、敢于担当的一体化服务格局；常态化构建便捷的公共服务机制、健全的医疗卫生和市场监管体系，实现由被动应对向主动服务转变。二是打好"温情服务"牌。完善旅游咨询中心、交通接驳点、旅游厕所、停车场、导览标识、休憩补给区、智慧旅游系统等公共服务设施，推出志愿车队、外地游客绿色通道、免费停车等服务模式，鼓励景区景点及周边商家免费提供常用物品及药品等，形成河北特色"温情服务"。三是保障游客权益。对热门景区景点的食品卫生、交通食宿、停车换乘等市场关注度较高的问题进行大力监管，构建线上线下联动的旅游投诉举报、处理反馈机制，保障消费者权益。四是鼓励"全民服务游客"。引导本地居民积极开展志愿服务，展现河北人民热情好客、乐观文明的精神风貌，营造"全民服务游客"的优质氛围。

（五）开展精准营销，提升新媒体传播效率和流量变现能力

从传统媒体时代到移动互联网时代再到短视频流量时代，旅游营销环境发生巨大变化。小红书、抖音、视频号等成为游客选择旅游目的地、获取正负面信息的重要渠道。建议河北各地依托大数据和社交媒体平台，围绕细分

游客群体打造冲击力强、针对性强的宣传文案，做好精准营销。一是建立专业化营销团队。依托专业化营销团队构建"总体方案+话题营销+精准推送+热点推流+舆情处理"的系统化营销体系，塑造主流媒体"宣传造势"、新媒体"同频共振"、短视频话题"时时在线"的营销格局。二是把握市场趋势与时机。及时做好对市场热点和消费情绪的捕捉，谋划打造话题"爆点"，创造网络流量；紧紧抓住正定夜市、保定美食、石家庄摇滚等流量标签进行复制传播，构建稳定的 IP 矩阵。持续挖掘多元互动中产生的好场景、好创意，塑造"新热点"。三是提升舆情处理与把控能力。以勇于担当、满载诚意的态度及时公开处理结果，不断输出正能量，因势利导促进大事化小、小事化了、坏事变好。

（六）持续深耕厚植，推动"出圈"城市实现"长红"

城市"出圈"后面临的最大问题是如何增强可持续性。西安、哈尔滨等老牌旅游城市"出圈"后仍然保持着相对稳定的热度，除了具备丰富的旅游资源和深厚的文化底蕴之外，还源于文旅产品的持续创新和城市特色的深耕厚植。当前，保定、正定、石家庄等地已呈现"半出圈"状态，建议以"出流量、出精品、出效益"为导向，在不断创造热度、留住关注度上下功夫，实现"旺丁又旺财"的可持续高质量发展。一是"趁热打铁"。趁势推介正定古城、保定古城、河北博物院等区域内其他代表性优质项目，制造正定美食、隆兴寺"九绝六最"、红楼梦中人等多个话题"热梗"，不断拓展市场热点。二是促进向内挖内涵与向外树品牌协同发力。深挖文化内涵与独特 IP，推动引擎产品围绕市场需求和主题定位进一步做出亮点、做强特色、做深内涵，以迭代升级和差异化、品质化实现龙头产品做大做强，增强核心竞争力和"吸金"能力。三是做好主题延伸拓展。打造特色食宿、国潮沉浸、时尚运动、夜间消费、科技赋能、艺术文博等热门消费场景，做精做优品牌项目和产品业态，积极开展形式多样、内容新颖的文旅体验活动，持续打造热门话题和多元消费场景，拓展延伸产业链条，提升附加值。

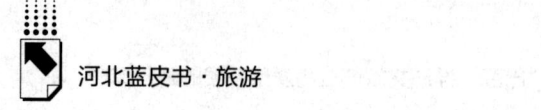

参考文献

龚晨枫：《新质生产力赋能数字旅游出版高质量发展：价值、机制和路径》，《出版发行研究》2024年第6期。

宋瑞等：《新阶段文旅消费潜力释放与持续健康发展的建议和对策》，《河北大学学报》（哲学社会科学版）2024年第2期。

曾昕：《网红城市的景观传播、主体联动与人文价值研究——淄博、哈尔滨、天水等城市特色文旅活动火爆"出圈"现象解析》，《价值理论与实践》2024年第3期。

B.4
河北以新场景、新业态激发文旅消费新活力发展研究

徐 晓*

摘 要： 旅游业是战略性支柱产业、民生产业和幸福产业，文旅消费作为扩大内需的重要抓手，对经济高质量发展有着重要支撑作用。在当下情绪消费时代，游客更注重文旅消费过程中的松弛感、沉浸感、氛围感。县域旅游成为新趋势、参与互动成为新亮点、文旅IP成为新竞争力是当前文旅消费的主要发展方向。通过梳理河北文旅消费存在的问题，结合当前文旅消费特征和趋势，本报告从丰富文旅消费新场景、打造文旅消费新业态、强化文旅消费环境保障等方面提出对策建议，以进一步推动河北激发文旅消费新活力。

关键词： 新场景 新业态 文旅消费 河北

当前，消费成为经济增长的重要动力。商务部数据显示，2024年消费对经济增长的贡献率为44.5%。在消费结构方面，随着居民消费需求的变化，以舒适、发展和享受为特征的服务消费占比越来越高。国家统计局数据显示，2013~2024年，服务消费支出占居民消费支出的比重从39.7%提升到46.1%，提高了6.4个百分点。2024年8月，国务院印发《关于促进服务消费高质量发展的意见》，强调进一步激活服务消费新潜能。文旅消费作为服务消费的重要组成部分，不仅是扩大内需的主要着力点，也是提升人民群众幸福感的有效途径。因此，河北应从丰富新场

---

* 徐晓，河北省社会科学院旅游研究中心助理研究员，主要研究方向为旅游经济与社会发展。

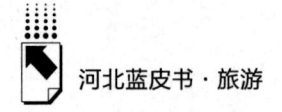

景、打造新业态入手，进一步激发文旅消费新活力，为经济高质量发展提供有力支撑。

一 新时代文旅消费的特征和趋势

新时代文旅消费的特征表现为游客更追求情绪价值，更注重消费过程中的松弛感、沉浸感、氛围感。县域旅游成为新趋势、参与互动成为新亮点、文旅IP成为新竞争力是当前文旅消费的主要发展方向。

（一）更注重松弛感，县域旅游成为新趋势

近年来，县域旅游呈现火热态势。携程《2024"五一"旅游趋势洞察报告》显示，"五一"假期县域市场酒店订单、景区门票订单均实现大幅增长，增幅分别达68%、151%。其中，河北正定成为热门的县域旅游目的地，"正定夜市"的搜索热度环比增长13倍。供给端和需求端带来的拉力和推力是县域旅游火热的主要因素。在供给端，县域旅游资源丰富、交通设施日益完备、公共服务水平不断提升，消费价格相比热门旅游城市较低，多元化的旅游体验、高性价比的消费体验让游客欣然前往。在需求端，如今游客的旅游消费不仅追求个性化、差异化，而且注重游览中的松弛感。此外，携程《2024年国庆旅游消费报告》显示，更多游客喜欢"不抢不赶、不计划、不扎堆、不打卡"的"慢旅游"，县域旅游这种更具松弛感的方式受到欢迎。

（二）更注重沉浸感，参与互动成为新亮点

近年来，各地大力打造沉浸式文旅项目，深度沉浸式文旅项目层出不穷。沉浸式旅游新业态涵盖了沉浸式演艺、沉浸式展览、沉浸式夜游、沉浸式街区等领域。在沉浸式演艺方面，上海的《不眠之夜》、山西的《又见平遥》、湖南的《恰同学少年》等演艺项目为观众带来了全新的互动体验。在沉浸式展览方面，扬州中国大运河博物馆打造了虚实结合的沉浸式运河文化

体验之旅。在沉浸式夜游方面,"夜游锦江"复原了东门码头的繁华景象,是成都夜间文旅的新地标。在沉浸式街区方面,"长安十二时辰"带给游客"穿越至唐朝"的极致体验。一方面,虚拟现实、增强现实、混合现实、全息投影等现代科技的进步为沉浸式文旅项目的发展提供了技术支撑;另一方面,新时代游客对于参与互动和情感共鸣的追求为沉浸式文旅项目的活跃提供了市场基础。

(三)更注重氛围感,文旅IP成为新竞争力

文旅IP以独特的文化内涵为核心,致力于营造氛围感,对游客具有较强的吸引力,因此打造文旅IP成为各地推动文旅深度融合的重要抓手。国产游戏《黑神话:悟空》火爆"出圈",山西省贡献了27处取景地,如小西天、玉皇庙、铁佛寺等。借助《黑神话:悟空》的广泛影响力,山西文旅迅速响应,整合文旅资源,启动"跟着悟空游山西"活动,推出《黑神话:悟空》主题旅游线路,开发"黑悟空雪糕"等文创产品。同程旅行数据显示,《黑神话:悟空》的取景地之一山西临汾小西天景区2024年国庆假期旅游热度同比上涨超过20倍。文旅与IP的融合不仅为游客提供了独特的旅游体验,更有效提升了旅游目的地的知名度和吸引力。因此,只有深挖传统文化内涵,融入各类文化项目和体验活动,打造文旅IP,才能为游客营造浓浓的文化氛围感。

二 河北文旅消费现状

(一)文旅市场持续升温

1. 消费市场潜力较大

随着扩内需、促消费政策的显效发力,河北消费环境呈现向稳向好的发展态势,2022~2024年全省居民人均消费支出增速均高于全国平均水平(见图1)。2022年,全省居民人均消费支出为20890元,同比增长4.7%,

增速高于全国平均水平 2.9 个百分点。2023 年，全省居民人均消费支出为 22920 元，同比增长 9.7%，增速高于全国平均水平 0.5 个百分点。2024 年，全省各级各部门落实落细促消费系列举措，消费需求逐步释放，消费环境持续优化，为经济增长提供了内生动力。2024 年，全省居民人均消费支出为 24253 元，同比增长 5.8%，增速高于全国平均水平 0.5 个百分点。居民消费水平显著提升，为文旅消费提供了坚实的市场基础。

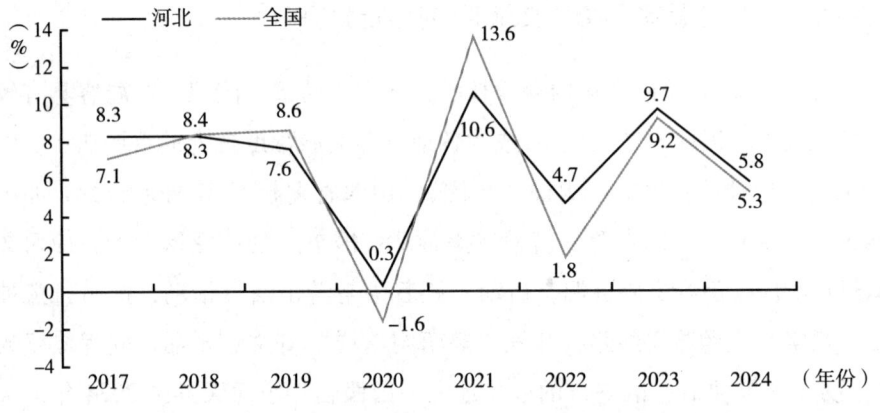

图 1 2017~2024 年河北与全国居民人均消费支出增速对比

资料来源：相关年份《河北省国民经济和社会发展统计公报》《中华人民共和国国民经济和社会发展统计公报》。

2. 文旅市场持续向好

在一系列促进文旅产业发展的政策支持下，河北文旅市场持续向好，文旅品牌影响力不断提升，"这么近，那么美，周末到河北"逐渐成为新时尚。2024 年假期，河北文旅市场活力十足，"五一"假期全省接待游客人数位居全国第六，同比增长 10.9%[1]；国庆假期全省接待游客人数位居全国第五，同比增长 13.8%[2]。2024 年，全省接待游客人数同比增长 11.10%，其

---

[1]《"这么近，那么美，周末到河北"观察：文旅新时尚背后的河北之变》，《新华每日电讯》2024 年 5 月 23 日。
[2]《接待游客人数、旅游总花费双增长 河北国庆假期接待游客数量全国第五》，《河北日报》2024 年 10 月 21 日。

中京津游客人数占全省游客总量的15.10%，旅游总花费同比增长10.20%（见表1）。

表1 2017~2024年河北旅游接待情况

年份	接待游客人数（亿人次）	同比增长（%）	旅游总花费（亿元）	同比增长（%）
2017	5.72	22.61	6140.92	31.93
2018	6.78	18.44	7636.42	24.35
2019	7.83	15.46	9313.35	21.96
2020	3.77	-51.78	3652.47	-60.78
2021	4.28	19.69	4424.42	20.34
2022	3.32	-22.64	3008.88	-31.99
2023	8.44	154.40	10116.20	236.20
2024	9.37	11.10	11148.30	10.20

资料来源：河北省文化和旅游厅。

（二）文旅供给亮点频出

2024年，河北多措并举提升文旅供给水平，向品质化、特色化迈进，文旅供给亮点频出，持续制造消费新"爆点"。一是培育打造多业态融合文旅消费场景。2024年10月，《河北省促进服务消费高质量发展三年行动方案（2024—2027年）》印发，提出重点打造14个、重点培育14个多业态融合服务消费典型场景，涵盖了商圈步行街、体育赛事经济、文化旅游、特色美食、康养旅游、会议展览等多种业态。二是沉浸式文旅项目火爆"出圈"。正定荣国府推出"一梦入红楼"沉浸式夜游，全面营造沉浸式"入梦"体验，国庆期间景区游客爆满。廊坊的"只有红楼梦·戏剧幻城"将沉浸式演艺发挥得淋漓尽致，开城以来累计完成戏剧演出1.5万场，观演总人数超500万人次[1]。三是文旅与商业联动加速。香河发布"香居"品牌，

---

[1] 《廊坊充分挖掘本地独特资源，不断"上新"文旅融合项目》，《河北日报》2024年12月30日。

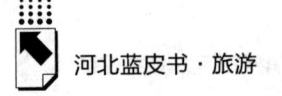

以香河家具为名片，整合香河肉饼等当地特色美食，打造联通京津的旅游线路，迅速成为热门旅游"打卡地"。"十一"假期，香河家具城实现销售额6.28亿元，比上年同期增长20%。四是文化IP与旅游景区深度融合。"大唐之山"文化IP的注入使唐山丰南河头老街实现了从"风景"到"场景"的转变，成为最高峰期日客流量近10万人次的"网红打卡地"。

三 河北文旅消费存在的问题

（一）文旅消费水平有待提升

尽管2024年河北文旅市场接待游客人数、旅游总花费实现双增长，但人均旅游消费与全国平均水平相比仍存在一定差距。以2024年国庆假期的数据为例，全国人均旅游消费为916元，而河北人均旅游消费仅为776元，低于全国平均水平。

（二）文旅深度融合有待加强

目前，河北文旅融合实践还存在文化资源利用和挖掘不足、文旅产品同质化严重、文化和旅游融合深度不够等问题。一些古镇项目在建设时过多关注表面形式，对风俗民情等深层文化内涵的挖掘和展现力度不够，导致当地的文化资源未能得到充分利用和展示。很多景区售卖的纪念品千篇一律，缺乏设计新意和独特性，不仅影响了游客的体验感，而且降低了景区的吸引力。文旅融合涉及的众多产业链衔接不畅，文化要素和旅游要素缺乏有机结合，在一定程度上影响了游客的文化体验。

（三）文旅消费环境有待优化

文旅消费活力的提升离不开完善的消费环境。目前，河北文旅消费环境仍存在短板，旅游交通体系、旅游基础设施、智慧旅游建设、旅游服务环境有待进一步升级。在旅游交通体系方面，涵盖公路、高铁、机场、海运的立体式"快旅慢游"交通体系建设仍不成熟。在旅游基础设施方面,旅游公共服务体系、旅游集散中心、旅游厕所、自驾营地等与游客实际需求还有一定差距。在智慧旅游建设方面,旅游科技支撑力不足,旅游业运行监测平台建设不完备,"互联网+旅游"服务水平不高。在旅游服务环境方面,旅游从业人员服务技能、意识和水平有待提升,旅游经营服务的监管力度有待加大。

四 河北激发文旅消费新活力的对策建议

(一)加快多样需求响应,丰富文旅消费新场景

从游客的根本需求入手,把握游客注重沉浸式体验的消费趋势,进一步丰富美食、住宿、购物、娱乐等文旅消费场景,拓展文旅消费空间。

一是以"吃"为重点,打造一批特色美食消费体验目的地,推动美食与文旅深度融合。淄博烧烤、天水麻辣烫的火爆"出圈",皆是以特色地域美食为载体,成为文旅发展的新动能。在深度梳理河北特色地域美食的基础上,制定河北美食资料库、美食地图,构建河北美食名吃体系,打造河北美食旅游线路,全方位宣传推介河北优质美食。借鉴金华"宋韵·婺州府"、洛阳"武皇盛宴"、北京"宫宴"的发展经验,鼓励河北各城市结合地域特色文化内涵打造沉浸式美食剧场,为游客提供妆造服饰、特色美食与文化演出深度融合的沉浸式体验。借鉴唐山"唐山宴"、长沙"超级文和友"的发展经验,深挖地域文化底蕴,融合人文与物产,打造集美食、非遗、民俗、市集、展览、夜市、住宿于一体的文旅商综合体和特色餐饮体验地,为游客提供一站式美食体验。

二是以"住"为抓手,打造一批高质量精品民宿和酒店,推动旅游住宿地转化为旅游吸引物。随着游客休闲度假需求的兴起,民宿逐渐成为游客体验一座城市的重要载体。要优化河北民宿空间布局,扩大民宿总量,由景区、历史街区拓展到村落,盘活乡村"沉睡"的资源,构建具有地域文化特色的民宿集群,发挥辐射带动作用,注入发展新活力。鼓励资源丰富的乡

村建设一批和当地文化、风俗、饮食、建筑紧密结合的特色民宿，挖掘本地民俗文化，强化氛围与文化体验，满足游客高品质、差异化的消费需求。以游客住宿场景为核心向外扩展，创新打造"民宿+文创""民宿+研学""民宿+书屋"等"民宿+"产品，推动民宿与汉服、剧本杀、非遗、旅拍、演出等业态相融合，拉长民宿产业链条，加速"民宿+"内涵式打造，为游客提供多元选择，增强市场竞争力，提升民宿产业的综合经济效益。开展"金牌民宿"评比活动，组织民宿经营主体培训活动，增强民宿经营主体的品质意识，推动民宿提质升级。

三是以"购"为核心，打造复合型购物旅游目的地，推动购物旅游成为文旅消费新增长点。借鉴比斯特上海购物村、比斯特苏州购物村的"文旅+零售"模式，以及它们在选址策略、服务品质、运营管理、在地化创新及绿色发展等方面的发展经验，融入购物、餐饮、休闲、娱乐、文化多维旅游体验，推动购物旅游目的地建设。紧握雄安片区、正定片区、曹妃甸片区、大兴机场片区（廊坊区域）4个中国（河北）自由贸易试验区片区发展机遇，打造国际旅游自由购物区，积极引进国际化商品、品牌、机构，完善高品质酒店、餐饮、娱乐项目，推动出境旅游消费转化为国内旅游消费。推出"文旅+首店"购物新业态，在潮流商圈、热点旅游"打卡"地标吸引各类品牌首店落户，形成首店集群效应，不仅为消费者提供新的消费体验和购物选择，还能激发旅游地标商圈的活力和创造力。

四是以"娱"为突破，打造多元化城市文旅商综合体，推动城市新地标和新名片建设。借鉴北京朝阳公园、温榆河公园的建设经验，以公园绿地为依托，引入文化演出、商业活动，打造公园型文旅商综合体。以轻松氛围打造零压社交音乐现场，邀请乐队现场开麦，在轻松闲适的氛围中展开轻量自由的派对式社交。借鉴许昌胖东来、长春"这有山"的建设经验，注重服务和互动，激发游客的情感共鸣，打造社区型文旅商综合体。引入更多年轻群体喜欢的茶社、书店、话剧院、咖啡馆、小吃街等业态，结合潮玩、文创、二次元、娱乐体验打造文创二次元空间矩阵，构筑沉浸式体验交互空间，实现圈层集聚效应。借鉴西安大唐不夜城的建设经验，着力提升街区品质、丰富文化内涵、创新体验产品、优化消费业态、完善公共服务，通过沉浸式体验、创新演出形式和多元商业模式提升吸引力，打造景区型文旅商综合体。借鉴成都东郊记忆、北京首钢园的建设经验，通过保留工业遗存并引入创意企业和文化活动，展现艺术与社交的完美结合，实现城市文化底蕴与创新流量的共生，打造园区型文旅商综合体。

（二）推动多元产业融合，打造文旅消费新业态

立足河北资源禀赋和产业基础，深化文旅与康养、农业、体育等产业的融合，构建"文旅+百业"发展模式，发展康养度假、农文旅融合、体育运动休闲等类型的文旅新业态。

一是立足生态资源，对接游客健康需求，发展康养度假类业态。按照"三养（养生养心养老）+微度假"的发展思路，以京津客源市场需求为导向，依托承德、张家口、保定、秦皇岛等地的自然生态资源优势，开发保健养生、休闲养心、健康养老等康养度假产品，引进高端医疗、健康管理、康复护理机构，打造"医、养、游、食、研"全产业链康养旅游综合体。借鉴浙江莫干山裸心谷度假村的发展经验，鼓励国家森林公园依托自然环境优势发展森林康养，引进一批高端民宿，组织骑马、射箭、温泉、水疗等康养活动，打造国家级森林康养基地。将森林文化与养生文化、膳食文化相结合，研发制作森林康养食品、饮品，树立食疗康养品牌，进一步延长森林康养产业链。借鉴保定小院的发展经验，立足环京津区域的乡村资源发展田园康养，依托乡土风情、乡愁文化，设计不同风格的精品院落，打造高品质沉浸式田园康养旅居高地。以安国药都文化、邢台扁鹊文化等中医药文化资源为核心发展中医药康养，开发中药奶茶等"国潮养生"产品，推动中医诊疗、中医药膳、中医健康管理等康养项目与旅游深度融合，创建中医药健康旅游示范区，打造中医药康养休闲旅游目的地。

二是立足乡村资源，对接游客度假需求，发展农文旅融合类业态。依托国家和省级乡村旅游重点村镇丰富的自然和人文资源，以农业为基础、文化为内涵、旅游为载体，深入挖掘乡村多元价值，以实施和美乡村精品化建

设、乡村文旅资源焕新、美学艺术赋能乡村面貌焕新、乡村建设运营品质焕新、民宿及乡村品牌焕新五大专项行动为契机，推进农文旅深度融合。借鉴四川成都明月村的发展经验，以乡村深厚的文化底蕴为基础，推出烘焙体验、陶艺体验、草木染体验等多种文化体验活动，打造摄影展、艺术沙龙、创意市集、诗歌音乐会等系列文化项目，融入艺术餐厅、图书馆、研学馆、咖啡馆等多元文化业态，为农旅发展注入文化创意。借鉴易县恋乡·太行水镇的发展经验，以乡愁情怀为内涵打造心之所向的农文旅小镇，围绕乡土文化，打造传统十二工坊、风情小吃街、恋乡馆、太行山货街等旅游场景，推出新年庙会、传统戏曲、乡村民俗节等民俗活动，聚焦夜游模式，组织山水光影秀、水上铁花秀、火壶表演等夜间文化演出活动，打造全景沉浸式山水夜游新体验。

三是立足体育资源，对接游客运动需求，发展体育运动休闲类业态。依托滨海、山地、草原等自然资源，立足沧州武术、邯郸太极拳等特色文化资源，大力发展冰雪运动，积极承办各类赛事，拓展新兴运动业态，培育"跟着赛事游河北"品牌项目，推动体育和文旅深度融合。立足崇礼冰雪资源，培育发展"滑雪+"新业态，加强滑雪旅游度假区建设，打造世界知名滑雪旅游胜地，推动冰雪运动与文旅深度融合。借鉴贵州"村 BA""村超"的发展经验，立足崇礼冬奥场馆等资源，积极承办国内外高水平滑雪赛事，释放"崇礼滑雪"品牌效应。立足丰富的自然资源，因地制宜开展徒步、登山、攀岩等户外运动项目，举办马拉松大赛、登山大赛、山地自行车赛等户外体育赛事，让游客在山水之间感悟自然灵秀与运动活力的融合。立足沧州武术、邯郸太极拳等特色文化资源，举办武术比赛、太极拳比赛，以赛事弘扬传承传统武术文化，进一步推动"赛事+文旅"业态发展。把握市场趋势，大力发展低空旅游，为游客提供在空中领略山水风情的特色体验，占领文体旅细分市场高地。

（三）多措并举提质增效，强化文旅消费环境保障

文旅消费环境是增强消费意愿、释放消费潜力的关键，淄博、哈尔滨、天水等地先后出彩"出圈",都离不开优良消费环境的有力保障。

一是推动旅游基础设施提质升级,增强消费环境硬实力。加强旅游名县、旅游景区、乡村民宿周边交通网络建设,提升与外部交通的连接顺畅度,为县域旅游发展提供便利的交通基础设施。开通旅游专线,串联不同区域的旅游目的地,为游客提供高效快捷的旅游公共交通体系。合理布局停车场、旅游咨询中心、旅游交通标识等公共设施,为游客提供功能完备的旅游公共服务体系。推动旅游厕所人性化、生态化、数字化、景观化建设,融入当地资源特色和文化内涵,打造特色旅游厕所品牌。加强数字经济与文旅发展的融合,推动"智慧旅游"场景建设,强化旅游大数据监测平台管理。

二是加快旅游服务质量提升步伐,增强消费环境软实力。从外部约束和内部激励两方面着手提升旅游从业人员的服务水平。在外部约束方面,可以通过制定服务标准、开展服务技能专业培训提升服务品质;在内部激励方面,可以通过增强旅游从业人员的归属感和认同感激发服务情怀。提升旅游景区管理服务质量,对于热门景区景点在旅游旺季的预约难、入园难、停车难、如厕难、拥挤等问题,优化细化园区各项管理。科学设置线上线下购票渠道,加强数字技术运用,为游客提供线上购票、刷脸或扫码入园的流畅服务体验。出台相关规范和标准,对宾馆、酒店的定价和服务质量提出要求,及时治理出租车乱收费问题,严格依法对旅游经营服务实施监督检查,加强行业自律、倡导诚信经营。

三是完善旅游投诉处理工作机制,增强消费环境支撑力。建立"旅游投诉快速处置"工作机制,市、县(区)两级随时待命,确保游客投诉举报渠道畅通,第一时间响应游客诉求,优化"三端"处置机制,保障游客在"事前、事中、事后"的合法权益,及时解决游客的燃眉之急。建立"旅游纠纷快速赔付"工作机制,借鉴成都经验实施"旅游诚信金"制度,对涉旅消费纠纷中事实清楚、诉求合理的,落实先行赔付,不耽误游客时间和行程安排,不影响旅游情绪,全力保障游客合法权益。建立"旅游纠纷综合协调"工作机制,专人跟进举报投诉办理进展,强化同公安、市场等

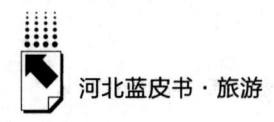

部门的沟通协调，积极充当公平、公正的"中间人"，积极搭建沟通桥梁，消除信任危机，确保精准有效调解纠纷。充分发挥旅游投诉数据对旅游企业高质量发展的推动作用，对投诉案件进行大数据分析，以投诉反映出的质量问题为导向，倒逼旅游企业不断强化内部管理，从而提升产品和服务质量，确保旅游市场规范有序、繁荣发展。

参考文献

贾楠：《文旅市场新意足"诗和远方"更出彩》，《河北日报》2024年12月9日。
孙九霞：《文旅新消费的特征与趋势》，《人民论坛》2022年第5期。
孙宁华：《数字技术推动我国文旅消费的新趋势》，《人民论坛》2024年第11期。
邹驾云：《"沉浸式"体验助力文旅消费提质升级》，《人民论坛》2020年第15期。

B.5
河北旅游新供给与新需求有效对接对策研究

朱丽娇*

摘　要： 随着我国经济进入高质量发展阶段，人民对美好生活的需求呈现多样化、多层次趋势。文旅产业不仅能够丰富市场供给，还可以激发新的消费需求，有效拉动消费，促进经济增长，在满足人民群众日益增长的文化和旅游需求的同时，成为扩大内需的重要途径。因此，把握旅游新需求、增加旅游新供给并做好旅游供需有效对接对于当前聚力抓投资促消费和推动经济持续稳定增长意义重大。本报告立足河北旅游供需现状，分析制约旅游供需对接的问题，试图找到河北旅游新供给与新需求有效对接的着力点，并提出促进河北旅游新供给与新需求有效对接的对策建议，包括提升旅游产品供给水平、做好旅游需求侧布局、持续为供需两端搭建平台、完善保障机制等。

关键词： 文旅产业　供需对接　河北

中共河北省委十届七次全会暨省委经济工作会议强调，要多措并举扩大有效需求，实施提振消费专项行动，夯实经济回升向好的根基。当前，人们的生活方式、消费观念发生了深刻变化，原有实物型消费正逐渐被个性化、分散化、体验化的服务型消费所替代，人民对美好生活的需求从"有没有"转向"好不好"。面对不断升级的旅游消费需求，文旅产业能够提供丰富的文化体验和高质量的服务，通过沉浸式旅游、文化旅游演艺等新业态提升游

---

* 朱丽娇，河北省社会科学院旅游研究中心助理研究员，主要研究方向为旅游经济与发展。

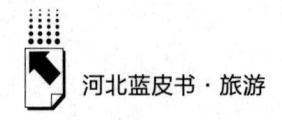

客的体验感，推动消费市场升级。由于扩大内需和深化供给侧结构性改革的有效性取决于旅游新供给与新需求之间的对接有效度，要想实现人民大众消费潜力的有效释放，必须做好旅游新型供需的有效对接。

一 做好旅游新供给与新需求有效对接的背景分析

（一）文旅消费对推动经济持续稳定增长意义重大

1. 经济稳增长发展要求

文旅消费是拉动经济增长的重要引擎，要坚持贯彻落实党的二十大精神，推进文化和旅游深度融合发展，助力扩大内需，助力旅游业恢复振兴和转型升级，实现高质量发展，更好满足人民群众需求。文旅消费能够有效扩大内需，增强经济韧性，文旅产业涵盖了"吃住行游购娱"等多个消费环节，其发展不仅能直接带动相关产业的增长，还能通过消费场景的融合和创新，进一步释放消费潜力。有研究显示，旅游业每收入1元，带动相关产业收入4.3元[1]。随着旅游消费需求不断释放、持续升级，旅游消费在居民消费支出中的占比持续提升，旅游已成为促进消费、扩大内需的重要领域。

2. 大众旅游消费意愿空前高涨

由中央广播电视总台财经节目中心、国家统计局、中国邮政集团有限公司等联合发起的"中国美好生活大调查"显示，在2024年国人消费意愿榜单上，旅游位居第一，有1/3以上的人打算在旅游方面增加消费，这一比例为5年来最高。此外，根据文化和旅游部的数据，2024年前三季度，国内游客出游总花费达到4.35万亿元，同比大幅增长17.9%，旅游经济正在步入发展的新阶段，消费者的出游频次增加，其中一年出游两次以上的游客群体规模显著扩大。

---

[1] 王珂：《推动旅游高质量发展迈上新台阶》，《人民日报》2024年5月17日。

(二)文旅产业迅猛发展不断催生新业态、新场景

1. 文旅消费需求升级

文旅消费创新需求,为产业融合发展提供了新的机遇。大众消费需求的增长促使文旅消费需求发生新的变化,从商品买卖到沉浸体验,从单向输出到双向互动,文旅消费的融合促进了文旅产业的组织融合和市场融合。随着人民大众消费升级,旅游下沉市场有望成为消费增长新引擎。

2. 文旅产业升级催生新型消费

科技创新成果不断涌现,重构了文旅商业模式、组织形式和运管模式,文旅产业应用加速落地,人工智能、虚拟现实、增强现实等数字技术的广泛应用加速了文旅产业的在线化、数字化、智能化发展;文化产业和旅游业持续深度融合,不断拓展融合边界,催生新型消费,通过产业升级和空间构建,拉长文旅产业链,打造沉浸式文化体验和新型消费综合体。

(三)旅游供需矛盾突出,亟须有效对接

1. 供需不平衡导致旅游资源浪费

目前,旅游市场存在明显的供需不平衡现象。一方面,部分景区在非假期期间游客稀少,甚至出现冷清的情况;另一方面,假期和热门旅游景点常常出现"一票难求"的现象,这种供需错配导致了资源的浪费和游客体验感的下降。

2. 供需结构性矛盾导致游客需求得不到满足

旅游供给方面存在结构性问题,如产品同质化严重、缺乏创新和高质量的旅游产品。同时,旅游需求日益多样化,游客对个性化、高品质旅游体验的需求日益增加,但供给端对旅游新需求的反应迟缓或未能做出响应。

3. 供需信息透明度不足

信息不对称是导致供需矛盾的重要原因。游客往往难以获取准确的旅游产品和服务信息,而旅游企业也缺乏有效的渠道来了解和满足游客

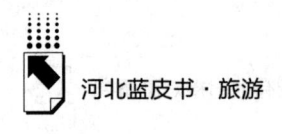

的需求。

4. 政策与市场机制不到位

旅游政策的滞后性和市场机制的不完善也是供需矛盾产生的重要原因，旅游基础设施建设滞后、旅游服务水平不高、旅游市场监管不到位、节假日安排不合理等都加剧了供需矛盾。

二 河北旅游新供给与新需求对接现状分析

面对层出不穷的旅游新需求，河北及时调研市场，通过搭建平台促进文旅资源对接，实现文旅产品供给和文旅融合新业态的不断创新。近年来，河北愈加重视文旅资源对接工作，以多举措优化文旅产业发展环境，让河北文旅频频"出圈"出彩。

（一）积极组织推介，平台效应初现

1. 省市联合组织供需对接活动，有效促成合作

近年来，河北的文旅资源供需对接平台对文旅产业发展发挥了显著作用。河北省文化和旅游厅、邯郸市人民政府主办的河北省文旅新质生产力供需对接活动，邢台市举办的文旅行业新质生产力供需对接会，以及河北省文化和旅游厅组织召开的非遗与旅游融合发展供需对接活动等，搭建了文旅资源供需对接平台，推动全省文旅资源开发工作高质量发展，进一步丰富"这么近，那么美，周末到河北"品牌内涵。

此外，河北充分发挥旅游产业发展大会平台功能，通过举办文化和旅游投融资大会、文旅产业系列招商对接活动，搭建起文旅产业投融资促进平台，集聚文旅产业头部企业，招引高能级项目，带动河北文旅产业高质量发展。

2. 多元激发供需双方兴趣，提高签约数目

为了确保每次对接活动取得实效，主办方会提前整理供需信息，制作供需对接手册，邀请供方代表和需方代表参会，通过供需对接信息分享和产品

服务推介发布，利用数字驱动、科技赋能、要素转化、创意运营的新业态、新产品、新模式吸引省内文旅企业，激发其对接合作兴趣。例如，第七届河北省旅游产业发展大会发布的河北省重点文化和旅游投资项目招商手册包含了108个河北文化和旅游"五带"投融资重点项目，对于吸引投资起到重要作用；13个重点文旅项目成功签约，充分体现了"搭建一个平台，集聚一批龙头，招引一批项目"的实效。

3. 做好服务对接，指导资源精准对接

为做好乡村旅游资源精准对接，石家庄、衡水、邯郸、邢台等地持续开展"乡建特派团"资源精准对接工作，优化河北乡村旅游资源配置，推动乡村旅游业的集聚化、规模化、品牌化发展，提升乡村旅游集聚区的服务质量和效益。2024年，河北省文化和旅游厅常态化开展"送服务、促发展"专项行动，为基层文旅提供数字化服务、金融服务，持续优化文旅产业发展环境。

（二）注重旅游产品供给，持续打造新业态

数据显示，2024年1~10月，全省接待游客人数、旅游总花费同比分别增长11.8%和11.1%，河北正成为更多人心目中的"诗和远方"[①]。河北聚焦高品质旅游产品供给，全力打造"周末休闲省"，加快培育旅游消费新业态。

1. 高质量扩大旅游产品供给

河北紧跟文旅消费新趋势，高质量打造了京张体育文化旅游带、长城文化旅游带、大运河文化旅游带、太行山旅游带、渤海滨海旅游带，大力开发温泉、冰雪、文化遗产等资源，打造四季旅游产品体系。实施乡村旅游重点村镇提升计划，培育一批旅游名村、名镇、名宿、名吃，塑造"冀忆乡情"乡村旅游系列品牌。

[①] 贾楠：《2024河北纪事｜转型，产业"含绿量"提升发展"含金量"》，《河北日报》2025年1月6日。

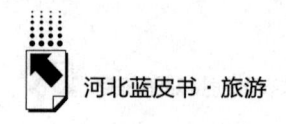

2. 打造多业态融合消费场景

服务消费是释放消费潜力的重要力量。《河北省促进服务消费高质量发展三年行动方案（2024—2027年）》将商圈步行街、体育赛事经济、文化旅游、特色美食、康养旅游、会议展览等多种业态联动起来，推动各业态融合发展，为居民提供更高品质、更有特色的服务供给。

三 河北旅游新供给与新需求有效对接存在的问题

尽管近年来河北文旅产业发展取得了不少成绩，旅游供需对接的促进措施也有一定的成效，但是面对不断出现的旅游新供给与新需求，河北在旅游供需对接中还存在一些问题，制约着文旅产业高质量发展。

（一）旅游供需不平衡现象突出

目前，河北优质文旅产品和服务供需尚存在不平衡的现象。一是文旅产品同质化严重，缺乏创新和高质量的产品。文旅市场面临结构性供需错配的问题，低端产品过剩而高端优质产品供给不足。二是对旅游新需求追踪不及时，旅游新供给跟不上。当前大众旅游需求日益多样化，游客对个性化、高品质旅游体验的需求不断增长，但河北捕捉新需求的能力有待增强。三是旅游服务水平有待提高，与其他旅游服务做得好的地区相比，河北还有很多需要学习和提升的地方。

（二）旅游供需对接平台和活动专业化不足

旅游供需对接平台和活动的发展趋势是多元化、智能化、绿色可持续、跨界合作与共享经济相结合，目前河北的旅游供需对接平台和活动尚偏传统。一是平台活动的主题相对单一和老旧，停留在传统文旅资源的整合和推介阶段，对文化生态旅游、智慧旅游等趋势把握不到位。二是平台活动在资源配置和服务提供上的可持续性较弱，尚未重视对绿色旅游理念的推广和绿色产品的开发。三是平台活动服务范围有限，对接没有实现跨界合作，行业壁垒阻碍了资源共享和优势互补。

（三）旅游供需对接的保障服务不足

一是相关政策落实不到位、效果不够明显。一方面，跨部门协同难度增大，部分地方在考核旅游业发展成效时缺乏明确、有效的评价体系，导致政策执行标准不明确。另一方面，政策宣传引导不到位，惠企政策兑现服务机制不完善。二是交通基础设施和旅游服务设施还不完善。部分景区停车场车位不足、卫生条件差，直接影响游客的体验度和满意度。此外，旅游公共服务体系的建设缺乏系统规划，人性化设计不足，导致游客体验不佳。三是旅游市场的秩序监管机制不健全。市场诚信缺失，游客对旅游服务的信任度下降。

（四）旅游市场多媒体宣传不足

一是传统媒体与新媒体结合不足，部分景区的旅游宣传过于依赖传统媒体，如电视、报纸、广播等，而缺乏对新媒体的充分利用。二是新媒体运用效果不佳，部分景区虽然意识到新媒体的重要性，但在整合旅游资源时，对新媒体的运用不够灵活，覆盖面不广，交互性宣传不够。三是宣传内容单一且缺乏创意，部分景区的宣传内容主要集中在历史意义和文化内涵上，缺乏趣味性和互动性。

四　河北旅游新供给与新需求有效对接的着力点

针对目前河北旅游新供给与新需求有效对接出现的问题，要坚持守正创新、提质增效、融合发展，尽快补齐文旅消费供给短板，多角度推动文旅产业高质量发展。

一是敏锐把握市场新需求。快速捕捉消费者旅游新需求，最大限度激发大众旅游消费意愿，释放旅游消费潜力。人民群众有意愿也有条件外出旅游，市场基础才会变得更坚实，投资机构和市场主体自然也就愿意将资本、

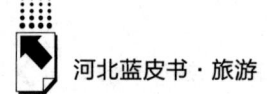

技术和人力资源投入旅游领域[①]。要主动研判市场形势，稳住消费预期，提振旅游相关产业信心。

二是最大限度提高供给质量。存量资源是基础，增量服务是关键。一方面，根据市场新需求释放的消费信号，统筹安排优质旅游产品供给，不断研发高品质新产品；另一方面，持续提升旅游服务水平，增强河北旅游"软实力"。

三是精准搭建多元新通道。分主题举办旅游供需对接会，通过研讨交流、项目签约等环节，集聚优质资源，帮助企业开展产业链对接、技术对接、投融资对接等全方位对接活动，促进旅游业高质量发展。同时，保证供需对接渠道畅通无阻，强化全环节关注、重点环节促成、后续环节跟踪。

四是有效保障对接力度和深度。加强与有关部门的沟通协调，靠前一步、主动作为，积极协调有关部门解决政策落实过程中的难点堵点问题，打通政策落地"最后一公里"。加强对旅游供需相关政策落实情况的跟踪评估，及时总结和推广优秀经验做法，将政策落实情况和成效作为对各部门工作的重点评价内容。

五是适时利用新媒体。文旅有关部门要善于利用微信、微博、短视频账号打造新媒体矩阵，及时发现、创造热点，形成强大的新媒体平台传播效应，通过创新宣传方式激发用户的参与热情，大力宣传推广河北旅游品牌，助力旅游供需成功对接。

五 促进河北旅游新供给与新需求有效对接的对策建议

（一）提升旅游产品供给水平，实现"需求旺供给强"，提高供需匹配度

1. 提供"量体裁衣"新产品

聚焦科技创新，打造一批数字驱动、科技赋能、要素转化、创意运营的新业态、新产品、新模式，拓展数字文旅消费新场景、新业态、新产品，提

[①] 戴斌：《2024年旅游经济回顾与2025年展望》，《中国旅游报》2025年1月1日。

升文旅企业数字生产能力、竞争能力；聚焦产业焕新，重视生态、康养、露营等旅游新模式，促进农文旅产业融合，通过"文旅+"思维推动农文旅从观光旅游向休闲、体验、度假、康养等新业态转变，从打造沉浸式景观、创新研学体验、挖掘多元产品等方面促进农文旅融合发展；聚焦城市更新，盘活存量、做优增量、提升质量，在工业遗产改造和老旧街区改造中打造文旅新空间和创意文化高地。

2. 提供"花式宠客"新服务

持续打通文旅服务"最后一公里"，举办系列特色文旅活动，推出暖心服务和优惠举措，满足群众新需求和新期待；不断升级相关配套服务，提供事无巨细的文旅服务，向游客开放政府食堂和机关单位停车场，提供自助茶水、充电宝、无线网络，推出价格"亲民"的简餐、特色餐，打造城市旅游招牌，塑造良好形象。

3. 提升游客情绪价值

注重旅游多重功能属性，为年轻人提供疗愈价值。年轻人是旅游消费主体，但这个群体面临升学、就业、婚姻、生育和职业发展等方面的压力，旅游给他们提供了另一个空间，为他们带来了新鲜感、体验感、互动感，带来了不同场景下的人生角色变换和时空穿越感。同时，为外地游客提供社会融合功能，吸引外地游客融入早市等本地人日常生活场景，感受当地文化风俗，彰显城市的接纳度和亲切感；为游客提供自我教育功能，积极打造研学基地，开发研学线路，弘扬爱国主义精神。

（二）做好旅游需求侧布局，注重新需求研究，为对接合作把握方向

1. 精心做好需求侧客源组织与引导

组织开展对旅游客源地细分需求的深入调研，注重挖掘和释放不同游客的旅游消费潜力，贴近客源需求，不断创造新供给；预先组织专班赴全国各地开展旅游推广，进行河北文旅市场预热；采用"以客引客"方式，使每个游客都成为招徕者，形成强大传播效应。

2.发掘新型消费模式，创造新时代文旅消费热点

当前，绿色消费、健康消费、智能消费等新型消费模式成为重要消费增长点，满足了消费者多样化、个性化、品质化的需求，有效激发了消费潜能。旅游企业应积极顺应市场需求变化，通过产品创新、服务升级等方式培育和迎合新的消费热点。

（三）持续为供需两端搭建平台，以灵活多样的活动提升对接实效

1.实施全方位对接

举办旅游新供给与新需求有效对接资源推介会，持续统筹政府与市场、供给与需求，为供需双方搭建平台、优化要素配置。一是分主题、分内容、分场景、分业态，持续、精准、深入开展旅游供需对接活动，引导供需双方深入挖掘项目需求，充分展示供给能力，现场进行对接，以更好地推进产品和服务项目落地，扩大产品和服务在旅游场景的供给，满足旅游目的地建设对文化和科技要素的新需求。二是充分利用供需双方政策和资源优势，做好资金衔接、工作联动、资源共享和人才互补，建立政府、企业、专家"三位一体"的指导对接团队，提供全方位对接服务，构建"资源对接—落地见效—成果推广"培育机制，保证对接效果。

2.创新平台活动形式

在对接会上设置合作经验分享环节，邀请前期达成合作的供需双方介绍合作经验，为其他供需代表提供经验借鉴；设置自由洽谈环节，让供需双方现场沟通，促成合作意向；通过现场问答、案例分享等形式，促进供需双方的深度交流。

3.数字化支持供需匹配

利用数字化工具和技术来支持供需对接活动。建立健全文旅市场信息共享平台，及时发布市场动态和消费者需求信息，为供需双方提供更精准的匹配建议，帮助供给方和需求方实现快速匹配。此外，搭建文旅产业供应链管理平台，通过云计算和大数据技术，优化文旅产业的供应链管理，提高运营效率。

（四）完善保障机制，为对接落地保驾护航

1. 保障政策落实

持续优化政策，释放消费需求。加大对文旅产业基础设施的政策和资金支持力度，把交通基础设施、旅游服务设施作为助推全域旅游发展跃上新台阶的重要抓手[①]。创新财政支持，并通过中央预算内投资、旅游发展基金等渠道支持地方提升旅游公共服务水平。制定相关政策鼓励文旅企业创新，支持多元化产品的开发和推广，营造良好的市场环境。探索推动带薪休假制度落实，保障假日消费时间。更重要的是提升相关政策的精准性、针对性和有效性，保障政策执行效力，确保政策落地见效。

2. 聚焦机制创新

一方面，强化统筹协调，坚持省市文旅部门牵头抓总、整体统筹，龙头企业主动承接、支撑引领，各有关部门和企业集团主动参与、有效协同，构建"大文旅"格局，实现省市联动、部门协同、上下贯通、共同发力；另一方面，构建"主客共享"文旅体系，为群众提供更高质量、更有效率、更加公平、更可持续的文旅供给直达基层服务。

3. 持续优化消费环境

专门出台相关措施规范旅游市场秩序，让游客能够玩得开心、舒心和放心。在节假日派出检查组深入一线"明察暗访"，对旅游市场违法违规行为"零容忍"，予以严厉打击，切实保障游客权益，不断提升服务品质，让游客感受到一流的服务。优化消费环境，健全文旅市场信用体系，深入落实安全生产责任制。

（五）善用新媒体，为增强对接实效助力

1. 利用新媒体优化传播方式

针对河北文旅新场景、新业态等，利用多种新媒体平台进行传播，扩大

---

① 原野：《供需两端发力促文旅消费》，《光明日报》2024年5月27日。

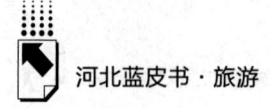

覆盖面和影响力，提升传播效果。同时，对出现的旅游热点事件和正面案例进行追踪报道，提升河北旅游知名度，形成新媒体助力文旅产业发展效应。

2. 利用新媒体精准匹配需求

通过大数据分析消费者行为，帮助旅游企业更好地定位目标客户，从而提高营销效果。新媒体可以帮助经营者更好地了解游客需求，并提供个性化的服务。同时，新媒体平台上的用户评价和推荐功能可以帮助其他潜在游客做出更明智的选择，从而助力旅游服务优化。

参考文献

查建平等：《文化和旅游融合发展的多重驱动路径研究——基于"需求—供给—支持"框架的组态分析》，《旅游导刊》2024年第1期。

陈晔、王惊：《旅游业的幸福价值：从需求侧到供给侧的探讨》，《旅游学刊》2023年第6期。

阚越、章锦河：《供需耦合协调视域下新疆旅游供给侧改革研究》，《伊犁师范大学学报》2022年第4期。

王红彦：《以高质量供给满足文化和旅游市场需求》，《中国旅游报》2020年12月24日。

徐占忱、李云涛、王常君：《在供给和需求的深度对接中创造新的消费生长点——对哈尔滨冰雪旅游"出圈"的调研与思考》，《奋斗》2024年第8期。

B.6 "这么近，那么美，周末到河北"：河北11地市旅游市场博弈与提升策略[*]

张祖群　王滢　周晓彤　李丁根　张宇航[**]

摘　要： 河北作为北京、天津两直辖市之近邻，区位优越，旅游资源丰富。随着京津冀协同发展战略的推进，河北迎来旅游业发展新机遇。本报告以河北11地市为样本，依托统计年鉴和基础数据，评估"这么近，那么美，周末到河北"旅游品牌效应，并探讨河北11地市旅游市场的博弈与提升策略。研究发现，河北11地市旅游市场呈现冷热不均、四季不均现象和旅游品牌形象差异。对标京津旅游核心市场，"这么近，那么美，周末到河北"旅游要素建设要注重优化"吃住行游购娱"环节、全面提升旅游服务质量、实施"文化+旅游+"策略、加强文旅高端人才培养。

---

[*] 本报告系北京市社会科学基金规划项目"北京古都艺术空间因子挖掘与遗产保护"（21YTB020）、中国高等教育学会"2022年度高等教育科学研究规划课题"重点项目"基于文化遗产的通识教育'双向'实施途径"（22SZJY0214）、教育部学位与研究生教育发展中心2023年度主题案例"中华优秀传统文化的文化基因识别与文创设计"（ZT-231000717）、工业和信息化部2024年软课题"统筹推进新型工业化和新型城镇化的路径和机制研究"（GXZK2024-01）、北京理工大学2024年"研究生教育培养综合改革"课程建设专项教学案例"从公约认知到文明互鉴——文化遗产创新设计案例"、2024年校级教育教学改革重点项目"基于遗产公约与文明互鉴的设计学类本科专业综合素养提升研究"（2024CGJG017）、2024年校级研究生教育培养综合改革一般项目（教研教改面上项目）"设计学（文化遗产与创新设计）硕士创新培养模式：融通专业学习与领军价值引领"的研究成果。

[**] 张祖群，北京理工大学设计与艺术学院文化遗产系高级工程师、硕士生导师，主要研究方向为文化遗产与艺术设计、文化旅游等；王滢，北京理工大学设计与艺术学院2023级硕士研究生，主要研究方向为文化遗产与艺术设计；周晓彤，北京理工大学设计与艺术学院研究人员，主要研究方向为视觉传达设计与文旅；李丁根，北京理工大学法学院研究人员，主要研究方向为区域发展与依法治国；张宇航，北京理工大学法学院研究人员，主要研究方向为人工智能法学与区域发展。4名学生对本报告学术贡献一样，为并列第二作者。胡雨薇、李潘一等参与修改，特此一并致谢。

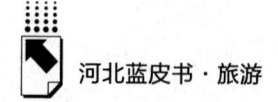

本报告提出明确精品差异化发展思路、做好旅游文创智慧服务等策略，以推动河北旅游业高质量发展。

关键词： 旅游市场博弈　差异化发展　河北

一 "这么近，那么美，周末到河北"行游规律重塑

河北位于我国华北地区，拥有丰富多样的自然景观和深厚的文化底蕴。从山海关长城到承德避暑山庄，从白洋淀到秦皇岛，河北的旅游资源吸引了大量游客。对标京津两大旅游市场，河北旅游业发展充满机遇与挑战。

河北旅游市场具有明显的区域性。京津两市作为河北的主要客源地，对河北旅游市场发展具有决定性影响。河北旅游市场也呈现季节性和高峰性，在节假日和周末形成旅游高峰期。为进一步开发京津旅游市场，应遵循"这么近，那么美，周末到河北"行游规律，通过提供更加便利的交通条件、更加丰富的旅游产品和更加优质的旅游服务，吸引更多京津游客"周末到河北"。

（一）距离远近影响出行

近年来，以高速公路和高铁为代表的河北交通网络得到快速发展，大大缩短了河北与京津之间的通行距离。交通的快速和便捷，使京津居民在短时间内就能到达河北主要城市和旅游点，大大地丰富了周末旅游选择[1]。从时间安排来看，较短的距离意味着更少的交通时间，游客可以获得更多的活动时间或更灵活的行程。距离越近，交通成本（燃油费、通行费等）也就越低，短途自驾游更为经济。对于周末旅游而言，距离较近的目的地更受欢迎，游客可以在有限的时间内往返旅行。

---

[1] 王恒：《京津冀旅游协同营销：现状、问题及对策》，《中国经贸导刊》2018年第35期，第73~74页。

在河北 11 地市中，距离相对较近的唐山、保定、秦皇岛等更易成为京津居民短途旅游的首选。从北京出发选择廊坊、保定最宜，从天津出发选择唐山、秦皇岛最宜。北京去河北短途旅行以自驾为主，充分利用发达的高速公路网络，选择最佳路线，灵活安排行程，减少旅行时间，享受沿途的风景和地方文化。京津游客出行前和旅途中非常关注实时路况信息，以及时调整路线。为了提高出行体验，部分京津游客避开在节假日或周末高峰时段出行，以减少交通拥堵。游客结合目的地自然景观、游憩娱乐、文化体验、休闲度假等特色旅游产品，选择适合自己的旅游项目。

（二）交通线路决定走向

高速公路和高铁线路的串联，不仅提高了河北各城市间的连通性，也加强了河北与京津地区的联系。高速公路和高铁线路形成了覆盖广泛的交通网络，具有便捷性、高频率等特点，方便不同地区的连接与换乘，加快了人员流动，也促进了区域经济发展。快速的城际交通缩短旅行时间，方便乘客出行。

（三）旅游市场发展现状及面临的挑战

河北坚持构建"一体两翼五带"、全域全季全天候旅游发展新格局，推进文旅产业高质量发展，旅游经济社会发展持续向好。《河北省加快建设旅游强省行动方案（2023—2027 年）》提出构建"快旅慢游"交通体系、完善旅游基础设施、强化智慧旅游建设、优化旅游服务环境等行动。各市积极响应，实施一系列措施以推动河北文旅市场振兴。例如：石家庄市推出"跟着季节游河北""中国渤海滨海旅游欢乐季"等主题活动，上线"乐游京津冀一码通"，为京津冀三地游客提供一站式全程服务；保定市整合各类优质旅游资源，形成"古色、绿色、红色、银色"四大主题旅游线路，为游客提供丰富的旅游体验。河北主要地市"这么近，那么美，周末到河北"相关政策如表 1 所示。

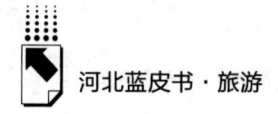

表1 河北主要地市"这么近,那么美,周末到河北"相关政策

城市	"这么近,那么美,周末到河北"相关政策
石家庄市	以红色文化、动漫产业为特色,借助现代化国际化美丽省会城市建设,打造全域休闲体验型旅游目的地、京津冀休闲度假目的地、区域性旅游集散中心
唐山市	建设特色鲜明的中国工业文化旅游名市、山海休闲知名旅游目的地
秦皇岛市	围绕国家全域旅游示范区、国家文化消费试点城市等品牌创建,建设国际滨海休闲度假之都、国际健康城,打造一流国际旅游城市、国际知名旅游港
邯郸市	建设国家历史文化名城、东亚文化之都和太极拳文化旅游目的地
邢台市	建设文化与科技、文化与创意融合的示范园区,打造省会"后花园"、全国优秀旅游目的地
保定市	培育壮大中医药产业、现代雕刻产业、定瓷产业等,打造富有京畿文化特色的旅游目的地和文化旅游名城
张家口市	建设以冰雪运动、生态旅游、文化体验为核心吸引力的国际旅游城市、世界冰雪运动与休闲旅游胜地、国家文化和旅游产业融合发展示范区
承德市	围绕生态绿色引领、文旅深度融合,打造生态文化旅游目的地、国际旅游城市
沧州市	建设国际知名的杂技武术旅游目的地、中国大运河文化重要承载地
廊坊市	建设与京津同城效应突出的复合型商务休闲旅游城市、国际新型空港文化旅游休闲区、京津走廊生态宜居城市
衡水市	推动国家生态文明旅游示范区、文化旅游循环化经济示范区试点创建工作,建设京津冀文化生态旅游目的地、美丽湖城

资料来源:根据调研资料整理。

在实际运行中,"这么近,那么美,周末到河北"旅游品牌的建设仍存在一些挑战:各地旅游产品同质化严重,乡村旅游开发较为初级,缺乏高附加值产品,产品品质仍需提升;旅游业与农业、服务业、运输业等分工协作不足,文旅产业链条有待延伸;各地营销推广模式雷同,旅游品牌的吸引力和影响力亟待增强;随着文旅融合的不断深入,文旅消费活力亟须进一步激发,新兴业态和消费模式有待拓展,现代旅游业体系尚未形成。

(四)重塑"这么近,那么美,周末到河北"行游规律

京津游客在周末时间选择前往河北进行短期旅游,周日晚上或周一早上返回,形成候鸟式行游规律。河北多个城市位于京津1~2小时交通圈内,

交通通达性和便利性使之成为京津两市居民周末旅游的首选目的地,游客有自驾、高铁或长途汽车等多种选择,一日游游客占多数(见表2)。从游客的行游规律来看,河北自身所拥有的丰富自然资源及深厚的文化底蕴成为主要吸引力。游客旅游活动偏好类型多样,包含观光、美食体验、文化体验、购物、户外活动等。旅游信息获取有多种途径,游客可以通过在线旅游平台、官方旅游网站和账号、旅游宣传材料、新媒体账号、各类旅游推广活动来获取旅游信息。

表2 2023年河北省各地市游客统计

单位:万人

地市	过夜游客人数	一日游游客人数	游客总人数
石家庄市	1604.41	4150.49	5754.90
唐山市	1624.35	2931.95	4556.30
秦皇岛市	650.41	1235.37	1885.78
邯郸市	1245.04	2062.50	3307.54
邢台市	604.81	1517.83	2122.64
保定市	1579.24	4496.05	6075.29
张家口市	978.02	2090.71	3068.73
承德市	553.68	1094.96	1648.64
沧州市	769.91	1257.46	2027.37
廊坊市	699.94	1020.93	1720.87
衡水市	520.07	1298.89	1818.96

资料来源:河北省文化和旅游厅。

河北在京津冀协同发展的大背景下,通过交通网络的完善和旅游资源的深度开发,正逐步重塑"这么近,那么美,周末到河北"的行游规律。通过优化旅游产品和提升服务质量,更好地满足京津居民旅游需求,实现三地旅游市场的共享与共赢①。这不仅为河北带来了新的发展机遇,也为京津居民提供了更加丰富和便捷的旅游选择。

---

① 冯石岗、刘畅:《河北旅游业现状及发展对策研究》,《赤峰学院学报》(自然科学版)2016年第17期,第61~63页。

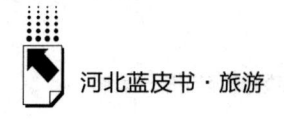

二　河北11地市旅游差异

（一）冷热不均现象

1. 热门地市分析

秦皇岛市：作为河北知名旅游城市，以丰富的海滨资源和独特的旅游资源吸引大量游客。例如，秦皇岛阿那亚社区2023~2024年整体预订住宿量远超往年同期水平，显示出其强大的旅游吸引力。秦皇岛还通过开发冰雪旅游项目，有效缓解旅游市场的季节性波动。

石家庄市、保定市、邯郸市：这些城市是京津游客的主要目的地，具有较高的旅游热度。特别是石家庄市通过举办各类公益演出活动、打造"Rock Home Town"音乐城市 IP，进一步提升了城市旅游吸引力。

2. 冷门地市分析

河北一些地市旅游资源相对匮乏、开发不足或宣传不够，导致旅游市场相对冷清。例如，邢台市虽然拥有九龙峡、崆山白云洞等国家4A级旅游景区，以及扁鹊庙、清风楼等人文景观，但整体而言资源的知名度和吸引力有限，宣传力度的不足限制了邢台市旅游市场的发展。邢台市的旅游市场还有较大提升空间，旅游产品的创新水平和旅游线路的整合度有待提高。廊坊市位于北京和天津之间，地理位置优越，但其旅游资源相较于周边地区并不突出。除"只有红楼梦·戏剧幻城"等特色景点之外，廊坊市整体旅游市场相对冷清。廊坊市地处京津冀协同发展核心区位，更多地承担区域交通和物流功能，而旅游业发展相对滞后，尚未形成足够的文旅吸引力和竞争力，旅游市场开发和宣传需要进一步加强。衡水市虽然拥有衡水湖、闾里古镇、衡水民俗博物馆、武强年画博物馆等自然和人文景观，但相对于其他地市知名度和影响力较低，旅游发展程度不够深入，旅游产品和线路设计缺乏吸引力。

(二)四季不均现象

河北旅游市场存在明显的季节性差异。夏季是传统旅游旺季,秦皇岛、唐山等海滨城市及承德等避暑胜地夏季游客数量激增。在淡季,游客数量大幅下降,全年旅游市场四季不均。为了破解这一难题,河北各地市纷纷采取措施,如秦皇岛市通过发展冰雪旅游项目、举办冰雪运动赛事等,有效延长旅游旺季的时间,在一定程度上缓解了淡季的冷清局面。承德市在保持皇家园林与避暑山庄特色的基础上,大力发展自驾游与乡村旅游,将游客适当分散,促进温冷型、小众旅游景点发展,实现旅游市场的多季节转型。

(三)旅游品牌形象差异

河北地理位置得天独厚,毗邻渤海、内环京津,文化内涵丰富;拥有众多的自然资源和丰富的历史文化遗产,旅游景观不计其数,是远近闻名的旅游大省。河北各地市旅游品牌形象存在差异,具体如表3所示。

表3 河北主要地市旅游品牌形象

地市	旅游品牌形象	代表性景区
石家庄市	历史文化遗产丰富,红色文化底蕴深厚	正定古城、赵州桥、西柏坡景区
唐山市	工业文化与历史遗产、自然风光与生态旅游相结合	清东陵景区、南湖·开滦旅游景区
秦皇岛市	历史文化遗产丰富,海滨旅游城市	山海关景区
邯郸市	中国成语典故之都、太极之乡,历史文化遗产丰富	娲皇宫景区、广府古城景区
邢台市	自然风光优美	崆山白云洞、邢台大峡谷
保定市	红色旅游资源丰富,自然风光优美,历史文化底蕴深厚	清西陵景区、野三坡鱼骨洞景区、狼牙山风景区
张家口市	冬奥之城,草原风光	崇礼冰雪旅游度假区、张北中都原始草原度假村

续表

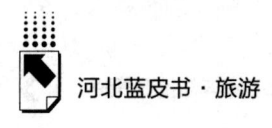

地市	旅游品牌形象	代表性景区
承德市	避暑胜地、皇家园林	避暑山庄、金山岭长城景区
沧州市	杂技之乡、运河文化	吴桥杂技大世界
廊坊市	历史文化、现代休闲	国安第一城
衡水市	自然风光与酒文化相结合	衡水南湖景区、闾里古镇

资料来源：根据各地市旅游宣传资料整理。

三 "这么近，那么美，周末到河北"旅游要素建设策略

（一）优化"吃住行游购娱"环节

在京津冀协同发展背景下，随着旅游业的不断壮大，人们对河北旅游的关注度越来越高。"这么近，那么美，周末到河北"的游客满意度表现出散点状差异，河北各地市在"吃住行游购娱"环节不断发力，提升"这么近，那么美，周末到河北"的品牌知名度和游客满意度。

在"吃"环节，河北"美食街"项目在京津地区游客中的知名度较高，如石家庄的"正定小吃一条街"，保定的"保定宴"、保定不夜城，张家口的帝广小吃街、老火车步行街夜市等，以丰富的美食种类和地道的口味吸引了大量游客。

在"住"环节，河北民宿数量近年来大幅增长，其中高端民宿占1/5。以张家口崇礼区的滑雪主题民宿为例，冬季入住率常年保持在90%以上，且游客评价普遍较高。

在"行"环节，目前，从北京出发前往河北各主要景区的高铁班次每日超过100列，车程普遍在1~2小时。河北还开通了多条旅游专线巴士，为自驾游客提供便捷的停车与接驳服务。

在"游"环节，河北不断创新旅游产品，推出一系列深度体验项目，如邯郸的"成语文化体验游"通过角色扮演、互动游戏等让游客深入了解成语文化，成为河北文旅一张新名片。

在"购"环节，河北依托保定"易水砚"、定兴京绣、曲阳石雕、邢窑白瓷、廊坊大厂花丝镶嵌等非物质文化遗产开发多种文创衍生品，不仅在国内市场畅销，还远销海外。

在"娱"环节，为丰富游客的文化娱乐活动，河北各地纷纷举办各类演艺、展览等活动，如秦皇岛的"阿那亚音乐节"每年吸引数万名音乐爱好者前来参与；承德的"皇家文化节"通过复原清代宫廷生活场景、展示皇家艺术品等方式让游客近距离感受皇家文化魅力。这些活动不仅提升了游客的娱乐体验，还有效地传播了河北文旅品牌。

（二）全面提升旅游服务质量

河北全面实施"旅游服务质量提升计划"，通过引入 ISO 质量管理体系、加强基础设施建设、开展员工培训等措施，使省内国家 A 级旅游景区游客满意度提升 15%，游客投诉率下降 30%。相关政策的有机融合与有效落实，不仅促进了河北旅游服务质量的全面提升，还推动了旅游业的高质量发展，为构建更加繁荣、有序的河北旅游市场奠定了坚实基础。以承德避暑山庄为例，该景区全面升级基础设施，增设无障碍设施，升级导览系统，优化卫生间环境；开展员工"微笑服务"培训，每位员工都以热情、专业的态度服务游客。

（三）实施"文化+旅游+"策略

党的二十大报告强调"积极推进文化和旅游深度融合发展"。党的二十届三中全会审议通过的《中共中央关于进一步全面深化改革　推进中国式现代化的决定》提出"健全文化和旅游深度融合发展体制机制"。旅游业是综合性产业，要想推动河北旅游业高质量发展，必须实施"文化+旅游+"策略。树立"文化+旅游+特色"理念，重视河北自然资源与社会文化资源、文化发展与生态环境保护的辩证关系，深入挖掘河北文旅资源内涵，追求长期利益。突出河北各地市优势，着力提高本地产品附加值，创新开发精品景区和品牌项目，完善特色美食体验区、主题酒店配套设施及购物娱乐休闲区。培育新业态和新型消费模式，提升商品档次和服务水平。

（四）加强文旅高端人才培养

河北旅游业缺少专业化、多样化的人才，难以满足旅游市场需求。从区域经济结构看，京津冀协同发展为河北旅游业提供了新的机遇与挑战。随着京津冀协同发展战略的推进，北京与天津的经济联系日益密切，对高层次旅游人才的需求不断增加。就河北省内而言，北部地区旅游管理和服务人才严重不足，特别是旅游高级人才和创新人才匮乏。应根据不同类型人才特点实施相应的培训计划，加深对旅游企业员工需求状况的认识。进一步加强河北导游的职业教育，提升其综合素质，以满足市场需求。进一步提高旅游机构的管理质量和服务标准，提升各大旅行社导游的专业技能，持续开展长期的导游培训课程。致力于培育掌握高级旅游信息化知识的专业人才，使其成为高端服务型人才。建立专门针对旅游服务质量的监测和评价机制，进一步优化文旅专业人才的评估和筛选流程，并制定相应的保留和激励措施。

四 河北旅游高质量发展策略

（一）明确精品差异化发展思路

要构建具有河北独特风格的旅游品牌，关键是将河北的旅游资源特点和旅游优势有效融合，形成属于自己的特色文旅品牌，致力于将河北打造成中国最具竞争力的旅游目的地之一。

第一，因地制宜打造"这么近，那么美，周末到河北"特色游。河北需要进一步围绕燕赵文化、红色文化、长城文化打造具有独特风格的旅游品牌[1]。明

---

[1] 冯石岗、刘畅：《河北旅游业现状及发展对策研究》，《赤峰学院学报》2016年第17期，第61~63页。

确精品差异化发展思路，合理利用河北各地市自然资源，突出地方特色。

第二，紧抓京津市场做好特大城市旅游"蛋糕"。河北环渤海、环京津，优越的地理位置可以使其进一步强化与京津两大直辖市及其周边地区的合作伙伴关系，构建集旅游要素、信息于一体的综合网络。对标京津市场，不断推出具有特色的京津冀旅游线路。

第三，采取多种措施提升旅游市场的整体水平。加强旅游资源的开发与整合，充分挖掘各地市旅游资源潜力，打造具有地方特色的旅游产品和线路。提高当地旅游产品品质和服务水平，加强基础设施和配套服务建设，满足游客多元化需求。加强旅游宣传与营销，采用线上与线下相结合的方式，加大旅游宣传力度，提升河北旅游知名度和美誉度。推动旅游与体育、工业、商业、农业等产业融合发展，拓展旅游业链条和发展空间。

（二）做好旅游文创智慧服务

在当今时代高速发展的浪潮下，人们的生活和消费方式发生了翻天覆地的变化，大多数人有着较高的文化旅游体验需求，旅游文创产品承载当地历史、文化、艺术元素，备受游客青睐。河北要将特色文化元素和产品设计相互融合，打破人们对传统旅游纪念品的刻板印象，使文创产品成为游客在旅游过程中寻觅到的独特珍贵的文化印记，更好展现河北各地市特有的艺术魅力，拉动河北旅游业向好发展。在设计河北专属旅游文创产品时，要精准识别河北各地市具有的独特的文化元素、地域特征和风土人情，将它们转化成具有美感的艺术设计元素，彰显旅游地的特有魅力[①]。设计河北旅游文创并将其进行售卖不仅是商业行为，更是文化传播的新途径，使游客对河北地方风土人情有更深入的认识、更直接的感受，增强访冀游客对河北的文化认同感。

河北应借助政策扶持力度加大、市场投资热情高涨机遇，顺应沉浸式文旅体验蓬勃发展浪潮，用科技打破虚拟和现实的边界，为文旅产业带来前所

---

① 杨阳：《新时代视野下的旅游文创产品设计》，《上海服饰》2024年第1期，第56~58页。

未有的活力。要提高河北的数字化文旅服务水平，加强旅游设施智能化建设，提升景区的智慧化水平，推出特色沉浸式、主题性、体验性旅游产品。

河北文旅可以发展数字文化创意产业，通过网络视听、数字影视和数字动漫等，不断加强文旅资源的数字化建设，促进传统工艺与人工智能、大数据的深度融合，打造以"全域旅游+智慧旅游"为核心的国家文化和科技协同创新中心。2021年，以"一部手机游河北"为主题的河北智慧文旅平台——乐游冀正式投入运营。该平台包括6个主要模块、28个子模块和66个功能模块，提供"一键式"查询和下载各类信息等功能，这是河北文旅数字化和智能化进程中的一个重大突破。河北应进一步加强智慧平台建设，强化智慧文创对文旅产业的赋能作用，促进文旅产业高质量发展。

参考文献

白光璞：《政府在旅游营销中的职能策略研究——以河北省为例》，硕士学位论文，河北师范大学，2015。

康振海主编《河北旅游发展报告（2023）》，社会科学文献出版社，2023。

李迪茜：《基于网络文本的河北旅游形象数据分析》，硕士学位论文，贵州财经大学，2023。

万秀斌、史自强：《河北文旅：发挥"近"优势做足"美"文章》，《人民日报》（海外版）2024年5月16日。

王艳群、赵福播、何秋艳：《"旅游+"推开乡村振兴一扇窗》，《广西日报》2024年2月28日。

谢锦玲：《河北省文旅品牌传播策略探究——以"这么近 那么美 周末到河北"为例》，《旅游纵览》2024年第2期。

热点透视篇

B.7
文旅融合助推河北经济高质量发展的路径及举措

张宁 蒲凌 王天[*]

摘 要： 文化和旅游的融合发展是推动区域经济高质量发展的关键路径之一。在全球化和经济结构转型的背景下，文旅融合不仅有助于提升文化影响力，还能促进产业优化升级和可持续发展。河北作为中国的文化大省，拥有丰富的历史文化遗产和自然景观资源。文旅融合对推动河北经济高质量发展具有深远意义，能够有效优化产业结构，带动城乡统筹发展，提升区域品牌形象，并为就业与民生改善提供有力支持。此外，文旅融合还能促进绿色经济的可持续发展，通过生态旅游与文化体验的结合，实现经济效益与环境保护的双赢。然而，河北在推动文旅融合的过程中面临文旅资源开发与保护难以平衡、基础设施有待完善、文旅产业链相对单一和文旅产业复合型人才短缺

---

[*] 张宁，秦皇岛职业技术学院副教授，主要研究方向为经济管理；蒲凌，秦皇岛职业技术学院教研室主任、副教授，主要研究方向为经济管理方向；王天，秦皇岛职业技术学院教学办主任、副教授，主要研究方向为经济管理。

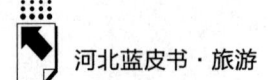

等方面的挑战。由此，本报告提出了有针对性的建议，包括加强文化遗产保护与开发的制度化管理、加大基础设施建设投入力度、延伸文旅产业链、提升数字化文化体验、建立跨区域文旅合作项目及加大复合型人才培养力度等。通过这些措施，河北可以更加有效地发挥文旅融合的综合优势，实现经济与文化的双重提升，为经济高质量发展提供持续动力。

关键词： 文旅融合　文化资源　旅游业　经济高质量发展　河北

随着我国经济社会的不断发展，文旅融合成为推动区域经济高质量发展的重要途径之一，不仅能促进经济结构转型，还能在全球化背景下提升文化软实力，助力社会的可持续发展。近年来，国家高度重视文化与旅游的深度融合，并出台了一系列政策文件推动这一进程。2018年，《中共中央　国务院关于完善促进消费体制机制　进一步激发居民消费潜力的若干意见》明确提出要发展文化旅游消费，推动文化和旅游产业的深度融合，创新旅游产品供给，满足人民对美好生活的向往[1]。同年，文化和旅游部的正式成立标志着国家在顶层设计上对文旅融合的重视与实践。2021年，《"十四五"文化和旅游发展规划》进一步提出，要将文化资源与旅游业深度融合，发展多元文化旅游产品，推动文化旅游产业创新，带动地方经济转型升级[2]。此外，国务院发布的《关于释放旅游消费潜力　推动旅游业高质量发展的若干措施》再次强调，文化是旅游的灵魂，要充分发挥文化资源的核心作用，以文化促进旅游业的创新和高质量发展[3]。同时，京津冀协同发展战略也明

---

[1] 《中共中央　国务院关于完善促进消费体制机制　进一步激发居民消费潜力的若干意见》，中国政府网，2018年9月20日，https://www.gov.cn/zhengce/2018-09/20/content_5324109.htm。

[2] 《文化和旅游部关于印发〈"十四五"文化和旅游发展规划〉的通知》，中国政府网，2021年4月29日，https://www.gov.cn/zhengce/zhengceku/2021-06/03/content_5615106.htm。

[3] 《国务院办公厅印发〈关于释放旅游消费潜力　推动旅游业高质量发展的若干措施〉的通知》，中国政府网，2023年9月27日，https://www.gov.cn/zhengce/content/202309/content_6907051.htm。

确了区域内文旅融合的目标，通过区域间的合作优化资源配置，推动文化旅游的协同发展。在这一系列政策的推动下，河北作为历史文化资源丰富的地区，展现出巨大的文旅融合潜力。

一 河北代表性文旅资源

河北地处京津冀协同发展核心区域，位于中国华北地区，地理位置优越，文化积淀深厚，自然景观优美，拥有丰富的文旅资源。截至2021年12月，省内拥有4项6处世界文化遗产、6座国家级历史文化名城、291处国家级文物保护单位。作为中华民族的发源地之一，河北积淀了深厚的历史文化[①]。截至2020年，全省拥有6000余处各级文物保护单位，其中150余处为国家级重点文物保护单位。这些历史文化遗产广泛分布于省内各地，涵盖了宫殿、庙宇、城墙、墓葬和重要的考古遗址。不仅如此，河北的自然景观资源同样丰富多样，涵盖山地、丘陵、平原等多种地貌类型。全省拥有3个国家级自然保护区、13个国家级森林公园以及众多风景名胜区，呈现巨大的生态旅游和康养旅游潜力。河北通过发挥自身独特的文化和自然资源优势，结合现代旅游市场需求，不断挖掘资源潜力，推动文化和旅游的深度融合，带动旅游业高质量发展。根据《河北省旅游业"十四五"发展规划》，到2025年，河北的旅游总收入预计达到5000亿元以上，文旅产业将成为全省经济发展的重要支柱产业之一。河北代表性文旅资源如表1所示。

表1 河北代表性文旅资源

分类	代表性资源	简介
历史文化资源	承德避暑山庄及周围寺庙群	河北的标志性文化景点，作为清朝皇家园林，集建筑、园林、佛教文化于一体，每年吸引大量游客。该景区始建于清康熙年间，现已被列为世界文化遗产

[①] 商雅楠、刘钊、韩梦瑶：《河北"一县一IP"文化产业品牌建设赋能乡村振兴的路径探索》，《沧州师范学院学报》2024年第2期。

续表

分类	代表性资源	简介
历史文化资源	正定古城	正定古城具有丰富的历史文化遗产，保留了多处古代建筑，如隆兴寺等。正定古城以其悠久的历史和独特的文化魅力成为重要的文化旅游目的地
	邯郸赵文化	作为赵国故地，邯郸以其深厚的历史背景闻名，赵文化展现了中国战国时期的重要历史进程，是研究中国古代历史文化的重要资源
	保定莲池书院	保定莲池书院是中国古代知名书院之一，作为教育和文化传播的重要场所，为中华文化的传承做出了重要贡献
自然景观资源	崇礼冰雪旅游区	崇礼冰雪旅游区以其独特的地形和气候条件，成为冬季运动的理想场所，曾承办 2022 年北京冬奥会相关比赛。冰雪旅游已成为该地区经济发展的重要推动力
	太行山	太行山位于河北与山西交界处，山势险峻、风景秀丽，是河北知名的自然景观，吸引着大量的户外运动爱好者与自然观光游客
	秦皇岛、北戴河、南戴河	河北沿海地区的旅游胜地，因优越的海滨资源和气候条件，每年夏季吸引大量游客前来避暑度假，成为河北重要的滨海旅游目的地
	西柏坡	西柏坡革命旧址群包括毛泽东故居等，具有深厚的革命历史背景，是红色旅游的核心景区之一；西柏坡纪念馆展示了中国共产党在西柏坡期间的历史资料和实物
	塞罕坝国家森林公园	塞罕坝拥有中国最大的人工林海，展现了生态保护的成功经验，获得"地球卫士奖"；月亮湖位于林海之中，湖光山色相映成趣，是重要的生态旅游景点
传统民俗文化	河北梆子	河北梆子作为河北的代表性戏曲形式，其声腔激越、表演形式独特，深受当地民众喜爱。作为国家级非物质文化遗产，河北梆子体现了河北民俗文化的深厚积淀
	武安平调落子	武安平调落子是河北特有的戏曲剧种之一，以独特的唱腔和表演形式著称，已被列入国家级非物质文化遗产名录，展示了河北民俗文化的丰富性和多样性

续表

分类	代表性资源	简介
传统民俗文化	吴桥国际杂技节	吴桥以杂技闻名,吴桥国际杂技节是当地重要的文化节庆活动,吸引了世界各地的杂技表演者和游客,展示了河北丰富的传统民俗文化和国际文化交流成果
	正定隆兴寺庙会	正定隆兴寺庙会是河北重要的传统节庆活动,庙会期间,众多民间表演和商贸活动吸引大量游客,展示了河北浓郁的传统文化氛围和民俗风情

资料来源:根据网上公开资料整理。

二 文旅融合在河北经济发展中的意义

(一)推动产业结构优化升级

文旅融合是推动河北产业结构优化升级的重要途径之一。河北长期以来以传统工业、农业为主导,但随着社会经济的发展和人们消费需求的变化,依靠传统产业难以满足现代化经济发展的需求。通过文旅融合,河北可以充分利用丰富的文化与自然资源,促进第三产业尤其是服务业的繁荣,为经济发展注入新的活力。文旅融合能够延长旅游业链条,促进文化创意产业、现代服务业、特色农业等多种产业的联动发展,推动产业结构由传统制造业向高附加值的服务业转型升级。比如,承德市依托避暑山庄及周围寺庙群等文旅资源,通过发展文化创意产业和旅游服务业,成功带动了当地产业的多元化发展,使经济结构更趋合理。

(二)形成独特区域品牌形象

文旅融合能够帮助河北形成独特的区域品牌形象,从而提升区域竞争力。河北拥有丰富的历史文化遗产和多样的自然景观,文旅融合可以将这些资源进行系统化整合和品牌化建设。以张家口市为例，其借助2022年北京冬奥会的举办契机大力发展冰雪旅游产业，逐步形成了"冬奥冰雪旅游名城"的品牌形象。而秦皇岛市依靠北戴河等优质的滨海资源，打造了"健康养生旅游胜地"区域品牌[1]。这些品牌形象的建立不仅提高了河北在国内外的知名度，也吸引了更多游客和投资，推动了旅游经济的快速发展，提升了区域整体的品牌价值。

（三）促进城乡统筹发展

文旅融合在促进河北城乡统筹发展方面发挥着积极作用。河北许多文旅资源分布在县域和乡村地区，如保定市的古村落、邢台市的自然景区等。发展乡村旅游、生态旅游，能够实现城乡旅游资源的互补与互动。近年来，河北各地积极推进"旅游+"战略，将文化旅游与乡村振兴、生态建设相结合，打造了一批特色旅游小镇和美丽乡村。例如，正定县依托丰富的历史文化资源，形成了古城游、乡村游、文化游相互融合的旅游发展模式，实现了城乡统筹发展，进一步缩小了城乡差距，提升了乡村的基础设施和公共服务水平。

（四）带动就业并改善民生

文旅融合为河北带来了显著的就业拉动效应，对改善民生具有积极意义。文旅产业链条长，涉及交通、住宿、餐饮、娱乐、零售等多个领域，可以提供多样化的就业岗位，特别是在旅游服务和文化创意产业方面。例如，秦皇岛的滨海旅游和崇礼的冰雪旅游不仅吸引了大量游客，还带动了当地餐饮、酒店、交通、导游等行业的发展，新增了大量就业机会。《河北旅游发展报告（2022）》显示，2022年全省文旅产业共带动就业约100万人，成为当地经济发展的重要支撑。此外，通过文化创意和文旅产业的深度融合，一批非遗传承人、手工艺人等新兴职业涌现，从而提升了当地居民的收入水平，改善了民生，增强了社会的稳定性和可持续发展能力。

---

[1] 高永鹏、阚玉帆：《河北省文旅融合创新驱动发展路径研究》，《大舞台》2024年第1期。

（五）推动绿色经济发展

文旅融合能够有效推动河北绿色经济的发展。河北拥有丰富的自然景观资源，如太行山、燕山以及沿海湿地等，通过推广生态旅游、绿色旅游、康养旅游等绿色经济模式，将资源优势转化为经济优势。在推动文旅融合的过程中，河北倡导绿色发展理念，通过严格的环保标准和生态保护措施，提升文旅项目的生态效益[①]。例如，狼牙山景区通过发展生态旅游，严格保护当地的生态环境，贯彻了"绿水青山就是金山银山"理念，成为省内绿色旅游典范。绿色经济的发展不仅提升了河北旅游业的质量和效益，也促进了环境保护和生态修复，实现了经济效益和环境效益的双赢，推动了区域经济的可持续发展。

三 河北文旅融合面临的主要挑战

（一）文旅资源开发与保护难以平衡

河北在推进文旅融合的过程中，面临文旅资源开发与保护难以平衡的挑战。河北历史悠久，拥有众多珍贵的历史文化遗产，如邯郸的赵王城遗址、正定的隆兴寺以及衡水的冀州古城遗址等。尽管这些文化资源具备较高的旅游开发价值，但在进行旅游开发时也不可避免地面临过度商业化、环境破坏等问题。一方面，开发可以增加经济收益，改善地方居民的生活条件，提升区域知名度；另一方面，过度开发和缺乏合理的保护措施可能对这些历史文化遗产造成不可逆的损害。例如，一些古村落在开发过程中存在建筑不当修缮、现代商业设施与古迹不协调等问题，导致历史文化遗产的原真性和完整性受到破坏。这种平衡的难以实现给河北的文旅融合带来了巨大的挑战，既

[①] 吕腾等：《地域文化符号传播视角下文旅衍生品视觉设计研究——以河北秦皇岛文旅衍生品设计为例》，《西部旅游》2023年第21期。

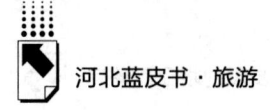

要提升旅游吸引力，又要确保文化遗产的有效保护，考验着当地政府与管理者的能力。

（二）基础设施有待完善，文旅配套服务不齐全

在京津冀协同发展的背景下，河北的交通基础设施得到了改善，但在部分文旅资源集中的区域如偏远的历史文化古迹、生态旅游目的地，基础设施建设仍然较为薄弱。许多文化遗址和自然景区地处偏远地区，如石家庄的苍岩山、保定的易县清西陵，这些地方的交通可达性不足，基础设施尚待完善，限制了旅游的便利性，直接影响了游客的体验。此外，配套服务的不足也是制约河北文旅融合的重要因素。例如，部分地区旅游指示牌不规范，游客中心服务功能不健全，缺少完善的餐饮、购物等配套设施，导致游客在这些地区旅游时的不便。这些短板不仅影响了游客的满意度，也制约了地区旅游资源的全面开发，成为河北推进文旅融合面临的重要挑战。

（三）文旅产业链相对单一，市场竞争力不足

河北旅游业多集中于景点观光，产业链的延伸性不足，缺乏深度的文化挖掘。以石家庄的抱犊寨和保定的狼牙山为例，当地的旅游开发主要围绕自然景观和历史文化进行，游客以短期观光为主，缺乏夜间经济、文化创意产品、深度体验活动等。这种单一的旅游模式使游客停留时间短、消费层次低，难以形成稳定的经济拉动效应。此外，河北的文旅产品同质化现象普遍，缺少特色和创新，市场竞争力不足，难以吸引更多高端游客和长途旅游客群。整体来看，河北的文旅产业链尚未实现文化创意、休闲度假、康体养生等多元产业的融合，市场竞争力亟待提升。

（四）文旅融合创新能力不强

河北在文旅融合方面的创新能力仍然不足，成为制约文旅产业长远发展的重要因素。尽管河北拥有丰富的文化与自然旅游资源，但在文旅融合的具体形式和内容上，创新模式相对有限，以传统观光和文化展示为主，

缺乏创新型旅游产品。以衡水湖湿地为例，这里具备发展生态旅游和水上文化体验的潜力，但当前的旅游开发模式仍然以常规的观鸟和景点游览为主，未能充分挖掘水上文化和当地民俗文化的潜在价值。此外，数字化技术在河北文旅融合中的应用也相对滞后，虚拟现实（VR）、增强现实（AR）等技术的应用较少，未能有效激发年轻游客的兴趣。这些问题导致河北的文旅融合形式单一，未能充分调动资源的内在活力，从而限制了文旅产品的吸引力和市场竞争力。

（五）区域文化资源整合力度不足

河北虽然拥有丰富的文旅资源，但这些资源的分布较为零散，缺乏有效整合，导致整体的文旅吸引力不足，难以形成具有全国影响力的旅游品牌，制约了河北文旅产业的整体发展。首先，河北的长城文化资源非常丰富，包括山海关、金山岭长城、老龙头等全国知名的长城景观。然而，这些长城文化资源分布在秦皇岛、承德、张家口等不同地区，缺乏有效的连通与整合[1]。各地的长城景点独立运营，缺少统一的文化包装和线路规划，导致游客在游览时只能体验到某一段长城的风貌，而无法深入了解河北长城文化的整体魅力和历史脉络。其次，河北的红色文化资源也面临整合不足的问题。河北作为革命老区，拥有西柏坡、白洋淀、狼牙山等重要的红色文化景区，这些景区承载着丰富的革命历史故事和深厚的红色文化内涵。然而，目前各地的红色文化景区缺乏有效的联动机制，未能形成红色旅游精品线路，难以将河北的红色旅游打造成国内知名品牌。

（六）文旅产业复合型人才短缺

文旅融合的推进需要一大批具备跨学科知识、复合能力的人才，然而河北文旅产业复合型人才的短缺是文旅融合面临的一个重要瓶颈。当前，河北文旅产业人才结构存在明显短板，高素质人才稀缺，尤其是既具备旅游管理

---

[1] 郝迎成：《河北省文化旅游品牌体系构建及推广》，《西部旅游》2023 年第 23 期。

知识又懂得文化遗产保护的复合型人才严重不足。大多数从业者在文化和旅游之间难以做到有效结合，导致文化内容与旅游体验脱节，缺少专业性和有深度的文旅项目。例如，邢台的红石沟景区和衡水的武强年画村等地尽管拥有独特的文化背景，但由于缺乏具备创新精神和专业素养的文旅规划及管理人才，文化内涵挖掘不够深入，游客的文化体验较为浅显。此外，河北在吸引和留住高端文旅人才方面面临困难，地区经济吸引力相对较弱，高校与文旅企业的合作程度不足，造成了本地人才的外流，进一步影响了文旅产业的创新发展能力。

四　促进河北文旅融合助推经济高质量发展的建议

（一）加强文化遗产保护与开发的制度化管理

河北应当建立健全文化遗产保护与开发的制度化管理机制，确保文化资源的可持续利用。政府应制定严格的文化遗产保护法规，明确文旅开发的边界和要求，避免过度商业化给文化遗产带来的破坏。在此基础上，政府还应引导各地景区结合自身文化特色，合理开发旅游项目。例如，对于正定的隆兴寺、赵州桥等世界知名的古代建筑，政府应当加强文物保护法规建设，严禁私自开发和破坏性建设，确保遗产的真实性和完整性。在此过程中，还应建立完善监督机制，确保项目开发在保护文化遗产的前提下进行。同时，政府应鼓励和支持高校及科研机构参与文化遗产的研究和保护工作，通过多方合作提升文化遗产的管理和保护水平。此外，文化遗产的开发应与文化传承紧密结合，政府应通过制度化管理，推动文化遗产活化利用。例如，可以通过引入数字化技术、创新展示方式等手段，让文化遗产不仅是静态的"古物"，而且成为富有生命力的文化体验载体。

（二）加大基础设施投入力度，改善景区配套设施

河北省政府应当加大基础设施投入力度，全面改善景区配套设施，提升

游客的旅游体验。目前，河北许多偏远地区的景区仍然面临交通不便、基础设施不完善的问题。为此，河北省政府应制定有针对性的基础设施提升计划，重点加强偏远景区的交通基础设施建设，提高景区的可达性。此外，政府还应投入更多资源在景区内外的服务设施建设上，如完善景区内的公共卫生设施、停车场、游客中心等。同时，住宿和餐饮等配套设施的改善是关键，尤其是在一些自然保护区和历史文化遗址较为集中的区域，政府应鼓励企业参与景区配套设施建设，提供更多高品质的住宿选择和餐饮服务，吸引游客长时间停留，从而带动当地经济的发展。与此同时，政府应通过建立合理的基础设施运营维护机制，确保景区设施的长期可持续运行。通过提升景区基础设施，河北不仅可以提高旅游服务质量，而且能增强自身在国内外旅游市场的竞争力。

（三）延伸文旅产业链，提升文旅产品附加值

为了促进文旅融合，助推河北经济高质量发展，政府应积极推动文旅产业链的延伸，提升文旅产品的附加值。当前，河北的文旅产业链条较为单一，以传统的观光旅游为主，缺乏深度体验和消费项目。因此，政府应鼓励企业和景区在现有基础上进行产业链的拓展，推动文旅与文化创意、康体养生、休闲娱乐等产业深度融合[1]。政府应支持开发以承德避暑山庄为核心的休闲度假产业链，通过引入高端酒店、温泉疗养等设施，延长游客停留时间，提升消费层次。此外，河北可以通过文创产品开发、非遗文化体验等方式，进一步增强文旅产品的多样性，提升其附加值。政府还应加强与文旅相关企业的合作，推动区域品牌建设，提升河北文旅产品的市场知名度和美誉度。通过文旅产业链的延伸，河北不仅能提升旅游业的经济效益，而且能推动地方经济的多元化发展，进一步促进文旅融合。

---

[1] 徐建国：《河北文旅品牌传播路径——以"这么近，那么美，周末到河北"品牌为例》，《中小企业管理与科技》2023 年第 17 期。

（四）打造特色文化节庆活动，提升数字化文化体验

河北省政府应大力发展特色文化节庆活动，提升数字化文化体验，增强文旅融合的创新活力。首先，政府应结合河北各地丰富的文化资源，打造具有地方特色的文化节庆活动。进一步挖掘石家庄的赵云文化，策划赵云文化节，开展武术表演、历史人物巡游等活动，吸引游客前来参与和体验。其次，政府应推动传统文化节庆的品牌化运作，通过市场推广和媒体宣传，扩大活动的影响力和辐射范围，吸引更多的国内外游客前来参与。最后，政府应积极推动数字化技术在文旅产业中的应用，提升数字化文化体验。政府可以支持开发VR和AR技术，将其应用于古代遗址的复原展示，如通过数字化技术重现邯郸赵王城的历史风貌，提升游客的互动体验①。数字化技术不仅能让文化资源以创新的形式呈现，还可以打破时空限制，让更多人能够远程参与河北的文化体验。这些创新举措可以为河北的文旅产业注入新的活力，提升河北文旅的吸引力和竞争力。

（五）建立跨区域文旅合作项目，合理发挥地方特色

河北拥有丰富且多样的文旅资源，然而这些资源难以单独成为吸引大量游客的长期核心动力。因此，河北文旅产业亟须在区域之间进行有效的整合与协同发展，推动文旅资源的跨区域合作，以达到整体提升旅游吸引力和竞争力的目的。一方面，地方政府应积极寻求区域内外的合作机会，整合分散的文化、自然和红色旅游资源，形成一体化的旅游产品链条。例如，可以将张家口的长城文化、承德的皇家文化以及保定的红色文化串联，打造一条独具特色的"长城—皇家—红色"精品旅游线路②。另一方面，河北应充分利用京津冀协同发展战略的优势，主动融入京津两地的旅游市场，推出多条跨

---

① 刘雯艳、韩东：《"科技+文旅"融合推动河北沿海经济带乡村振兴的研究》，《产业与科技论坛》2023年第17期。
② 商雅楠、王德磷：《河北省通过"科创、文创、乡创"打造文旅乡村整合发展新路径》，《沧州师范学院学报》2023年第2期。

区域的主题旅游线路。依托北京的历史文化、天津的都市风情,结合河北的自然生态和红色教育资源,设计出一条覆盖多个景点的多日游线路,吸引国内外游客前来体验。这种跨区域的合作能够借助北京、天津在国际市场的影响力,帮助河北的文旅产品进入更广阔的国际视野。

(六)加大复合型人才培养力度

河北省政府应加大对复合型人才的培养力度,为文旅融合高质量发展提供坚实的人才支撑。当前,河北文旅产业发展面临专业人才不足的问题,特别是具备跨领域知识和管理能力的复合型人才匮乏。因此,政府应通过多层次、多形式的培养机制,提升本地文旅从业人员的综合素质。首先,政府应鼓励高校设立文旅管理、文化遗产保护与旅游开发等交叉学科,培养更多具有理论与实践能力的专业人才。其次,政府应推动产教融合,加强高校与文旅企业的合作,设立实习基地和培训中心,为学生提供实践机会,提升其适应市场的能力。再次,政府应通过举办文旅高峰论坛、行业研讨会等方式,引进国内外专家学者进行经验分享和学术交流,提升本地文旅管理者的创新能力。最后,政府应建立人才引进激励机制,吸引更多高端人才加入文旅产业,提升产业的整体发展水平。

B.8 河北省太行山乡村旅游集聚区建设研究*

李晓 王煜琦**

摘 要： 乡村旅游集聚区建设是"十四五"时期的重要任务之一。《"十四五"旅游业发展规划》和《"十四五"文化发展规划》均提出要"培育一批乡村旅游集聚区"。自此，浙江、安徽等省市将乡村旅游集聚区建设作为促进乡村旅游发展的重要举措。作为河北省乡村旅游发展的核心区域，太行山正积极推进乡村旅游高质量发展，其中乡村旅游集聚区建设被视为一条有效路径。基于此，本报告首先阐明了乡村旅游集聚的内涵，随后分析了太行山建设乡村旅游集聚区的基础条件及面临的主要问题，结合先进地区乡村旅游集聚区的建设模式，提出了具体的对策建议，包括做优顶层设计、提供智慧服务、深化区域特色等，旨在为太行山乡村旅游集聚区建设提供理论支持与实践参考。

关键词： 乡村旅游　产业集聚　太行山　河北

一 乡村旅游集聚的内涵

乡村旅游集聚是一种既具备旅游业集聚特点，又融入乡村文化特色的独特发展模式。旅游业集聚是指以旅游吸引物为核心，餐饮、住宿、交通、娱

---

* 本报告系2024年度河北省社会科学发展研究课题（202403074）和河北省社会科学院2024年度智库项目（QN2024041）的研究成果。
** 李晓，河北省社会科学院旅游研究中心助理研究员，主要研究方向为旅游经济；王煜琦，河北农业大学园林与旅游学院学生，主要研究方向为乡村旅游。

乐和购物等要素围绕其集聚，通过共享市场资源、利用品牌溢价提升产品附加值，从而实现利润增长的产业发展形式。乡村旅游集聚在旅游业集聚的基础上凸显乡村的特点，其内涵主要表现在以下三个方面。

（一）拥有多个特色鲜明且文化内涵丰富的旅游吸引物或乡村文化形态

与一般旅游业集聚不同，乡村旅游集聚最大的特点在于其承载的独特文化。乡村的麦田、果园、牧场等既是自然景观，也是农耕文明的表现形式；同时，乡村在历史发展过程中积淀了大量的有形文化遗迹，如古村落、老宅、祠堂、庙宇等，以及一些无形文化财富，如当地特色民俗活动和非物质文化遗产等。在一定空间范围内，丰富多样的乡村文化形态和特色鲜明的旅游吸引物能更好地促进集聚效应的形成。例如，安徽省黟县凭借其传统徽州文化、乡村自然风光和人文景观等多元化的旅游资源，形成了独特的乡村旅游集聚优势。该县拥有2处世界文化遗产、6个全国历史文化名村和46个中国传统村落，为乡村旅游集聚发展提供了坚实的基础。

（二）围绕旅游资源及多样乡村文化形态形成资源要素和业态的集聚

随着乡村振兴战略的提出，城乡关系的优化和融合愈加重要，各地都很重视城乡资源要素的双向流动与共享。城市的资本、技术、人才、信息等要素积极向乡村流动，并与乡村的生态、土地、文化等资源有机结合，在一定程度上推动了乡村旅游集聚形态的形成。例如，浙江省松阳县陈家铺村通过实施"百名艺术家入驻乡村计划"，吸引了资本、创意和人才等要素集聚，推动了本土传统艺术和工艺的创新转化，提升了乡村的文化影响力和品牌价值。此外，基于当代快节奏的生活方式，旅游消费者更倾向于节约时间成本，在最短的时间内体验彰显多样乡村文化的旅游业态，这就促使乡村旅游业态进一步集聚以提升市场竞争力。基于此，在国内很多乡村旅游集聚区内，与旅游相关的业态呈集聚发展形态。

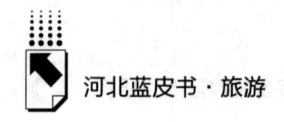

（三）依托资源要素和业态的集聚优势形成显著的综合带动效应

文旅资源要素和业态的集聚发展，首先为当地创造了大量灵活多样的就业机会，有效缓解了"空心村""留守儿童""空巢老人"等社会问题；其次吸引了稀缺人才和新乡贤返乡创业，增强了乡村的自我发展能力，为乡村振兴提供了强有力的支持；最后在很大程度上改善了村容村貌，提高了村民素质，为和美乡村的打造添砖加瓦。例如，江西省婺源县篁岭村原本是一个"半空心村"，该村围绕文化遗产保护、旅游业态创新、生态环境改善，以促进文化与旅游融合、提升乡村生活质量为目标，逐步形成了以休闲观光、主题民宿、地方餐饮和民俗体验等为核心的乡村文旅产业链，成功改变了以往贫困落后的面貌，入选2023年世界最佳旅游乡村。

二 河北省太行山建设乡村旅游集聚区的基础条件

（一）多维政策引领，为太行山乡村旅游集聚发展指明方向

近年来，河北省相继出台了《太行山旅游业发展规划（2020—2030年）》《河北省乡村振兴战略规划（2021—2025年）》等一系列政策文件，从资金支持、基础设施建设、产品打造、文化遗产保护、品牌建设等多个方面为太行山乡村旅游集聚区建设提供了一定的政策基础（见表1）。

表1 支持太行山建设乡村旅游集聚区相关政策

名称	相关内容
《河北省乡村振兴战略规划(2021—2025年)》	推动农文旅融合发展：依托地方特色文化和自然景观，推动乡村旅游与文化、农业等产业融合发展 扶持乡村旅游基础设施建设：为符合条件的乡村旅游项目提供财政支持与专项资金，以提升基础设施建设水平，特别是太行山地区的旅游基础设施建设 打造乡村特色旅游产品：支持在太行山等地区建设文化旅游品牌，推动形成旅游集聚效应

续表

名称	相关内容
《太行山旅游业发展规划(2020—2035年)》	提档升级乡村旅游:建成一批全国乡村旅游重点村,推动"景区依托型"乡村旅游连点成线、连线成片,实现乡村旅游规模化、产业化、标准化发展。推动重点乡村旅游精品民宿建设试点示范,引领乡村旅游产品转型升级 加大资金支持力度:扶持太行精神文化产品、乡村旅游产品、生态旅游产品开发
《河北省文化和旅游厅关于促进全省乡村旅游高质量发展的实施意见(2020年)》	打造乡村旅游集聚区:支持具备自然景观和文化资源优势的地区如太行山建设乡村旅游集聚区,推动区域内的产业集群发展 推动资源共享与产业链建设:整合农业、旅游、文化等资源,建设乡村旅游集聚区产业链,促进区域内各类资源的高效利用和协同发展
《河北省乡村旅游品牌发展实施方案》	支持乡村旅游品牌建设:通过政策引导,鼓励太行山等地区根据本地特色文化资源打造有竞争力的旅游品牌,提升旅游地知名度和市场吸引力 加强品牌宣传与市场推广:推出具有地方文化特色的旅游品和品牌,依托传统文化和自然景观资源,强化品牌建设,以形成独特的乡村旅游产业集群

资料来源:根据相关政策文件整理而得。

(二)文旅资源丰富,为太行山乡村旅游集聚发展提供支撑

太行山文旅资源丰富,由表2可知,太行山区所涉5个地市的文旅资源村数量占全省的60.1%,其中自然生态资源型、文物资源型、红色资源型占比较高,分别为62.7%、62.0%、60.7%,且已开发旅游业的村落占全省的61.4%,表明太行山区拥有的文旅资源村数量较多,且有一定程度的旅游业开发,尤其是在人文资源和生态资源方面具有较大优势,为乡村旅游集聚区的建设奠定了坚实的文旅资源基础。

具体而言,如表3所示,石家庄在人文资源方面占优势,尤其是非遗、

红色和文物资源型村落数量较多；张家口在文物、综合资源方面占据优势；保定自然生态资源型村落数量占整个太行山区的一半以上，与其他4市相比，保定不同类型资源村的数量分布较为均衡；邢台的文物和非遗资源型村落数量较多；邯郸的文物资源型村落数量最多。

表2 河北省太行山区文旅资源村数量及占全省的比重

单位：个，%

地区	文物资源型	非遗资源型	红色资源型	自然生态资源型	休闲农业资源型	综合资源型	资源总计	已开发旅游业
太行山区	2318	1589	509	324	250	995	5985	1007
全省	3738	2689	838	517	452	1721	9955	1639
占比	62.0	59.1	60.7	62.7	55.3	57.8	60.1	61.4

资料来源：由论文《河北省文化和旅游资源村空间分布及发展策略》中数据整理而得。

表3 河北省太行山区涉及地市文旅资源村数量

单位：个

涉及地市	文物资源型	非遗资源型	红色资源型	自然生态资源型	休闲农业资源型	综合资源型	资源总计	已开发旅游业
石家庄	252	434	255	29	30	131	1131	150
张家口	540	78	43	72	96	302	1131	274
保定	339	335	108	173	66	276	1297	297
邢台	574	257	36	15	28	88	998	93
邯郸	613	485	67	35	30	198	1428	193
总计	2318	1589	509	324	250	995	5985	1007

资料来源：由论文《河北省文化和旅游资源村空间分布及发展策略》中数据整理而得。

（三）文化底蕴深厚，为太行山乡村旅游集聚发展赋予活力

文化是乡村旅游集聚发展的"灵魂"，其中传统村落文化占据重要地

位。传统村落文化兼具物质与非物质文化遗产，这两种遗产在村落中相互交织、相互依存，共同构成了独特的文化基因和审美体系，是一个有机整体。自2012年以来，住房和城乡建设部等6个部门陆续公布了六批中国传统村落名录，共列入8155个传统村落，其中河北省共有276个，约90%集中在太行山区（见表4），为太行山乡村旅游集聚发展注入活力。

表4　第一至第六批中国传统村落名录相关数据

单位：个

公布时间	批次	全国总数量	河北省数量	太行山区数量
2012年12月	第一批	646	32	29
2013年8月	第二批	915	7	7
2014年11月	第三批	994	18	10
2016年12月	第四批	1598	88	81
2019年6月	第五批	2666	61	58
2023年3月	第六批	1336	70	64
合计		8155	276	249

资料来源：第一至第六批中国传统村落名录。

（四）重点项目驱动，为太行山乡村旅游集聚发展注入动能

河北省以项目建设为抓手，紧紧围绕太行山文化旅游带积极谋划一批乡村旅游新项目、好项目，并依托重大平台组织举办招商洽谈、投融资峰会、项目签约发布等活动，推动一批优质招商项目签约落地。同时，省文旅厅大力推动太行武安城、井陉县红土岭民宿、太行红河谷、溢泉湖度假区等乡村旅游重点项目建设进程，经过前期座谈了解和实地调研，根据项目反馈的开发运营、资金支持、宣传营销、水电资源等方面的问题，指导调动各方力量协调解决，为太行山乡村旅游集聚发展提供了动力源泉。

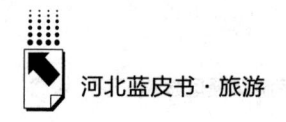

三 河北省太行山建设乡村旅游集聚区面临的主要问题

（一）乡村旅游集聚发展的顶层设计不足

近年来，我国一些先进省市已专门制定乡村旅游集聚区评定与管理规范。例如，浙江省湖州市出台了《乡村旅游集聚示范区建设与管理规范》，设定了六大标准和加分项目，推动乡村旅游集聚区的规范化建设。安徽省芜湖市则发布了《乡村旅游集聚示范区评定规范》，提出持续打造"10+N"个乡村旅游集聚区。这些措施为乡村旅游集聚区的发展提供了有力支持。相比之下，太行山乡村旅游集聚区建设在顶层设计方面仍然存在一些不足。当前，围绕太行山的古村、古镇等乡村旅游资源虽然丰富，但分布较为零散，缺乏统一规划和集中开发，且缺少鲜明的特色。现有的旅游规划和实施方案大多集中于城市和大型景区，对于乡村旅游资源的整合和利用指导不足，乡村旅游集聚区稀缺，缺乏能够汇聚乡村旅游力量与资源的核心支撑点。

（二）乡村旅游资源和业态联动不足

目前，太行山依托核心景区已形成一些功能互补、品质优良的景村发展集群，如石岗连泉农旅产业走廊、赤水湾太行民俗小镇、娲皇宫国际露营地等。同时，凭借得天独厚的自然生态资源，区域内涌现了平山西柏坡、阜平天生桥、涞源白石山等一批乡村生态旅游精品片区。然而，整体发展模式仍较为单一，主要在知名景区周边进行业态布局与产品开发，但这些业态和产品未能有效整合旅游、农业、文化等多方面资源，产业链条较短。尽管一些地区通过民宿、农家乐等方式推动产业发展，但在旅游商品、特色餐饮、文创产品等领域仍缺乏有效的联动和互补，尚未提供一站式、全方位的旅游体验。

（三）乡村文旅融合深度不足

首先，一些开发者对文旅融合的认识仍显局限。部分乡村对文旅融合的理解停留在简单的文化表演或景点观光层面，缺乏深度的资源整合和内容创新。这种浅层次的开发方式导致旅游项目的文化特色不足，文化资源的展示方式单一、吸引力较弱，难以满足游客日益多样化的需求。其次，乡村文化与相关产业的融合深度不够。当前，文旅融合的重点主要集中在文化与景区的融合以及旅游演艺项目的开发上，文化与其他关键旅游要素（如交通、金融、邮政、电信、餐饮、住宿及产品开发等）的融合深度不足，尚未形成全面协调发展的产业格局。整体来看，文旅融合尚未实现"文化铸魂、旅游为体"的深度互动。一方面，乡村文化在提升旅游价值方面的作用尚未得到充分发挥；另一方面，旅游对乡村文化传播的促进效应也未完全显现。这种双向作用的缺失制约了文旅融合的高质量发展。

（四）旅游服务设施仍需完善

首先，虽然太行山高速的开通提高了地区的交通通达性，但偏远乡村的交通设施依然滞后，公共交通体系不完善，停车设施不足，这些都限制了游客的出行便捷性。其次，大部分乡村的住宿和餐饮条件简陋，缺乏标准化和多样化的选择，难以满足不同游客的需求，尤其是高端游客和家庭群体很难拥有舒适的体验。再次，公共服务设施如洗手间、游客接待中心和垃圾处理设施建设滞后，且缺乏有效维护，影响了游客的整体体验。最后，乡村地区的信息化基础设施较为落后，智能导览、在线预订和电子支付等现代化旅游需求尚未得到满足，限制了游客的便捷体验。这些问题共同导致太行山乡村旅游吸引力不足，制约了旅游资源的进一步开发与推广。

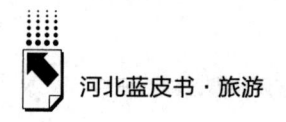

四 先进地区乡村旅游集聚区的建设模式

目前，浙江、安徽、河南等地已建成一批乡村旅游集聚区并取得积极成效，具体建设模式如表5所示。

表5 先进地区乡村旅游集聚区建设模式

模式	核心特点	具体案例
"区位优势+乡村民宿"驱动形成的集聚模式	依托大城市圈交通便利这一优势，叠加乡村民宿核心产品，推动乡村旅游业态集聚，吸引城市游客进行短期度假休闲	浙江省长兴县水口乡：该乡位于长江三角洲经济圈，距离上海、杭州等大城市约200公里。当地利用区位优势和生态资源发展乡村民宿，形成乡村旅游集聚区。2023年水口乡顾渚村接待游客525万人次，旅游收入达14亿元，90%的村民从事乡村旅游业，开创了乡村民宿发展的"顾渚模式"。截至2024年8月，全村有近500家农家乐开展网上销售，年销售额达3500万元
传统村落、民族村寨驱动形成的集聚模式	依托传统村落、民族村寨的独特文化遗产和民俗特色发展乡村旅游，形成强大的品牌效应，吸引游客前来体验地方文化	安徽省黟县西递村：该村依托明清祠堂、牌楼等古建筑众多的优势，通过制定管理条例、成立遗产管理机构、提取门票收入的20%作为文化遗产保护资金，对文化遗产进行保护。采取旅游非遗技艺、旅游民俗、旅游民宿、旅游研学等方式，有效传承和活化文化遗产，不断强化"明清民居博物馆"这一品牌，实现经济效益、社会效益双丰收。2023年接待游客94.59万人次，门票收入达到4339.29万元，村集体总收入达到919万元，村民人均年收入超过6万元，为乡村振兴注入了新活力 安徽省黟县宏村：该村始终坚持保护性开发原则，成功探索出一条古村落旅游发展道路。首先，严格履行文物保护相关法律法规，积极筹集文物保护专项资金，实行"一把手"负责制和"包保"责任制，切实有效地保护了古村落和古建筑。其次，通过科学编制保护开发规划，投资开发旅游精品项目，延长旅游产业链，形成旅游集聚效应，不断提升旅游业整体品质。2023年，宏村游客量达240万人，门票收入达1.9亿元，村民享受分红1520万元，拉动当地及周边农民就业1500余人

续表

模式	核心特点	具体案例
自然景观驱动形成的集聚模式	依托独特的自然景观资源，形成集旅游观光、休闲养生和运动健身等于一体的乡村旅游业态，吸引游客深入体验自然与休闲相结合的旅游形式	河南省修武县：依托云台山的山水胜景，叠加精彩演出、花样活动、浪漫夜游、美食民宿，形成旅游产业集聚态势。游客不仅可以欣赏自然景观，还能体验当地"竹林七贤　魏晋风骨""14亿年地貌奇观"的文化内涵
多种旅游资源"嫁接"形成的集聚模式	通过将乡村的文化、自然景观与知名旅游景区相结合，实现资源整合和互补以及多元化的旅游业态集聚，提升乡村旅游的整体吸引力	贵州省镇宁布依族苗族自治县：该县以黄果树瀑布景区为抓手，将屯堡文化、山水文化、民族文化等多元文化相融合，盘活周边旅游资源，共同赋能乡村旅游集聚发展 湖南省凤凰县：该县将凤凰古城的历史文化资源与周边的自然景区相结合，实现文化与自然景观相互依托的乡村旅游集聚。古城与周边的沱江、苗寨等自然景观形成互补，吸引了大量游客，推动了地方经济发展

资料来源：根据浙江、安徽、河南、贵州关于乡村振兴的公开信息整理而得。

五　建设河北省太行山乡村旅游集聚区的对策建议

（一）做优顶层设计，发展乡村旅游集聚区

重点从太行山文化旅游的整体协调、特色区分、资源整合等方面进行顶层设计。与太行山周边省市协调联动，建立涵盖信息共享、资源整合、项目协同的跨区域协调机制，形成太行山文旅产业合作发展新格局。按照《太行山旅游业发展规划（2020—2035年）》制定河北区域的配套执行方案，推进规划的落地。挖掘旅游资源丰富、有集聚发展潜力的地区，将乡村旅游连点成线、连线成片，建设完善一批有丰富文化内涵、有一定规模效应、有延伸产业链条、有配套公共服务、有较强市场吸引力的太行山乡村旅游集聚区。以乡村旅游集聚区为依托，发展特色文旅产业，进一步推进太行山文旅

产业的高质量发展；统筹推进交通基础设施建设，完善旅游交通体系，建立风景廊道，提供更加便捷、舒适的跨区域旅游体验，促进交通旅游融合发展，形成乡村旅游集聚带。

（二）提供智慧服务，建设数字化基础设施

依托大数据、人工智能等新兴产业，加强对乡村旅游资源的高效管理和优化配置。推进云平台、通信基站、宽带网络等设施建设，完善乡村网络基础设施，着力提升乡村旅游服务的数字化与智能化水平。推进景区设施数字化改造、游客信息监控系统升级、信息处理工具迭代等，推动智慧旅游公共服务模式创新。深度整合太行山乡村旅游集聚区中的人、财、物等关键要素，迅速响应市场需求，为游客实时提供景区最新动态以及个性化、定制化的行程规划服务；收集游客的出游高峰时间、出行方式、入住地点、游玩项目等数据内容，为乡村旅游集聚区的规划和管理提供决策支撑，实现对交通、餐饮、景区、商超等资源的有机整合，推动乡村旅游朝智能化、信息化、高质量方向发展。

（三）深化区域特色，发展乡村旅游新业态

根据各地乡村文旅资源分布，强化一定区域范围内各乡村景区景点和相关行业的联动。结合地域特色，深挖旅游新产品、新业态、新玩法，考虑当下游客日益细分化、个性化、专业化的出游需求，对乡村旅游集聚区进行红色旅游、长城文化、休闲度假、文化遗产、生态观光、山地运动等主题化开发，以丰富的文化内涵、独特的旅游体验赋能乡村旅游集聚区发展。打造沉浸式体验，创新乡村旅游产品体系，优化产品结构，结合主题特色探索推出乡村旅游重点村镇和精品线路。开发专项旅游和定制旅游产品，探索推出耕作采摘、粮谷加工等农事生活体验产品，以及垂钓、漂流、攀岩、捕捞等综合休闲旅游产品，提升乡村旅游产品深度。同时，加强乡村旅游集聚区之间的协调互动、优势互补、相互促进、共同发展，最终形成太行山全域旅游示范区整体品牌。

（四）加强产业联动，推动文旅产业融合发展

以文塑旅、以旅彰文，综合推动太行山文旅市场体系与文化遗产保护传承利用体系、现代公共文化服务体系、现代文化产业体系的深度融合。开发文化体验产品，植入新型文化元素，促进乡村旅游资源集聚，立足乡村特色举办能够传承弘扬太行精神、讲好太行故事的文艺演出、庙会市集等旅游节庆活动。在文化活动中融入沉浸式体验，如非遗技艺展示、互动表演等，增强游客的代入感。不断提高乡村旅游节庆活动的质量、规模和效益，营造文化氛围，彰显文化特色，增强游客体验感、参与感。

（五）做好宣传推广，开发更多旅游市场

继续加大宣传推广力度，推动旅游资源宣传推广和产品线路推介不断走深走实，大力推广"这么近，那么美，周末到河北"文旅新时尚，深入推动京津冀文旅协同发展，拓展京津客源市场。把乡村旅游集聚区当作品牌，通过形象推广、新闻报道等多种方式广泛宣传，引导游客到太行山景区休闲观光。借助数字技术、数字媒体进行营销宣传，依托短视频平台宣传太行山风景和人文，整体提升太行山乡村旅游集聚区品牌形象。对太行山特色农产品的产、供、销进行全方位宣传推广，带动相关产业持续发展。

参考文献

邸明慧等：《河北省文化和旅游资源村空间分布及发展策略》，《资源开发与市场》2024 年第 9 期。

冯卫红：《旅游产业集聚的动因分析》，《经济问题》2009 年第 7 期。

雷扬：《基于合作博弈的四川省乡村旅游集聚度研究》，《中国农业资源与区划》2019 年第 1 期。

马晓龙、卢春花：《旅游产业集聚：概念、动力与实践模式——嵩县白云山案例》，《人文地理》2014 年第 2 期。

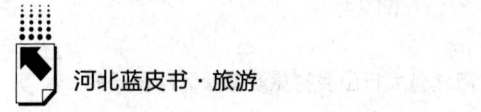

祁述裕、邓雨龙：《文旅深度融合推进乡村旅游集聚发展研究》，《福建论坛》（人文社会科学版）2024年第10期。

赵宏亮：《基于县域尺度河西走廊乡村旅游集聚度研究》，《中国农业资源与区划》2019年第5期。

B.9
河北省文化和旅游资源村空间分布及发展研究

薛秀青*

摘　要： 在全面推进乡村振兴战略背景下，充分挖掘利用乡村文化和旅游资源，推动实现乡村"五个振兴"和农业强、农村美、农民富的目标，已成为当前一项重要课题。本报告基于河北省文化和旅游资源村调查统计数据，对全省文化和旅游资源村总体情况和发展现状进行分析，并运用核密度、点密度等分析法对文化和旅游资源村、已开发旅游业的资源村的空间分布特征进行分析，在此基础上提出乡村旅游空间布局及发展策略，包括把握分布特征、注重分类施策、聚焦高质量发展等，以期为河北省乡村旅游高质量发展提供参考和借鉴。

关键词： 文化和旅游资源村　空间分布　乡村旅游　河北

习近平总书记高度重视乡村振兴和乡村旅游工作，指出"推进中国式现代化，必须加快推进乡村振兴"[1]，并强调"全面推进乡村振兴，要立足特色资源，坚持科技兴农，因地制宜发展乡村旅游、休闲农业等新产业新业态"[2]，为乡村旅游发展及乡村资源挖掘利用提供了方向指引。河北省高度

---

* 薛秀青，河北省科学院地理科学研究所高级经济师，主要研究方向为区域旅游规划及文化和旅游发展研究。
① 《习近平：推进中国式现代化，必须加快推进乡村振兴》，中国政府网，2024年11月6日，https：//www.gov.cn/yaowen/liebiao/202411/content_6985058.htm。
② 《农文旅深度融合　助力乡村全面振兴》，求是网，2025年3月10日，http：//www.qstheory.cn/20250310/5abb11d537354ddbb71ee0ed7ab9ba97/c.html。

重视实施乡村振兴战略，以发展乡村旅游为抓手，着力加强政策引导、标准规范和品牌打造，构建形成了西柏坡、野三坡、白洋淀、崇礼、衡水湖等一批乡村旅游精品片区，打造了顾家台—骆驼湾村、北戴河艺术村落、周窝音乐小镇等一批热门乡村旅游目的地。河北省乡村旅游信息管理系统数据显示，2023年，全省乡村旅游接待总人数达到1.64亿人次，乡村旅游总收入超过380亿元，分别占全省旅游接待总人数和总收入的19.5%和3.8%。加强文化和旅游资源村调查梳理，在摸清乡村底数及分布特征的基础上合理划分空间布局、科学制定发展策略，对于全省实施乡村振兴战略和推动乡村经济发展具有重要意义。

一 河北省文化和旅游资源村现状分析

河北省拥有1952个乡镇、4.96万个村[①]，分布着众多优质的乡村文化和旅游资源。2021年以来，河北省文化和旅游厅开展了全省文化和旅游村普查，重点对拥有较高等级文物、非遗资源或较大发展潜力的旅游资源村进行调查，并根据资源属性将乡村分为文物资源型、非遗资源型、红色资源型、自然生态型、休闲农业型和综合资源型6类，其中综合资源型是指具有两种以上资源类型的乡村。通过对接各地市、各县区文化和旅游主管部门进行信息填报，经汇总整理和分析研究，基本掌握了全省文化和旅游资源村发展现状。

（一）文化和旅游资源村总量丰富、类型多元

经河北省文化和旅游厅统计，全省拥有文化和旅游资源村9955个，占全省行政村总数的19.8%，广泛分布在全省各地（见表1），其中文物资源村3738个、非遗资源村2689个、红色资源村838个、自然生态村517个、休闲农业村452个、综合资源村1721个。总体来看，文物和非遗资源村数

---

① 资料来源：《河北省第三次全国农业普查主要数据公报（第一号）》，河北省统计局，2018年1月24日。

量较多，两者合计占文化和旅游资源村总量的 64.6%，这与河北作为文化大省、拥有众多高等级文物和非遗资源密不可分；数量较多的是综合资源村，共有 1721 个，以张家口市、保定市、承德市居多，综合资源村拥有多种类型的文化和旅游资源，更具备乡村旅游发展优势，因此与各地乡村旅游发展和乡村旅游重点村建设呈正相关关系。

表 1　河北省文化和旅游资源村数量统计

单位：个

地区	文物资源型	非遗资源型	红色资源型	自然生态型	休闲农业型	综合资源型	资源总计
石家庄市	252	434	255	29	30	131	1131
承德市	486	50	11	111	28	238	924
张家口市	540	78	43	72	96	302	1131
秦皇岛市	92	112	7	28	33	70	342
唐山市	201	120	66	12	51	72	522
廊坊市	163	297	15	11	40	77	603
保定市	339	335	108	173	66	276	1297
沧州市	223	208	32	10	20	86	579
衡水市	85	177	70	6	24	90	452
邢台市	574	257	36	15	28	88	998
邯郸市	613	485	67	35	30	198	1428
定州市	117	13	97	7	2	27	263
辛集市	2	24	18	1	2	10	57
雄安新区	51	99	13	7	2	56	228
总计	3738	2689	838	517	452	1721	9955

资料来源：河北省文化和旅游厅。

（二）部分在村文化和旅游资源品级高，开发利用潜力较大

截至 2023 年底，河北省共有全国重点文物保护单位 291 处、省级文物保护单位 963 处[①]；拥有国家级非遗代表性项目 163 项、省级非遗代表性项

---

① 资料来源：《河北省第一至八批全国重点文物保护单位名单》《河北省第一至六批省级文物保护单位汇总表》，河北省文物局，2022 年 5 月 24 日。

目990项①。经统计（见表2），全省在村全国重点文物保护单位共计215处，涉及480个村；在省级文物保护单位共计533处，涉及962个村；在村国家级非遗代表性项目共计119项，涉及464个村；在村省级非遗代表性项目共计555项，涉及631个村；在村红色文物共计895项，涉及598个村。部分规模大、等级高的文物、非遗广泛分布在多个乡村，如全国重点文物保护单位长城段落及遗迹分布在48个村，大运河分布在33个村，邢窑遗址分布在20个村；国家非遗代表性项目曲阳石雕分布在98个村，丰宁剪纸分布在5个村。文物和非遗在给乡村注入深厚内涵的同时，为乡村文化挖掘利用、特色文旅产品打造和区域旅游目的地建设提供了良好基础。此外，全省在村自然生态资源共计911项，涉及769个村，村落周边主要分布着自然山水景区景点；拥有特色产业资源的乡村共有827个，如正定塔元庄同福乡村振兴示范园、昌黎县西山场村十里葡萄长廊等，产业特色鲜明，旅游开发前景广阔，成为乡村旅游发展的重要支撑。

表2 河北省拥有高品级文化和旅游资源的乡村数量统计

单位：个

地区	全国文保	省级文保	国家非遗	省级非遗	红色文物	自然生态	特色产业
石家庄市	22	61	7	97	102	45	52
承德市	18	101	12	51	19	134	84
张家口市	106	377	8	36	49	125	125
秦皇岛市	18	25	18	29	7	49	52
唐山市	18	103	4	21	44	39	69
廊坊市	3	12	23	65	19	5	89
保定市	45	87	114	69	109	194	177
沧州市	10	26	15	58	12	16	37
衡水市	12	31	11	19	1	33	15
邢台市	65	44	63	63	27	55	33

① 资料来源：《河北省2023年文化文物主要统计指标情况》，河北省文化和旅游厅，2024年10月17日。

续表

地区	全国文保	省级文保	国家非遗	省级非遗	红色文物	自然生态	特色产业
邯郸市	98	80	179	93	188	53	71
定州市	62	7	4	9	0	1	15
辛集市	0	0	0	6	11	1	0
雄安新区	3	8	6	15	10	19	8
合计	480	962	464	631	598	769	827

资料来源：河北省文物局、河北省文化和旅游厅。

（三）已开发旅游业的资源村总量不多，人文类与自然类差距显著

经调查统计，河北省已开发旅游业的乡村共有1639个，占全省文化和旅游资源村总量的16.5%，涉及文物资源村256个、非遗资源村104个、红色资源村91个、自然生态村289个、休闲农业村280个、综合资源村619个（见图1）。其中，已开发旅游业的休闲农业村占休闲农业村总数的比重超过六成。综合来看，在已开发旅游业的资源村中，文物、非遗、红色资源村共有451个，占三类资源村总数的6.2%；休闲农业、自然生态资源村共

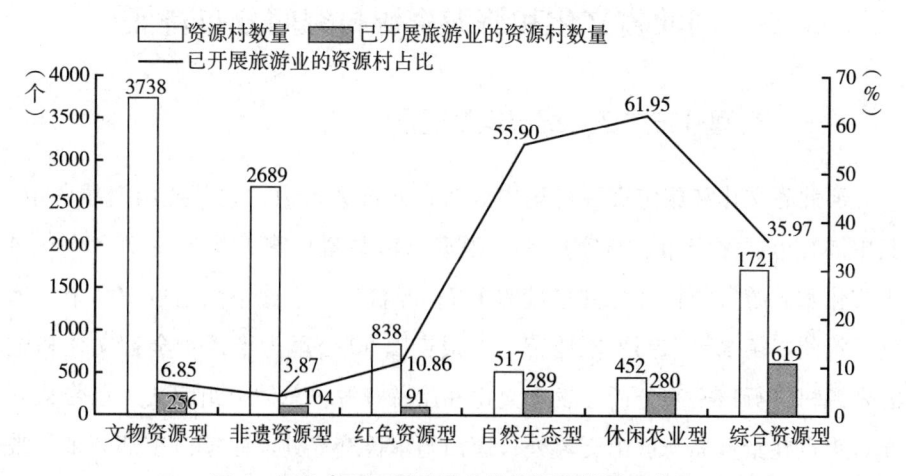

图1 河北省已开展旅游业的资源村数量及占比

资料来源：河北省文化和旅游厅。

有569个,占两类资源村总数的58.7%。由此可见,人文类资源村虽然数量较多,但受文化载体体量、景观条件、体制机制等的制约,旅游业开发水平不高,而自然类资源村因资源属性更易开发旅游产品和游览线路,旅游业开发水平较高。未来,应进一步挖掘梳理在村高品质文化和旅游资源,加强乡村旅游休闲体验产品开发,从而提升资源转化水平。

(四)多数在村文化和旅游资源"体小点散"、吸引力弱

河北省在村文化和旅游资源数量多、分布广,但多数资源体量小、分布散,较难形成旅游吸引力。例如,部分在村的古墓葬、古文化遗址等研究价值较高,但由于观赏性和体验性较差,资源利用率和产品转化率较低;部分在村文学、艺术、民俗等资源由于缺乏文化载体,开发利用价值不高;部分在村红色文化旧址、旧居、纪念塔、纪念碑等规模小、展示载体不足,开发利用难度大。此外,一些在村文化和旅游资源存在多头管理、主体不明等情况,如红色文化资源涉及民政、宣传、文旅等多个部门,致使文物保护和开发利用受限。

二 河北省文化和旅游资源村空间分布特征

(一)空间分布广泛,局部集聚明显

河北省文化和旅游资源村集中分布在西部太行山、北部燕山沿线各市,其中邯郸市、保定市、石家庄市、张家口市数量居多,均超过1000个,4市文化和旅游资源村合计占总量的1/2;邢台市、承德市均超过900个,远高于沧州、衡水等东部平原地市。本报告以50公里为半径对全省文化和旅游资源村进行核密度分析,发现文化和旅游资源村总体呈组团式、条带状分布,重点在秦皇岛与唐山交界处、唐山与承德交界处、张家口东部怀来、张家口中部万全、张家口西南部蔚县、廊坊与保定交界处、保定与石家庄交界处、衡水与沧州交界处、石家庄与邢台交界处、邯郸东南部10个区域呈组

团状集聚，特别是在保定与石家庄交界处、邯郸东南部形成了2个高密度区。从全省地理空间来看，文化和旅游资源村密集区多环绕北京和石家庄分布，并在太行山、燕山、京张铁路沿线进行延伸，而张承坝上和沿渤海地区由于地广人稀、村落较少，为文化和旅游资源村分布稀疏区。

（二）人文类南密北疏，自然类多集中在山区及城市周边

经统计，全省共有文物、非遗、红色等人文类资源村7265个，主要分布在邯郸、石家庄、邢台等中南部地市，三市总数为2973个，占人文类资源村总数的41%；拥有自然生态、休闲农业等自然类资源村969个，主要分布在保定、张家口、承德等自然生态环境较好的地市，三市总数为546个，占自然类资源村总数的56%。利用点密度分析法分别对人文类和自然类资源村进行分析，发现人文类资源村遍布在全省各市，但中南部密集度明显高于北部，特别是在保定与石家庄交界处、石家庄与邢台交界处、邯郸东南部形成了多个密集区域，而北部和东部平原相对分散，密集区域不太明显；自然类资源村主要分布在燕山、太行山沿线，特别是在保定、张家口、承德等环京区域集中分布，并在张家口官厅水库、承德兴隆形成了两个高密度区。

（三）已开发旅游业的资源村分布均衡，与全省旅游业发展格局一致

已开发旅游业的资源村集中分布在张家口、保定、承德、邯郸、石家庄等旅游业发展较好的地市，5市共计1051个，占已开发旅游业资源村总数的64%。以50公里为半径对已开发旅游业的资源村进行核密度分析，得到11个高密度区。其中，在北京周边形成了2个"团—带"结合的高密度区（即秦皇岛—唐山—承德一带、张家口怀来—保定涞水—保定顺平一带），同时在廊坊北部、张家口中部、张家口蔚县形成了较高密度区；在石家庄周边形成了3个高密度区，尤其是在西部太行山区、黄石高速（石家庄—衡水）沿线形成了团状相连的乡村旅游发展带，并向南延伸到邯郸，形成

"Y"形分布格局。总体来看，已开发旅游业的资源村密集区与全省旅游发展优势区高度吻合，也是乡村旅游重点村的主要分布地，具备良好的开发基础和较大的发展潜力。

三 河北省乡村旅游空间布局及发展策略

（一）把握分布特征，构建"两环八区三带"乡村旅游发展格局

河北省文化和旅游资源村、已开发旅游业的资源村多环城市分布，且大部分密集区地处首都北京和省会石家庄周边，还有部分环绕在各地城区周边。基于这一特征，可构建"两环八区三带"乡村旅游发展格局。

一是突出"两环"引领，构建环首都、环省会乡村文旅休闲圈。利用环首都地区得天独厚的区位、资源和市场优势，紧抓京津冀协同发展重大机遇，重点推动保定、廊坊、张家口、承德、唐山5市环首都乡村文旅资源开发，依托保定自然山水资源、廊坊丰富多元的非遗文化、张家口高品质的冰雪文化以及承德、唐山燕山长城资源，推动山地（如野三坡、白石山）、河流（如桑干河、洋河）等周边乡村发展自然生态"微度假"，推动文物资源村（如易县凤凰台村、蔚县古堡）、非遗资源村（如廊坊南汉村、暖泉古镇等）建设文化休闲街区、主题民宿、特色美食街区、手工艺体验场所等，推动滦平金山岭花楼沟村、隆化七家温泉村、遵化山里各庄村等综合资源村开发高端民宿、康养旅居、文化研学等产品，加强不同类型资源村的产品组合和线路串联，打造满足首都居民需求的全景式、特色化乡村旅游目的地。突出省会石家庄城市人口密集、内外交通便利等优势，精准对接省会居民周末休闲度假需求，加快城郊乡村旅游开发。一方面，深入挖掘文物、非遗、红色等资源村内涵，推动乡村文化与旅游业开发融合，引导西柏坡红色文化村、井陉古村落、曲阳雕刻小镇等开发主题文创、国潮旅拍、特色民宿、场景式文化体验等产品，构建省会周边乡愁记忆旅游目的地；另一方面，做大做强休闲农业、自然生态及综合型资源村的旅游业，打造赞皇嶂石岩地质

村、灵寿车谷砣生态度假村、新乐瓜果蔬菜基地、阜平—行唐大枣农业公园、赵县梨果产业园等休闲旅游目的地，促进自然观光、休闲农业、文化体验、旅居度假等主题乡村差异化发展、互补发展，打造环省会乡村文旅休闲圈。

二是突出集聚发展，打造8个不同级别的乡村旅游集聚区。以已开发旅游业的资源村为重点，结合资源村密集程度和区域乡村旅游发展现状，分级分类打造8个乡村旅游集聚区。重点做强石家庄1个一级乡村旅游集聚区，依托区域内众多文物、自然生态、综合资源村（如平山访驾庄村、正定塔元庄村、温塘温泉村等），大力开发古村观光、亲子研学、民俗体验、康养度假等产品，完善旅游接待服务设施，强化区域资源整合与联动开发，打造特色鲜明、带动力强的乡村旅游集聚区。发展邯郸、保定、张家口、承德4个二级乡村旅游集聚区，重点突出邯郸千年古都、保定农业、张家口冰雪和生态、承德长城村落等，通过加强主题文化包装、开展乡村休闲体验活动、促进景村一体化联动，打造自然风光、人文景观和社会生态和谐发展的乡村旅游集聚区。培育衡水、廊坊、秦皇岛3个三级乡村旅游集聚区，重点做好衡水湖周边观光休闲、特色文创、研学教育，廊坊潮白河—北运河沿线生态度假、民俗体验、康体养生，秦皇岛北戴河民宿、山海关长城人家、滨海休闲农（渔）业等，打造独具特色的乡村旅游集聚区。

三是突出带状延伸，培育3条特色鲜明的乡村文化旅游带。结合河北省旅游强省建设战略布局，培育发展京张体育文化旅游带、燕山长城乡村文化旅游带、太行山乡村文化旅游带。其中，京张体育文化旅游带重点依托冬奥场馆群、大境门长城、蔚县古堡以及冰雪运动、温泉康养等资源，开发雪乡度假、长城人家、古堡民宿、温泉养生等产品，塑造"冬奥雪乡"品牌，并创新统筹协调机制、利益联结机制，提升区域乡村文化和旅游资源利用效率和发展水平；燕山长城乡村文化旅游带重点以燕山长城为轴线，以沿线乡村为重点，以长城文化、自然生态为主题，丰富长城文化体验、主题民宿度假、山水旅居村落、特色餐饮、研学教育等产品，塑造"长城人家""燕山人家"品牌；太行山乡村文化旅游带重点推动山区文旅、传统手工、健康养生、现代农业等有机融合，整合打造革命圣地红色游、雄奇太行观光游、生态农业休闲游、太行精神研学游等特色线路，建成一批知名乡村旅游景区和度假区，形成京津冀乡村休闲热点目的地。

（二）注重分类施策，探索六类资源村差异化发展模式

六类资源村在资源属性、产品形态以及空间分布等方面差异显著，在发展方向和模式选择上应考虑不同类型乡村的资源价值、开发潜力和市场适应性，对资源价值较高和与周边资源组合较好的乡村进行分类打造和开发利用。

一是推动文物资源村保护利用。河北省文物资源村数量最多，但开发利用程度不高，未来应在做好保护的基础上，加强古村古堡、乡村古建筑等的开发利用，适度开展文化旅游、科普研学等活动，着力打造一批文物型旅游村和研学旅行基地。例如，对蔚县古堡、井陉古村落等旅游业开发价值较高的古村古堡进行修缮保护，引入文化休闲、创意体验、旅拍写生等业态，打造文化旅游名村。

二是促进非遗资源村活态保护传承。河北省非遗资源村较多，但旅游业开发率最低，未来应依托邯郸、保定、廊坊、张家口等非遗资源村集中分布区，以传统演艺（如蔚县打树花）、传统体育（如广府太极拳）、传统技艺（如廊坊景泰蓝）等为重点，促进沉浸式文化演艺项目、传统技艺文化体验空间等新产品和新场景开发，实现文旅融合创新，培育一批非遗旅游主题村、精品村。

三是加快红色资源村景村一体化发展。河北省红色资源村主要集中在石家庄平山县、保定阜平县，且红色文化资源品质较高、影响广泛。未来应以传承革命精神、加强革命传统教育为核心，对在村革命旧址、纪念设施等进行保护，加快西柏坡、城南庄等区域景村一体化开发，提升红色文化体验，优化乡村美食、民宿、特产等服务，构建宣教结合、景村融合、居游共享的红色旅游目的地。

四是探索休闲农业村创意化发展模式。休闲农业村旅游业开发率较高，且具有明显的产业属性，未来可根据休闲农业类型、休闲宜游指数、客群特点等进行差异化开发。例如，依托鹿泉岸下村、正定塔元庄村等城市周边的休闲农业村，重点发展亲子休闲农业，建立集养生农庄、亲子农园、田园科普、乡村集市等于一体的农业旅游综合体，同时突出农产品特色，通过深度加工和创意包装，开发系列名优土特产，充实游客的"后备厢"。

五是推动自然生态村的"绿水青山"向"金山银山"转化。自然生态村景观优美，具备开发旅游业的先天优势，且空间分布相对集中，未来应在生态保护的前提下，依托区域内生态景区和度假区进行合理适度开发，打造人与自然深度互动的乡村休闲旅游目的地。例如，野三坡、嶂石岩等景区周边乡村可借助自然景观、奇异地貌等资源，开发生态科普、山乡度假、民俗体验、艺术写生等产品；滹沱河、岗南水库等周边乡村可依托水域风光、绿廊绿道等开发休闲垂钓、滨水度假、渔家乐等产品。

六是推动综合资源村向综合旅游目的地转化。综合资源村具备良好的资源组合优势，适宜开发多样化的旅游产品。未来应突出资源禀赋和产业基础，在明确乡村旅游发展主题与核心产品的基础上进行综合开发利用。在做强主题产品的前提下，整合乡村民俗、非遗、休闲农业、特色美食和物产等，开发差异化产品和精品线路，实现综合资源村向综合旅游目的地的转化。

（三）聚焦高质量发展，实施乡村旅游综合提升工程

河北省文化和旅游资源丰富，但已开发旅游业的乡村不多，乡村旅游整体水平、规模和质量不高，亟须在产品业态、设施服务、环境氛围等方面进行综合提升。

一是围绕优质资源集约利用，实施乡村旅游产品业态提升工程。重点在已开发旅游业的密集区域培育发展一批乡村文化和旅游重点县区、重点村

镇，形成乡村旅游精品示范。例如，依托革命老区、千年古县、国家全域旅游示范区、国家休闲农业与乡村旅游示范县等发展基础较好的县区，将乡村旅游开发与乡村振兴、县域经济相结合，促进乡村文化和旅游类景区、度假区、休闲街区等产品打造，策划乡村文化和旅游精品线路，培育乡村文化和旅游重点村镇，打造乡村文化和旅游发展样板。同时，多维度创新乡村文化和旅游融合业态，围绕现代旅游需求，开发乡村文化体验、生态观光度假、户外运动休闲、自然科普研学等特色产品，引导旅游资源禀赋好、基础设施完善、服务设施健全的乡村创建"国字号"旅游品牌，形成内涵丰富、集约性强、带动力度大的乡村旅游龙头产品。

二是围绕品质服务提升，实施乡村旅游配套服务设施升级工程。以环京津、环省会及各市区周边区域为重点，进一步提升乡村旅游交通便捷度、旅游接待服务舒适度和旅游公共服务完善度。一方面，构建城郊型乡村绿道网络，提高乡村旅游公路等级标准，完善公交专线、旅游直通车等专项服务，健全乡村游客中心、停车场、生态厕所、文化广场等公共设施以及解说、信息咨询等服务体系，满足当地居民和游客双重需要。另一方面，提升乡村餐饮住宿接待水平，发展非遗美食、老字号餐饮，推出乡土菜系美食、乡村养生套餐，引导有条件的乡村成立农宅合作社，引入专业团队，推动民宿、客栈、庄园、宅院、驿站、山庄等住宿产品品质化提升，提升乡村旅游发展整体水平。

三是围绕和美乡村建设，实施乡村旅游环境优化工程。按照宜居宜业和美乡村建设要求，对重点文化和旅游资源村进行景区化建设提升，开展人居环境综合整治，提升建筑风貌。加强乡村治理环境建设，成立乡村旅游协会、分会、专业合作社等机构，完善政、企、农等多元主体利益协调机制。优化有利于推动乡村文化和旅游发展的政策环境，通过设立财政专项资金、产业投资基金，创新融资渠道，盘活农村闲置建设用地资源，加强专业人才引进与培养等措施，增强乡村文化和旅游发展动力和活力。

参考文献

邸明慧等:《河北省文化和旅游资源村空间分布及发展策略》,《资源开发与市场》2024年第9期。

樊胜根、龙文进、孟婷:《加快形成农业新质生产力引领农业强国建设》,《中国农业大学学报》(社会科学版)2024年11月11日。

杨瑞:《陕西袁家村特色民宿发展研究》,《内蒙古科技与经济》2023年第20期。

B.10
以康养旅居为突破口，培育壮大河北银发经济的重点举措研究

贾子沛*

摘　要： 当前，我国人口老龄化速度和规模前所未有，京津冀人口老龄化程度超全国平均水平，这给河北高质量承接京津两地养老服务需求、扩大养老服务资源供给、加快推进康养旅居产业高质量发展、培育壮大银发经济新动能带来了机遇和挑战。目前，河北康养旅居产业高质量发展仍然面临一系列挑战，如康养旅居市场区域发展不平衡、高端康养旅居产品短缺、社会资本投资意愿不足、康养旅居产业人才储备不足等。在此背景下，必须充分利用河北康养旅居资源，从战略和全局的高度谋划推动康养旅居产业高质量发展，加快推动京津冀康养一体化，充分培育壮大康养旅居市场主体，着力优化康养旅居产业人才供给机制，加快推动康养旅居标准化建设和品牌建设，将康养旅居产业打造为河北银发经济发展新动能。

关键词： 康养旅居　银发经济　河北

一　河北康养旅居产业发展情况

（一）项目牵引，康养旅居产业竞相发展

现阶段，河北省积极承接北京养老服务需求，着力布局康养旅居产业。

---

* 贾子沛，河北省社会科学院旅游研究中心助理研究员，主要研究方向为旅游经济。

以康养旅居为突破口，培育壮大河北银发经济的重点举措研究

截至2024年7月，共建成养老机构1962家、床位25.2万张；建成居家社区养老服务设施5561个；建成各类老年助餐服务设施1.3万个；谋划建设旅居养老中心、康养小镇、医养结合综合体等项目567个，总投资1531.4亿元，涌现出阿那亚、保定小院、安国数字中药都等国家级标杆项目和承德温泉旅居、秦皇岛生命健康等重点产业集群①。具体来看，河北省康养旅居产业围绕秦皇岛、张家口、廊坊、石家庄、保定、承德环京6市进行重点布局，如保定瞄准京津客群长租市场，打造"保定小院"，17个县共建成保定小院1267套，租住率达到81%②；承德自2022年以来共谋划实施文旅康养项目98个，总投资722.07亿元，其中温泉旅游康养项目34个，总投资348.3亿元，兴隆阿那亚雾灵山养生谷项目、滦平阿那亚·金山岭项目、隆化阿那亚山居文旅项目、热河山谷项目等一批高端旅居精品项目陆续落地；秦皇岛高质量打造了"产、研、检、医、养、培"全产业链条集聚的康复辅助器具产业发展模式，全市汇聚了康泰医学、惠斯安普、爱迪特等多家龙头企业，2023年秦皇岛经济技术开发区康复辅具及医疗健康产业集群7家规模以上企业完成营业收入17.4亿元，同比增长24.38%③，为康养旅居产业发展壮大打下坚实基础。

（二）供给优质，康养旅居市场活力十足

为高质量承接北京养老服务需求，河北加大康养旅居产品供给力度，涌现了一批高品质康养旅居项目，推出了一批优质康养旅居产品，以优质供给带动市场消费需求。据统计，截至2024年5月，已有超过12万名京津老年人来冀康养，其中北京9.6万人、天津2.6万人④；2024年1~5月，承德市

---

① 《河北养老服务体系建设扎实推进 建有社区居家养老服务设施5561个》，河北省自然资源厅网站，2024年8月23日，https://zrzy.hebei.gov.cn/heb/xinwen/bsyw/szfxw/101024321833501999104.html。
② 《安家保定小院 寄情山水之间》，搜狐网，2024年7月2日，https://www.sohu.com/a/790080361_120333600。
③ 《立足"双试点"打造新龙头——秦皇岛市康复辅具产业发展驶入"快车道"》，澎湃网，2024年3月21日，https://www.thepaper.cn/newsDetail_forward_26758334。
④ 《春天的脚步｜"京津候鸟老人"来河北安家》，"环京津新闻网"百家号，2025年2月27日，https://baijiahao.baidu.com/s?id=1825192015343329091&wfr=spider&for=pc。

共接待游客2505.04万人次，其中北京游客有477.64万人次，占19.07%，天津游客有107.3万人次，占4.28%；来承德市康养的老人共12225人次，其中北京10100人，占82.62%，天津2053人，占16.79%[①]。截至2024年5月，秦皇岛市共有养老机构59家、床位10000余张，护理型床位占比超过55%，到秦皇岛市养老机构入住的京津老人达700余名[②]。

（三）顶层指引，康养旅居产业发展方向更为明确

目前，河北着力建立健全康养旅居产业政策体系，为康养旅居产业发展提供强有力的顶层设计。《河北省康养产业发展"十四五"规划》提出，"十四五"时期要着力打造"一环引领、两极带动、三带集聚、多点支撑"的康养产业空间发展格局，到2025年形成较为完整的康养产业链，打造一批功能齐全、设施完善的康养园区、基地和小镇，形成若干千亿元、百亿元级康养产业集群。京津冀三地民政部门共同制定了《关于进一步深化京津冀养老服务协同发展的行动方案》《关于推进京津冀养老政策协同的若干措施》《京津冀养老服务人才培训协同工作方案》，支持三地养老机构和企业通过新建、合作共建等方式建设养老机构、康养社区，鼓励北京和天津的老年人旅居康养。2024年5月，河北省政府办公厅印发《河北省支持康养产业发展若干措施》，通过医疗服务、人才培养、综合配套等5方面20条举措，扎实推动京津养老项目向河北延伸布局，打响"这么近，那么美，养老到河北"品牌，吸引更多京津老年人来冀康养。

（四）机制保障，康养旅居产业政策举措更加健全

河北持续丰富完善康养旅居产业相关政策举措，为全省康养旅居产业发展提供了更加坚实有力的机制保障。例如，承德全市27家二级以上医疗机

---

① 《2024年河北承德旅居康养养老产业发展大会成功举办》，兴隆县人民政府网站，2024年6月25日，https://www.hbxl.gov.cn/art/2024/6/25/art_3506_1008583.html。
② 《京津冀推进养老服务协同，今年6000余位京津老人到秦皇岛康养》，新京报网站，2024年5月24日，https://www.bjnews.com.cn/detail/1716550006129432.html。

构与京津53家医院开展全方位、宽领域合作，推行养老机构互认互通，将承德寿康康养中心等13家优质养老机构录入北京"为老综合服务平台"，实现评级标准互认、惠企政策互通。张家口聘请第三方专业养老咨询机构开展联合调查，全面分析北京老年人异地养老意愿、养老需求等，并积极与北京在养老政策对接、养老项目推介、智慧养老平台互联互通等方面开展合作，指导环京5县区建设环京协同养老产业孵化带。廊坊强化康养产业招商引资，鼓励社会资本投入康养旅居产业，完善保障政策，推进跨省异地直结，并制定了康养旅居产业年度招商工作方案，做好土地、资金、人才、技术等资源要素保障，特别是进一步加大园区用地储备力度，精准匹配康养旅居项目需求，加快项目落地建设。这些完善的政策举措将进一步为河北康养旅居产业高质量发展提供有力支撑。

二 河北康养旅居产业高质量发展面临的主要挑战

（一）康养旅居市场区域发展不平衡

当前，河北康养旅居产业主要集聚在秦皇岛、承德等资源较好、基础设施较为完善的地区，初步形成了生命健康产业和温泉康养产业两大产业集群。截至2024年上半年，秦皇岛生命健康产业增加值已突破190亿元，占全省地区生产总值的比重达到10%[1]；承德接待的医养、康养京津老人突破2万人，来自北京的达15700人，占78.11%[2]，成为河北康养旅居产业发展的主要支撑力量。但从全省来看，除秦皇岛、承德外，其他地区康养旅居产业还处于起步阶段，基础设施相对薄弱，资源优势尚未转化为产业优势。此外，当前河北优势产业辐射带动效应不足。如秦皇岛北戴河新区作为生命健康产业发展的主战场，虽然在体量规模、产值等指标上远超

---

[1]《秦皇岛：以新质生产力助推生命健康产业发展》，澎湃网，2024年3月24日，https://www.thepaper.cn/newsDetail_forward_26796995。

[2]《探索培育旅居养老目的地——河北承德市康养产业发展调查》，《经济日报》2024年9月11日，第9版。

其他县区，但缺乏整体性规划和跨平台区域合作机制，导致带动作用十分有限。

（二）产品供给与服务质量亟待提升，缺乏多元化消费场景，高端康养旅居产品短缺

当前，康养旅居市场需求逐步多元化、体验化、品质化。根据《北京老年人消费调研报告》，截至2023年，北京共有258.12万名具备较强消费能力与较长消费生命周期的"新老人"（约占60岁以上老年人口的60%），最关注的康养旅居要素为消费体验与服务品质。但河北康养旅居产业与服务还存在较大的"供需错位"问题。例如，具备中医药康养优势的安国有5家国家3A级旅游景区，但普遍缺少"药食同源"体验环节；承德"一日游""短期游"占比达70%，停留两日以上的游客不足30%，与康养相关的项目较少。此外，河北养老机构服务内容以健康检查、保健宣传为主，整体专业性、多样性偏弱，分类服务、个性服务较少，对老年群体吸引力不足。

（三）社会资本投资意愿不足，市场主体规模小、运营能力短缺

康养旅居产业具有前期投入大、后期盈利周期长、门槛较高、运营风险大等特征，因此社会资本投资积极性不高，目前仍以财政性资金投入为主。此外，河北推进医养结合以公立医院为主体，社会资本参与较少。从市场主体来看，河北康养旅居产业龙头企业偏少，中小民营企业居多。例如，安国"药食同源"食品企业生产规模普遍较小、产值较低，2020年"药食同源"企业全部产值仅为6.8亿元。此外，"有投资，缺运营"是河北康养旅居产业持续发展的关键制约因素。例如，位于石家庄灵寿县的锦绣大明川休闲度假康养小镇总占地面积为2000亩，项目总投资20亿元，规划在2021年全部建成，然而目前景区内只有树桥、公园、房车营地、儿童水上乐园、激情冲浪等游乐项目；位于石家庄鹿泉区的中以农科康养小镇曾是2018年石家庄市第二届旅游产业发展大会的观摩项目之一，项目总占地面积为4300亩，计划投资105亿元，规划打造成集现代温室农业、农产品加工生产、文化旅

游服务、养老生活服务等于一体的都市康养目的地。然而，目前该小镇主要开发了农业项目，以农产品采摘为主，且只能当天采摘，不能住宿，除了附近的商业街正在建设，其他项目基本停滞。

（四）康养旅居产业人才储备不足

人才短缺已成为河北康养旅居产业发展的一大短板。从管理人才来看，"管理+技术+照护"复合型人才少之又少，且目前河北养老机构的管理者大多数为房地产等行业的跨界投资者，缺乏专业运营与管理团队；从专业技术人才来看，据调查，河北公办养老机构中，在职职工取得养老护理、心理咨询、康复医疗等职业资格的不到20%，这一比例在民办养老机构更低，多数养老机构的人才配置无法达到全省规定的专业人才配备标准；从护理人员来看，截至2020年12月，京津冀重度失能老年人已超110万人，而河北养老机构护理人员不足2万人①，未达到配比标准，且护理人员存在年龄偏大、收入偏低、学历偏低问题，服务品质难以保障。此外，河北燕大集团、光年里康养度假中心均与职业院校合作培育人才，但毕业3年内仍从事养老服务行业的人员仅占5%。

三 以康养旅居为突破口，培育壮大河北银发经济的建议

（一）加快推动京津冀康养一体化

现阶段，京津冀养老需求激增和养老机构床位空置率较高现象并存。主动推动京津冀康养一体化，优化跨区域养老机制，大力发展康养旅居、跨城养老，是京津冀盘活闲置资源、实现康养产业可持续发展的重要模式，也是推动京津冀康养旅居协同发展的关键。河北应主动与北京和天津建立更加全面的联动发展模式和更加精准的资源对接共享机制。

---

① 《养老护理行业为何留不住年轻人》，《经济日报》2020年12月1日，第4版。

一是谋划布局京冀康养旅居合作示范载体，打造跨行政区域的康养旅居政策协同试验区和康养旅居服务一体化示范区。依托河北环京6市优质康养旅居资源、产业基础和北京"1小时生活圈"优势，共同谋划布局康养旅居合作示范项目，发挥北京在政策、品牌、研发、管理、标准等方面的综合优势，推动要素对接、政策衔接和优质服务导入，共同打造政策协同、资源共享、优势互补的合作示范标杆。

二是搭建康养旅居产业省级推介对接平台。目前，河北康养旅居产业主要以市为单位与京津开展合作，建议由河北省委、省政府牵头，建立康养旅居产业联席会议制度，谋划省级康养旅居产业招商推介大会，为企业合作交流搭建强有力的支撑平台，推动河北优质项目与京津有需求单位的精准对接。

三是打通"北京研发—河北转化"康养旅居产业承接渠道。发挥北京全国科技创新高地优势，利用北京国际老龄产业博览会、科技产业博览会等大型平台，引导河北康养旅居企业与北京科技领军型企业、科研院所、高校合作对接，吸引老年智能家居、智能护理机器人等全国尖端科技成果在河北各类康养旅居基地落地转化。

四是建立京津冀养老数据信息共享机制。与京津共同谋划建立区域养老信息发布和行业管理统一平台，探索养老机构"一网通办"备案管理，为市民、企业和研究机构提供各类信息资讯和养老指南；建立京津冀骨干品牌企业互推互送机制，并推动河北更多优质康养旅居企业与项目入驻京津。

五是尽快推动京津冀养老政策协同。目前，天津、北京石景山区和河北承德均列入国家长期护理保险试点地区，但长期护理保险定点机构仅设在当地，在一定程度上影响了失能老年人选择异地养老的积极性。因此，建议协调相关部门将河北承接京津养老服务的机构纳入长期护理保险定点机构范围，进一步降低养老成本，更好地吸引京津老年人到河北养老；此外，积极支持北京全域养老机构运营补贴、康复辅助器具购置补贴等政策与河北互联互通，推动北京西城区异地养老个人补贴政策等优秀政策做法向河北延伸。

（二）充分培育壮大康养旅居市场主体

河北康养旅居产业龙头企业偏少，"有投资，缺运营"是关键制约因素。因此，必须尽快培育一批有活力、有效益、生命力强、带动性强、示范性强的市场主体，建立起"龙头企业支撑、中小企业协同发展"的康养旅居企业发展生态。

一是深化"央地联合"。康养旅居产业投资周期长、回报慢，社会属性突出，因此必须发挥好央国企在资金保障、要素供给、品牌影响力和社会责任方面的"压舱石"作用。要进一步加大与泰康、人寿、保利等大型央国企的合作力度，支持其深度参与河北温泉、中医药、生命健康、养老房产及康养辅具等产业集群培育；支持各地市整合市属国企养老资源，组建市属一级国有企业康养集团；支持北京推荐知名国企入股河北各地市康养旅居产业项目，推动大型企业与河北相关地市养老机构开展合作共建。

二是多措并举重点提升河北康养旅居企业运营能力。支持各地市引入专业的第三方运营机构，通过"公办民营""委托运营"等模式完善运营机制，助推康养旅居企业运营管理能力持续提升；鼓励河北省养老服务业协会、康养产业联合会牵头开展"产业运营能力"专题培训，助力从业者增强政策理解、实操和运营能力。

三是依托河北产业投资基金设立康养旅居产业专项发展子基金。聚焦秦皇岛阿那亚、承德热河谷、北戴河生命健康产业创新示范区、以岭健康城、京津冀银发经济产业园等示范引领项目，给予专项补助，充分发挥财政对康养旅居产业发展的引导作用。

四是培育好康养旅居企业孵化平台，引导中小微康养旅居企业向专精特新发展。支持小型康养机构、智慧康养旅居企业与业内上下游企业建立联系，放大品牌优势。

五是以更大力度支持北京优质康养旅居企业到秦皇岛、承德、张家口等具备康养旅居资源优势的地市投资兴业，深度参与河北康养旅居产业项目。

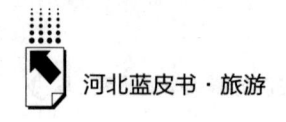

(三)着力优化康养旅居产业人才供给机制

当前,河北康养旅居人才缺口较大、流失率较高。因此,必须着力完善康养旅居产业人才供给机制,尽快解决康养旅居从业人员平均年龄大、劳动强度高、收入待遇低、学历层次低及职业规划迷茫问题。

一是深化校企合作,打造一批康养旅居产教融合共同体与实训基地。通过政府"牵线搭台"的方式,支持燕达实业集团、寿康健康、河北健康养老集团等龙头企业与省属高校、职业学院共同打造一批康养旅居产教融合共同体与实训基地,形成"养老机构—康养旅居社区—康养旅居酒店"全场景实训格局。

二是创设养老护理职称体系,认定养老护理专业技术资格。借鉴江苏经验,鼓励符合条件的养老护理人员申请评定初级、中级、高级职称,组建省级养老护理高级专业技术资格评审委员会,畅通养老护理人员职业发展渠道,提升养老护理人员的社会认可度和获得感。

三是全面开展现代学徒制和"订单班"试点。建议以承德护理职业学院等中高职院校为重点,与省内外康养旅居、养老企业开展合作,开展一批现代学徒制、"订单班"试点,企校共同制定现代学徒制人才培养方案,"订单式"吸纳毕业生到企业就业。

四是切实提升养老服务人员薪酬保障水平。探索康养旅居人才入职奖补、岗位津贴、积分落户加分等激励政策,建立养老护理员岗位补贴制度,破解养老护理科班学生"愿学不愿干"问题。

五是共同探索京津冀康养旅居高端人才共享机制。支持河北康养旅居项目深入京津院校、科研院所等开展宣传推介,引导高端人才来冀,建立集人员选定、项目选择、对口服务、体验反馈于一体的共享机制;加强三地人才交流与合作,建立定期选派人才到京津进修学习机制。通过举办讲座、开展学术交流、进行临床指导等方式,邀请京津专家来冀指导工作;搭建与京津院校企业间的合作平台,支持河北养老服务人才队伍培育,拓宽优质养老服务人才供给来源。

（四）加快推动康养旅居产业标准化建设

标准缺位已成为河北康养旅居产业高质量发展的重要制约因素。河北亟须制定康养旅居产业标准，进而保持战略领先地位，快速进入康养旅居产业发展的高级阶段。

一是出台省级康养旅居产业标准和项目认定规范。建议由市场管理部门牵头，组织人员就康养旅居产业标准体系建设进行研究，在系统梳理河北康养旅居产业发展需求的基础上，构建康养旅居示范区标准体系框架，尽快形成康养旅居产业标准和项目认定规范，积极引导全省康养旅居产品和服务向品质化发展。

二是布局康养旅居产业标准化示范点。依托以岭科技、寿康中心、保定小院、燕达养护中心等成熟的康养旅居企业和项目，布局若干个标准化示范点，发挥辐射带动作用，打造一批康养旅居产业标准化示范项目和知名品牌。

（五）加强康养旅居品牌建设与宣传推介

加速提升省域康养旅居品牌影响力是推动康养旅居产业高质量发展的关键。目前，河北利用区位优势和各类展会平台打响"这么近，那么美，养老到河北"品牌，下一步要充分利用京津资源，积极打造京津冀康养旅居推介宣传平台，加强京津冀康养旅居交通基础设施建设，实现区域康养旅居品牌共建共享。

一是强化河北康养旅居产业对外宣传展示。支持更多河北地市养老资源接入北京养老服务网等重点康养旅居推介平台，推动更多河北地市养老机构、养老服务驿站、养老助餐点、康养社区、生态景区与休闲度假区等康养旅居资源接入国家级重点智慧养老服务供需对接数字化平台；支持北京、天津等重点市场在社区、街区、医院、公园等公共区域提供免费宣传点位，展示河北丰富的康养旅居资源和产品。

二是强化交通一体化，提升北京老年人来冀便利度。例如，可谋划开通北

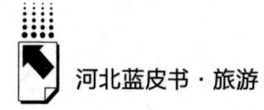

京—秦皇岛四季康养旅居专列，适当加密北京—秦皇岛高铁频次，方便北京老年人来秦皇岛旅居度假，为"这么近，那么美，养老到河北"提供强有力的交通基础设施支撑。

三是深入推动京津冀区域品牌共建共享。例如，可依托北京世园公园、延怀河谷葡萄康养旅游区、赤城温泉等资源，丰富温泉康养度假业态类型，共同推出特色康养旅居产品，打造彰显区域魅力的康养旅居品牌，助推河北康养旅居产业高质量发展。

参考文献

冯阳：《河北环京协同养老项目有序推进》，《河北日报》2023年7月25日。

王艳霞：《环京津康养产业人才供需矛盾及破解之策》，《经济论坛》2019年第9期。

B.11
河北省冰雪旅游国际化发展策略研究

王春蕾*

摘　要： 随着2022年北京冬奥会的成功举办，河北省冰雪旅游得到前所未有的关注，冰雪旅游的国际化发展步伐全面加快。当前，为加快河北省冰雪旅游在国际上的持续升温，建设具有全球吸引力的冰雪旅游目的地，亟须对标先进找差距、补齐短板促提升，找准推动河北省冰雪旅游国际化发展的着力点。本报告分析了目前冰雪旅游发展水平处在全球前列国家的发展战略，总结先进的发展经验，并结合河北省冰雪旅游发展存在的问题，以抢抓国家和河北省重大战略部署、深刻把握产业新特征为方向，提出推动河北省冰雪旅游国际化发展的建议：丰富消费场景，优化产业结构；完善基础设施，夯实发展基础；做优旅游产品，延伸旅游链条；拓宽国际视野，增强营销效能；强化服务保障，提升安全能级。

关键词： 冰雪旅游　国际化发展　河北

2024年4月，河北省委书记、省人大常委会主任倪岳峰率河北省代表团在奥地利、埃及访问期间，赴依傍于阿尔卑斯山脉的奥地利蒂罗尔州考察冰雪和旅游产业，倪岳峰表示要认真借鉴蒂罗尔州的先进经验，创新冬奥场馆利用模式，提高运营效益，培育新业态，发展全域全季旅游。为顺应冰雪旅游升温趋势，河北省充分利用冰雪资源禀赋和既有冰雪产业基础，推出新产品、打造新场景，致力于以优质的产品和丰富的体验推动冰雪旅游高质量

---

* 王春蕾，河北省社会科学院旅游研究中心研究实习员，主要研究方向为旅游发展与管理。

发展。2024~2025雪季，张家口崇礼区全区9家滑雪场接待游客523.46万人次，同比增长18%①。了解河北省与冰雪旅游领先地区的差距，聚焦短板弱项精准施策，对河北省加快冰雪旅游在国际上的持续升温、建设具有全球吸引力的冰雪旅游目的地具有重要意义。

一 冰雪旅游发展世界"样本"的经验剖析

冰雪旅游开发历史悠久，国际化程度较高，全球竞争市场较大。综观全球冰雪旅游发展全局，有的国家依托得天独厚的资源优势占据冰雪旅游发展领先地位，有的国家以冰雪文化为魂塑造系列旅游IP，有的国家以各类活动为媒提升冰雪旅游热度。本报告对瑞士、加拿大、日本、德国、美国等冰雪旅游发展世界"样本"的经验进行剖析。

（一）瑞士：赛事、会展、节庆多元矩阵助推冰雪旅游四季长虹

作为欧洲乃至世界的冰雪旅游中心，瑞士每年吸引大量的国内外游客前来滑雪度假，是名副其实的"冰雪王国"。瑞士冰雪旅游领先世界的原因，除先天资源优势和配置齐全的国际级设施外，更离不开冰雪赛事以及冰雪品牌活动对游客的吸引。一方面，由于包括国际奥委会在内的50多家全球运动协会总部的落户，瑞士每年举办大量的冰雪运动赛事和冰雪节庆活动，如国际雪联系列赛事、阿尔卑斯山山地旅游节、格林德尔瓦尔德国际滑雪节等，吸引了大量游客。另一方面，瑞士每年举办诸多全国性和国际性展览，吸引世界各地参观人员，带火了一批冰雪旅游目的地。以达沃斯小镇为例，自1971年举办世界经济论坛开始，数百个世界顶级品牌活动陆续落户达沃斯，小镇原有的"滑雪胜地"优势被进一步放大，每年接待世界各地游客

---

① 《2024~2025雪季接待游客523.46万人次》，"纵览新闻"百家号，2025年5月8日，https://baijiahao.baidu.com/s?id=1831504545215209623&wfr=spider&for=pc。

数量超230万人，成为集度假、冰雪运动、会议等于一体的享誉世界的冰雪小镇[1]。

（二）加拿大：优质的基础设施增强冰雪旅游国际竞争力

一流的滑雪基础设施是冰雪旅游国际化发展的核心与基础。作为传统的冰雪大国，加拿大的滑雪人口超430万人，与旺盛的大众冰雪运动需求相匹配的是完善的基础设施。据不完全统计，截至2024年底，加拿大全国各社区都有免费的滑冰场地，280多家滑雪场、3000多家冰球场、近千条滑雪升降索道遍布全国[2]。另外，冬奥会高标准的交通、住宿、体育设施推动加拿大冰雪旅游迈上了新的台阶，为确保"冬奥遗产"持续发挥作用，加拿大成立了专门的遗产管理机构。以2010年温哥华冬奥会举办地之一的惠斯勒市为例，在"奥运品质"基础设施的加持下，该市迅速成长为集滑雪运动、主题游乐、温泉疗养、山地运动等于一体的世界知名冰雪度假地，并连续多年被评为"北美最佳滑雪胜地"，每年从世界各地前往惠斯勒市体验冰雪运动的游客达300万人。

（三）日本：以文化为魂持续激发冰雪旅游发展澎湃动力

国际一流的冰雪旅游国家往往将文化、品牌作为开辟更为广阔的冰雪旅游发展空间的"强内核"。以日本为例，其将传统优势文化——偶像文化、动漫文化、节庆文化等作为内核，实现了传统冰雪文化的转化与创新，进一步提高了冰雪文化"软实力"，激发了全球对日本冰雪旅游的探索欲望，为冰雪旅游注入了强大发展活力。经过1972年札幌冬奥会和1998年长野冬奥会的"洗礼"，日本形成了深厚的冰雪文化，冰雪文化节、冰雪文艺作品等

---

[1] 《博鳌20年：从亚洲到世界　从小镇到经济圈》，微博，2021年3月27日，https://weibo.com/ttarticle/p/show?id=2309404619320700567620。

[2] 笔者依据郝思田《欧美冰雪运动强国的成功经验对我国大众冰雪运动开展的启示研究》（硕士学位论文，杭州师范大学，2020）、中评网《不妨向国外冰雪经济再"借把火"》（2024年1月14日，https://www.crntt.com/doc/1068/5/9/8/106859824_4.html）中数据计算所得。

蓬勃发展，大大带动了日本冰雪旅游的发展。例如，针对广受欢迎的花样滑冰主题动漫《冰上的尤里》，以及高人气花样滑冰偶像羽生结弦、高梨沙罗等，日本推出系列动漫巡游线路和冰迷"打卡游"线路。而起源于20世纪50年代的札幌冰雪节借1972年札幌冬奥会迅速提升知名度，早已成为日本重要的冰雪文化标签，同时是闻名世界的四大冰雪旅游节庆之一。

（四）德国：科技与人才支撑形成成熟的冰雪运动保障体系

21世纪以来举办的6场冬奥会中，德国有5次位居奖牌榜前三，强大的冰雪竞技实力背后是冰雪运动的普及和大量的冰雪运动人口带来的有力支撑，这与德国政府长期以来对尖端冰雪运动科技发展的鼎力支持和对冰雪人才的全方位培养密不可分。一方面，以运动器材与应用训练为优势，德国形成了成熟的冰雪运动保障体系，柏林运动器材研究所、莱比锡应用训练科学研究所等世界顶尖的科研机构，以及施飞尔、博格纳等享誉全球的冰雪运动装备品牌，为德国冰雪运动的发展保驾护航。另一方面，完善的教练员体系为德国冰雪运动的大众化发展持续提供强大的指导力量。为满足占全国总人数近20%的滑雪人口的需求，德国设置了严格的教练员等级制度，并实施严格的培训、考试、晋升程序，全面保障不同等级的教练员均能得到充分且专业的指导。

（五）美国：构筑强大安全保障体系，为冰雪旅游高质量发展保驾护航

场地安全是游客生命财产安全的重要屏障，更是冰雪旅游高质量发展的前提。国际一流的冰雪旅游国家均注重以完善的场地安全保护措施为滑雪者的安全保驾护航。据统计，作为全球最大的滑雪市场之一，美国滑雪致命事故的比例远远低于其他极限运动。究其原因，一是美国形成了完备的滑雪行业规范，强化了滑雪安全保障。自20世纪中期起，美国国家滑雪协会详细记录了全美每一个雪季发生的事故，并据此制定或修改行业规范，形成较为权威的滑雪类意外事故"百科全书"，大大防范和遏制了事故的发生。二是

美国注重软硬件结合，不断强化冰雪场地的安全设施管理。除设置安全提示标牌、安排滑雪指导员和信息咨询员外，美国持续利用科技手段提升场地数字化水平，设计电子身份信息卡以便及时获取滑雪者信息及动态，部分滑雪场甚至可以达到满足残疾人滑雪需求的安全标准。

二 河北省冰雪旅游与国际先进地区的差距

对标国际冰雪旅游先进地区，河北省仍有较大的发展空间。明晰河北省与国际先进地区的核心差距，是推动河北省冰雪旅游走向国际化的先决条件。对标国际先进地区的典型特征，具体分析如下。

（一）全域全季冰雪旅游发展成效不明显，季节性仍较为显著

冰雪旅游资源带有很强的季节属性，受气候、环境、场地等因素的影响较大。近年来，为突破冰雪旅游发展的季节性限制，以崇礼为代表的河北省冰雪旅游热门目的地积极探索四季旅游业态，打造了避暑休闲、户外拓展等系列产品，努力填补非雪季业态空白。但河北省冰雪旅游的季节性仍比较明显，雪季相关景区游客人数、收入占全年的60%以上。以国际冰雪旅游胜地瑞士为例，在雪季之外，瑞士的自然风光、特色建筑、美食等元素以及会展、赛事、节庆等活动同样能够吸引大量游客，相比之下，河北省亟须提升全域全季冰雪旅游发展水平。

（二）冰雪场地设施不足，全球竞争力不强

以2022年北京冬奥会为契机，河北省近年来将冰雪场地设施建设作为重要的基础工程来抓，陆续出台了《河北省冰雪运动场地设施发展扶持方案》《支持冰雪场地设施建设的若干政策》等文件，推进冰雪场地建设并取得明显成效。但与国际一流的冰雪旅游目的地相比，河北省冰雪场地设施的密度不够，滑雪场的全球竞争力不强。除依靠自然优势建设滑雪场外，国际先进地区在人工冰雪场地设施上同样具有雄厚实力，加拿大仅温

哥华市区内就建有100多家室内冰场，全国室内冰场数量更是达3000多家。此外，福布斯于2024年初发布的全球Top50最佳滑雪胜地榜单显示，奥地利（14家）、法国（11家）、瑞典（9家）、美国（8家）等欧美国家众多滑雪场悉数上榜，而河北省却榜上无名。

（三）冰雪旅游产业链条短，集聚度和融合度总体不高

河北省充分利用冰雪资源和产业基础，进一步做好"冰雪+"文章，一方面推动冰雪运动体验与文旅进一步融合，在张家口、承德、秦皇岛、邢台等地陆续推出精品度假线路及冰雕展、冰雪嘉年华等冰雪旅游产品；另一方面推动冰雪装备制造业扩容提质，围绕打造国家冰雪装备生产基地和冰雪产业集群，统筹推进"张家口—廊坊—雄安新区—石家庄"联动形成冰雪装备制造产业链基地布局。但整体来看，河北省冰雪旅游产业和当地优势资源的融合程度还不够，相对于欧美、日本早已成熟的滑雪市场，河北省冰雪旅游产品比较单一，以滑雪场和冰雪小镇为主，综合性、高品质的冰雪旅游休闲度假产品还比较少，外地游客重游率不高。此外，虽然当前河北省造雪机、压雪机、魔毯、索道、滑雪板、冰雪运动服饰等热门产品制造初具规模，但产业链延伸不足，特色产品架构还不成熟，与日本蓬勃发展的冰雪文化产业体系、德国以运动器材与应用训练为优势的冰雪运动保障体系相比还有一定差距。

（四）全省赛事体系初步建立，但会展、节庆对品牌塑造作用不大

目前，河北省已形成以国际赛事为标杆、国家级赛事为抓手、省级赛事为支撑、市级赛事为基础的赛事体系。2024~2025雪季多项高级别赛事在张家口、承德、秦皇岛等地举办，包括国际雪联自由式滑雪及单板滑雪U型场地技巧世界杯、国际雪联自由式滑雪空中技巧夏季水池积分赛、中国杯短道速滑精英联赛、中国女子冰球职业联赛等。但对标国际一流冰雪旅游国家，河北省以国际化会展和节庆为载体提升冰雪旅游目的地品牌影响力的能力有待提升。一方面，崇礼国际滑雪节的影响力难以与哈尔滨国际冰

雪节、日本札幌冰雪节、加拿大魁北克冬季狂欢节和挪威奥斯陆滑雪节"世界四大冰雪节"比肩。另一方面，河北省缺少国际性重大会展活动，难以像瑞士冰雪小镇达沃斯一样，通过举办世界经济论坛促进冰雪旅游产业发展。

（五）冰雪旅游保障能力存在明显不足，以人才和安全为核心的保障体系尚未构建

近年来，河北省以游客需求为导向，不断提升冰雪旅游的人才和服务保障水平，构建安全保障体系。例如，为保障冰雪运动安全专门制定《滑雪场所安全管理规范》，自主研发防风网、索道安全运行保障等设备和技术。但总的来看，河北省冰雪旅游保障体系尚不完备，与国际一流冰雪旅游目的地相比仍有较大差距。一方面，专业教练数量仍有较大提升空间；另一方面，安全保障能力与安全管理水平与欧美国家相比有较大差距，在安全技术应用方面仍需提升。

三 借鉴国际先进经验推动河北省冰雪旅游国际化发展的建议

（一）丰富消费场景，优化产业结构

丰富、多元、个性的冰雪旅游消费体验是增强消费黏性的关键所在。要推动冰雪旅游国际化发展，就要提升冰雪旅游质效，坚持冰雪旅游场景焕新，全力构建全域全季冰雪旅游发展格局。

优化冰雪旅游发展新结构。打造四季旅游产品体系，延续冰雪旅游的火爆势头，推动全省冰雪旅游热度常在、四季长虹。丰富滑雪场馆、冰雪度假区的经营项目，发挥好演艺、节庆、赛事、研学、会展等载体的"引流"作用，引导各地因地制宜推出"春季踏青团建""夏季避暑度假""秋季观景摄影"等突破季节性与时间性限制的主题旅游产品。

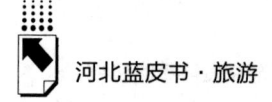

打造冰雪旅游消费新空间。鼓励、引导各地在重点景区景点、城市公园建设一批集冰雪运动、冰雪娱乐于一体的高山滑雪场、室内滑雪场、冰场、冰雪乐园，营造体验式、沉浸式冰雪旅游消费新空间，扩大冰雪旅游目的地规模，构建多点打造、因地制宜、全民参与的冰雪旅游格局。

（二）完善基础设施，夯实发展基础

高标准、国际化的冰雪场地是破解"一次性"消费困局、让"头回客"变"回头客"的物质基础和支撑条件。河北省要坚持以国际标准引领冰雪场地提质、扩容、升级，丰富消费内容。

增加场地设施供给，扩大冰雪场地设施规模。提升现有场馆利用效率，鼓励高校、中小学冰雪运动场馆定期向市民免费开放。建设室内滑雪场，支持可移动自然冰场实现"全年冰雪运动自由"。

对标国际标准，提升冰雪场地接待能力。加大优质冰雪场地建设力度，统筹推进冰雪场地设备设施、配套服务、安全保障等软硬件设施，以及道路、电力、供水等基础设施与国际接轨，达到国际优质滑雪场建设水准。丰富滑雪度假体验内容，开发山间步道、山地滑车、卡丁车、房车营地等休闲项目，配齐俱乐部、特色饮食、酒店式公寓、木屋等多类型服务设施，将滑雪、休闲、度假、购物、娱乐等有机结合，创造比肩欧美的冰雪旅游新体验。

（三）做优旅游产品，延伸旅游链条

当前，冰雪旅游产业从单一转向多元融合发展已成为大趋势。河北省冰雪旅游国际化发展道路要以冰雪资源为底色、冰雪旅游为本体、冰雪体育为基础、冰雪文化为引领，强化冰雪产业集聚优势，形成具有增值功能的链网式产业结构体系。

创新业态开发模式，构建"冰雪旅游+"多元融合消费场景。持续以冰雪旅游为核心打造特色鲜明、时尚新颖、"商文旅体"多元融合的冰雪消费新场景，满足消费者一站式、沉浸式体验需求。在产品上推陈出新，围绕

"冰雪旅游+温泉康养""冰雪旅游+冀味美食""冰雪旅游+生态露营""冰雪旅游+民俗体验"等主题进一步丰富冰雪旅游项目形式，主动延伸冰雪旅游产业链条。重点在太行山沿线、草原天路和国家一号风景大道沿线布局一批融合类冰雪主题度假区，全面升级"玩冰雪、泡温泉、尝美食、游美景、赏民俗"的消费场景和体验。

补齐装备制造短板，创造性推动冰雪资源与传统产业融合发展。增强自主创新能力，鼓励河钢集团、宣工集团等老牌制造企业自主研发制造冰雪装备，进一步丰富冰雪装备种类，重点研发国内生产较少的滑雪板、冰鞋、滑雪鞋、手杖等主流产品。提升智能化制造水平，加快物联网、大数据、云计算等信息技术与冰雪装备制造业的深度融合，开展冰雪装备器材核心技术研发、仿真冰等新材料研发、冰雪体育教育信息化器材和设备研发、冰雪装备器材数字技术转化应用研究，推出提升用户冰雪旅游体验与安全性的冰雪装备。

深挖文化特色，持续强化冰雪产业的文旅属性。强化冰雪文化市场培育与开发，鼓励各地举办冰雪民俗运动会、欢乐冰雪趣味活动，在冰雪场地广泛设置大众化冰雪民俗体育娱乐项目。培育冰雪文化演艺新业态，积极推动长城文化、泥河湾文化、三祖文化、大运河文化与冰雪元素有机融合，创作冰雪文化演艺剧目，展示冰上杂技、花样滑冰、冰上舞蹈、冰上魔术等冰上舞台表演艺术。

（四）拓宽国际视野，增强营销效能

在流量经济时代，打好营销"组合拳"是保障冰雪旅游经久不衰的支撑要素。河北省必须着力寻找更为广阔的市场机遇，逐步占据国内市场优势地位，并进一步提升世界级冰雪旅游目的地形象。

构筑开放新局面，完善品牌赛事、节庆、会展体系。优化冰雪赛事体系，构建以重大赛事为引领、区域联赛为支撑、品牌赛事为基础的赛事体系，联合北京依托奥运场馆积极承办国际、洲际冰雪竞技赛事，定期举办具有本土影响力的赛事，实现"以赛引流、以赛兴业"，提升赛事活跃度。打造国际冰雪节庆品牌矩阵，做好以崇礼国际滑雪节为龙头的冰雪品牌活动宣传，支持各地创新举办国际冰雪旅游节、电影节、音乐节等活动，努力让河北省冰雪文化聚焦全球视野。打造国际化会展品牌，积极举办国际性的冰雪产业展会、论坛、推介会，提升河北省在国际冰雪产业领域的影响力与话语权，以"展城互动"提振国际冰雪消费。

提高国际化站位，以全球视野谋划推进冰雪旅游目的地建设。抓好河北省冰雪旅游国际市场宣传推介，加快提升河北省冰雪旅游品牌的国际曝光度。以推进崇礼"世界冰雪爱好者首选目的地"建设为载体，在中国港澳台地区、韩国、新加坡、日本、英国、泰国等主要冰雪客源地及境外直航城市、国际友好城市逐步建立"河北冰雪旅游体验中心"，持续强化河北省世界级冰雪运动与休闲度假目的地的品牌形象。

抢抓互联网流量，利用新媒体平台借势打好"内容营销牌"。主动顺应"一条短视频带火一座城"的文旅营销新趋势，将内容营销作为连接冰雪旅游市场游客与产品的全新纽带。加强对微博、抖音、小红书等社交媒体阵地的利用，通过邀请知名旅游达人分享推荐、公开发布旅游资讯等途径，加快完善冰雪旅游新媒体营销体系，为河北省冰雪旅游带来更好的口碑和更大影响力。

（五）强化服务保障，提升安全能级

对于冰雪旅游而言，服务质量不仅直接关乎游客体验，更是确保游客安全的重要防线。当前，冰雪旅游正在成为河北省加强旅游强省建设的重要抓手，推动冰雪旅游高质量发展，必须始终坚持立足游客需求，将提升服务质量和安全能级作为实现跨越式发展的必经之路。

聚焦满意度提升，推动冰雪旅游服务精细化、品质化。一是用暖心服务为冰雪旅游"保温"，重点强化对游客的服务保障。在机场、火车站、地铁等站点开设专属柜台、安检通道，安排技术过硬的工作人员为携带滑雪装备的游客提供更加便捷的出行服务，破解接驳站点操作空间有限和游客出行时间紧迫难题。二是以精准对接游客个性化需求为导向，提升冰雪

旅游品质化服务供给水平。根据游客群体需求，提供针对冰雪运动、亲子游乐、休闲度假、赛事训练等不同主题，满足多层次需求的定制化冰雪旅游服务，建立健全雪具租借、雪道选择、教练匹配、售后处理等全链条个性化服务机制。

构筑多重屏障，全方位提升冰雪旅游安全服务能级。一方面，聚焦重点地区、关键环节、重要点位，构建全方位、立体化的冰雪旅游安全服务保障体系。各地文旅部门要会同公安、应急管理、自然资源、市场监管、林业和草原等部门，定期开展冰雪旅游场所安全生产检查，将器材装备、人员配备、安全标识、防护措施等作为重点，加强对冰雪旅游场所安全管理的组织领导，切实强化冰雪旅游安全服务保障。另一方面，持续强化冰雪旅游安全服务的科技支撑，构建智能化冰雪旅游安全防护网络。在监测预警、应急处置与救援环节，充分运用互联网、大数据、人工智能等现代技术强化支撑保障，鼓励滑雪场建立智能监控和安全预警系统，推广无人机巡逻，建立健全应急广播体系，加强急救医疗服务网络建设，精准提升安全问题处置速度和效率。

强化教育培训，积极构建冰雪运动人才培养体系。完善冰雪运动教育培训机制，鼓励有资质的企事业单位、冰雪场馆成立冰雪运动教育机构，支持石家庄、保定、唐山等地利用高校集聚优势加强冰雪运动特长体育教师培养，扩大冰雪运动专业招生规模，扭转全省冰雪运动教练员、冰雪运动指导员、冰雪运动教师稀缺局面。完善冰雪运动标准化认定体系，优化冰雪运动教学技能分级认证、大中小学冰雪运动等级考核及认证体系，加大考核、认证、晋级标准实施力度。

参考文献

佘丽源：《"后冬运会"背景下呼伦贝尔市冰雪体育旅游产业高质量发展的实践路径》，《呼伦贝尔学院学报》2024年第3期。

孙民康等：《日本冰雪运动发展模式及对我国冰雪运动跨越式发展的启示》，《武汉体育学院学报》2021年第12期。

徐晓菲、孙静：《创意设计驱动黑龙江省冰雪旅游高质量发展的对策建议》，《对外经贸》2024年第6期。

B.12
河北省乡村旅游重点村产业融合发展研究

张葳*

摘　要： 当前，乡村旅游全面进入品质化发展阶段，正朝着产业深度融合方向发展。本报告选取河北省乡村旅游重点村为研究对象，客观分析发展现状，研判当前存在的规划指导不够、空间整合不足、产品供给不优、产业链条偏短、市场主体松散5方面问题，充分借鉴国内乡村旅游产业创新发展经验，提出河北省推动乡村旅游重点村产业融合发展要完善乡村产业布局规划，优化乡村产业结构，推动乡村旅游产业融合走深走实走新，打造多元化乡村旅游消费场景，加强乡村旅游产业金融支持，进一步优化乡村旅游发展环境。

关键词： 乡村旅游重点村　产业融合　河北

乡村旅游是乡村振兴战略的重要引擎，市场潜力巨大，对带动乡村产业融合发展、资源整合发挥着重要作用。近年来，河北省各地积极作为，充分发挥乡村生态、文化资源优势，大力发展乡村旅游，助力乡村振兴，评选省市乡村旅游重点村，和美乡村建设有序推进，全省乡村旅游经济效益不断提升，品牌示范带动效应明显。当前，河北省乡村旅游全面进入品质化发展阶段，农文旅、乡村康养、乡村休闲观光等产业融合不断深化，必须加强客观研判，充分借鉴国内先进经验，科学推动河北省乡村旅游高质量发展。

---

* 张葳，河北省社会科学院省情研究所副所长、副研究员，主要研究方向为旅游经济、文化旅游。

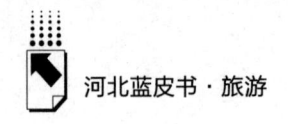

一 河北省乡村旅游发展取得积极成效

（一）政策持续优化

近年来，省市各级政府高度重视乡村旅游发展，从产业融合、示范带动等方面持续优化细化政策，研究印发了《河北省和美乡村文旅融合焕新行动计划实施方案》《乡村文化和旅游带头人支持项目实施方案》，促进乡村旅游更加注重精品化，助力乡村旅游运营品质持续提升，为助推乡村振兴提供有力支撑。2024年河北省委一号文件提出要"实施乡村文旅深度融合工程，提升重点村镇乡村旅游水平，打造乡村旅游集聚区"，省会石家庄等各市积极贯彻落实，乡村旅游重点村作为各地乡村旅游发展的示范引领，也有了更加全面的工作指引。

（二）乡村旅游重点村评选和重点片区指导工作有序开展

2019年，河北省文化和旅游厅首次评选出100个省级乡村旅游重点村，推动乡村旅游向观光、休闲、康养、度假等复合型业态模式转变。截至2024年底，全省开展了6批次乡村旅游重点村评选，共评选出305个省级乡村旅游重点村。河北省文化和旅游厅高度重视乡村旅游重点片区发展，定期组织专家对石家庄市滹沱河沿岸、承德市兴隆县雾灵山等10个重点片区进行指导，打造集食、住、行、游、购、娱等于一体的综合性乡村旅游体验集群，围绕乡村旅游资源开发、标准化建设、业态提升等方面进行"一对一"指导，2024年在全省创建30余个乡村旅游重点村。河北省乡村旅游影响力不断提升，邢台内丘杏峪村、衡水周窝音乐小镇入选《2024世界旅游联盟——旅游助力乡村振兴案例》。

（三）实施乡村文旅资源焕新行动

2024年，河北省文化和旅游厅举办了"美好乡村等你来"活动，精准筛选了数字乡村、规划设计等11类近400家乡村文旅运营商、服务商，在省级层面搭建全产业链资源对接平台。组建"特派团"，对10个乡村旅游重点片区开展"一对一"帮扶服务，实现更加精准的资源对接。省级层面开展了美学艺术赋能乡村面貌焕新行动，遴选13个资源富集、有提升意愿的乡村实施创意设计、微景观改造提升工程，广泛调动艺术设计机构、美术类院校等，组成了70余个"美学设计乡建团"参与创意设计大赛。通过争取政府部门、金融机构配套支持，指导各地将设计成果落地。

（四）培养乡村建设和乡村文旅"领头雁"

制定乡村文化和旅游带头人培养提升项目实施方案，培育认定了50个省级乡村文化和旅游带头人。组织带头人赴河南、广东等地区学习乡村旅游发展先进经验和先进模式。举办乡村旅游专题培训班，培训乡镇干部、村干部等200余人。组织乡村文化和旅游带头人专题培训，培训省级以上带头人100余人，提升乡村旅游管理和服务水平，为推动乡村振兴提供持续动力。

（五）乡村旅游产业支持力度不断加大

一是农文旅产业深度融合，促进乡村经济的多元化发展，推动美丽村庄转化为"美丽经济"。邯郸市积极建设链条完整、高质高效、集聚发展的农业特色主导产业，通过订单带动、土地流转、股份合作等方式，采取"龙头企业+村集体+农户""龙头企业+新型经营主体+农户"等模式创建一批农业产业化联合体。二是省市相关政策不断完善，助推产业进一步发展。2023年以来，国家出台多项农文旅相关奖补政策，河北省积极响应，针对休闲农业园区、现代农业产业园等出台了丰富的补贴支持政策。同时，省级层面积极推进农村集体经营性建设用地与国有建设用地同权同价、同等入市。

（六）开展乡村旅游系列主题宣传推广活动

2024年，河北省文化和旅游厅策划推出了"乡村有节气""乡村有古

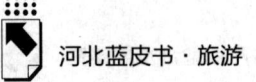

建""乡村有风味""乡村有好礼"等不同主题的55条乡村旅游精品线路，其中7条线路入选全国乡村旅游精品线路。策划推出"一天零一夜"跟着民宿游河北系列短视频、"探访河北·乡村Walk"系列短视频，沉浸式宣传推广河北省乡村旅游重点村，助力乡村振兴。

二 河北省乡村旅游发展问题研判

（一）规划指导不够

当前，河北省乡村旅游顶层设计和规划指导不足，市场主体多根据自己喜好投资，缺乏对乡村发展的前瞻性思考，定位不高，规划深度不够，招商目标不明确，项目运营管理指导不足，乡村建设缺乏整体性、长远性规划布局。

（二）空间整合不足

河北省乡村旅游资源分布较为零散，很多乡村呈分散开发状态，一些省级乡村旅游重点村风光优美，吸引了众多游客，但交通不便，难以形成集聚效应，旅游线路的连贯性不足，迫切需要对全省乡村旅游资源进行空间统筹和整体规划。

（三）产品供给不优

一是产品不丰富。产品同质化现象较为普遍，大多数难以持续盈利，缺乏一批具有文化特色、文化深度的示范项目。二是产品质量不高。缺乏在国内叫得响的品牌产品和龙头项目，文化资源利用不足，乡村旅游产品存在粗放式和模仿式开发问题，缺乏对在地文化的深度挖掘，产品特色不突出，创新力度不够。三是产业融合不深。目前，河北省休闲农业和乡村旅游以观光游览、采摘体验、农家乐为主，农旅融合、文旅融合的深度不够、层次较低，业态创新不足，科技应用较少，精深加工不多，多样性不足。

（四）产业链条偏短

河北省乡村旅游游客停留时间较短，乡宿、乡游、乡食、乡购、乡娱等配套不足。有的民宿很有特色，但周边景点不多；有的景区风景很美，但周边住宿、餐饮品质跟不上；有的景区有风景有住宿，但缺少深度体验项目，产业链条偏短。此外，特色产品附加值低，仍停留在初级加工阶段，农副产品精深加工和特色手工艺品生产链条不完善，不利于构建完整的乡村旅游产业链条，对游客的吸引力有待提升。

（五）市场主体松散

目前，河北省乡村旅游重点村市场主体虽然数量较多，但组织化、专业化程度低，没有形成规模，营销方式和手段相对落后。从调研来看，河北省大部分乡村旅游重点村集约化程度偏低，合作社等新型经营组织不够壮大，在吸引乡绅、乡贤回乡方面力度不足，一方面容易造成恶性竞争和无序发展，另一方面个体化、分散化的农户在信息获取、专业管理、规范服务等方面存在较多难题。

三 国内乡村旅游产业创新发展经验借鉴

（一）乡村旅居——云南大理州云龙县诺邓村

云龙县委、县政府先后派驻14个古村保护与发展工作组对诺邓村进行古村风貌专项整治，本着"修旧如旧，最小干预"原则，诺邓玉皇阁道教建筑群、龙王庙、盐局等24个古建筑和古巷道修缮工程均最大限度地保留了古村整体风貌和原真性。此外，诺邓村高标准打造了"一院一风格""一院一品牌"的旅居民宿，吸引一批外来投资者进行改造经营，实现了本土文化和乡村旅游的有机融合。

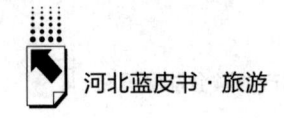

（二）农文旅融合——"陶都"宜兴

近年来，宜兴市深入挖掘陶文化，对蜀山古南街进行渐进式修复改造，保持原住居民的生活方式，文旅业态不断迭代升级，结合黄龙山地质公园等"慢生活"的文旅体验、"陶都特色"的建筑风貌以及"蜀山陶集""国际咖啡文化节""国际柴烧艺术节"等丰富多彩的活动，打造了极具特色的"陶式生活"。在农文旅融合上不断深入，推动乡镇景点化、村居景观化，探索"龙头企业+基地+农户+市场"的新发展模式，73家乡村精品民宿形成"一户一特色"的民宿集群。

（三）乡村康养——台湾长庚养生文化村

位于台湾桃园龟山乡的长庚养生文化村探索乡村康养模式，为老年人提供出租和出售两种模式的康养服务。长庚养生文化村坚持"在最适当地方康养"理念，有休闲活动场馆、乡村医院、商业区等，满足老年人自我健康管理、兴趣爱好发展、健康体育运动、日常生活消费等全方位需求。

（四）寓教于农——南京市溧水区郭兴村

郭兴村地处无想山国家森林公园山脚下，充分利用其地理优势打造了"无想自然学校"，以农业景观为主，将原有村庄民居改造为校舍，建设国内最大规模的集自然教育、亲子活动、餐饮、民宿、骑行、艺术沙龙、书吧于一体的田园综合体项目。

四 河北省乡村旅游重点村产业融合发展对策建议

（一）完善乡村产业布局规划，优化乡村产业结构

一是以科学规划为引领，做好各层级乡村旅游规划衔接，破解规划指导不够、空间整合不足难题。二是以集体经济为带动，提高乡村旅游组织化程

度，加强政策支持，引导乡村旅游合作组织建设。盘活旧厂房、旧村落、农贸市场等存量用地发展特色产业，合理利用农村闲置校舍、闲置活动场所等集体建设用地发展民宿产业，鼓励以土地、资金入股的方式开展村企合作共建项目，实现村集体经济"自我造血"。三是以村民为主体，引导村民参与乡村建设，激发村民自身创造力，不断提升村民生活品质与幸福感；进一步提升当地基础设施建设与公共服务供给水平，促进乡村宜业宜居；推动乡村旅游等项目的就业岗位向当地村民倾斜，增加村民工资收入；支持有意愿、有能力的村民经营民宿、餐饮、农家乐等乡村旅游业态，增加农村经营性收入；培养乡村振兴本土专业人才，做好理论培训和技能培训，搭建农产品销售窗口，增加农民就业机会和农产品销售渠道。四是以乡村振兴、共同富裕为目标，立足乡村旅游，加强乡村整体规划建设，因地制宜开展多种业态。推动农产品和特色乡村文创产品发展，做好"土特产"文章，逐渐实现品质化、品牌化生产与销售，切实让村民在乡村旅游发展中不断受益。五是构建新时代乡村旅游产业链，以消费需求为导向，不断加强各环节协同联动，以当地特色产业或者优势产业为核心，以旅游业思维推动其他产业转型升级，发展特色种植养殖，加快打造具有地方特色的现代乡村旅游产业体系，推动乡村产业结构不断优化。

（二）推动乡村旅游产业融合走深走实走新

一是推动农文旅深度融合。坚持绿色发展，加快精品农业、品牌农业升级，挖掘、整合历史和地方特色农事民俗，开发高品位、特色化农事体验产品。鼓励各地积极探索农文旅深度融合发展模式，将农业生产与旅游发展深度连接，充分利用本地特色农事体验赋能旅游发展。保护和挖掘乡村文化，突出地方特色，讲好乡村故事，进一步提升乡村旅游的文化内涵和吸引力。二是充分挖掘乡村的多功能性，融入文化科技元素，提升研学体验，让乡村能人指导学生农耕及非遗技能体验，将研学旅行与劳动教育课程充分融合。同时，将闲置村居改造为研学民宿，在促进农民增收的同时，让学生深度体验乡村文化和民俗风情。三是科学评估乡村的自然环境、资源禀赋、历史文化，打造具有乡村特色的康养文旅产品。核心区域可以设置为生态农场、温泉疗养区、中医理疗中心等，以提供多样化的康养服务。同时，以互补性和协调性为原则引入生态农业、手工艺制作、乡村美食等业态，健全乡村康养旅游产业链。

（三）打造多元化乡村旅游消费场景

一是依托农业、农民、农村，融生产、生活、生态为一体，大力推进农村三产融合发展，完善观光度假、康养旅居、避暑休闲、农耕体验、研学科考等主题，丰富乡村旅游功能，实现农业增效、农村增美、农民增收。依托创意农庄、山景别墅等乡村特色场景，提升游客体验。二是强化乡村旅游智慧赋能，加快智慧乡村建设，提升乡村旅游信息化水平，以科技手段丰富体验场景，利用大数据优化供求匹配机制，精准推送相关数据，积极发展在线农场、乡村生活直播等。三是加强乡村旅游美学赋能，以"美学经济"思维展示乡村特色风貌和民俗风情，将乡村闲置的老房子变身民宿、茶吧、酒馆，营造乡村原生态与艺术融合的审美意趣，打造一批乡村振兴的"美学标杆"。四是构建具有河北特色的现代乡村旅游产品体系，在省内重点景区周边乡村积极开发民宿、主题客栈、艺术部落等，延续历史文脉，融入时尚、科技、文化元素，丰富休闲体验，让游客沉浸河北、乐在河北。五是培育乡村特色文化创意产业，留住老手艺、老建筑、老民俗，留住乡愁记忆与文化根脉，提升乡村文化原创力和生产力。加强乡村旅游产品、景观、文化、活动的创新，整合省内艺术院校、行业协会、设计机构等专业力量"创意下乡"，对乡村手工艺、民居、餐饮、服饰、节庆等进行指导，在文创产品设计中融入艺术创意，推出一批地方特色明显的农产品、传统工艺美术品、民间工艺制品等。加强特色农产品 IP 形象设计，培育具有地方特色的乡村文创品牌。

（四）加强乡村旅游产业金融支持

一是完善强农惠农富农支持制度。加快构建现代农业经营体系，对家庭农场、农民合作社等新型农业经营主体加强政策和资金支持，促进其规范化、专业化、现代化发展。创新金融服务乡村振兴体制机制，根据河北省实际构建农村金融服务体系，加大普惠金融供给力度，提高涉农经营主体信贷可得性。推动县域农村信用社、农商行、村镇银行等中小金融机构稳定发展，加快发展"面对面"的差异化、特色化、低成本融资服务，扩大普惠金融覆盖面。探索构建多层次的农业保险产品体系，满足不同农业经营主体的差异化和多层次风险保障需求。创新社会资本投资农业农村体制机制，鼓励设立区域乡村振兴投资基金，建立政府和社会资本更加紧密合作的利益共赢机制。构建现代农业园区平台，推进项目数据信息共享。降低经营主体制度性交易成本，坚定经营主体投资农业农村的信心。二是壮大农村新型集体经济。整合农文旅资金、资产、资源，充分发挥各级党组织力量，因地制宜、拓展空间、明晰路径，树立"优势互补、抱团发展、风险共担、合作共赢"理念，开展"党支部+合作社+企业+农户"深度合作，构建可持续发展的现代化产业体系，打造一批农村集体经济发展"河北样本"。三是创新利益联结模式。推广"景区+村""公司+农户""合作社+农户""公司+村委会+农户"等经营模式，鼓励各类农民合作社、协作体和产业联盟在整合资源、搭建平台等方面发挥积极作用。推动建立完善农民入股、保底收益、按股分红等多种利益联结机制，通过"资源变资产、资金变股金、农民变股东"，让农民更多分享产业增值收益。

（五）进一步优化乡村旅游发展环境

一是强化农村基础设施建设。持续抓好农村人居环境整治提升，改善乡村旅游交通、住宿、餐饮等服务设施，协调相关部门扎实推进"四好农村路"、农村污水和垃圾收集处理设施建设，提前谋划设施农业等一批新的重点基础设施。推进数字技术与农村生产生活深度融合，进一步提升农村通信网络质量和覆盖水平，为数字乡村文化建设、乡村文化互联网营销夯实基础。二是激发乡村旅游发展活力。加强乡村旅游产业发展资金、技术、培训等多方面支持，严格落实各项创业扶持政策，重点吸引旅游管理专业人才、规划设计人才、职业经理人等群体回乡创业，破解乡村旅游发展困境。强化市场主体培育，大力培育本土企业、农村经济组织、合作社等，支持它们加快市场化、专业化、标准化发展步伐，扩大开放合作，鼓励本土企业和机构通过股权合作、基金投资、整体转让、兼并重组等方式，积极引进国内外战略投资者、知名旅游企业等，策划包装一批重点乡村旅游项目品牌。三是促进多元主体协同共治。厘清不同主体权责边界，实现乡村治理现代化，促进农民参与能力提升，构建多元利益协同机制。加强新型农业经营主体培训和管理，逐步提高全省新型农业经营主体带头人素质，以多种方式开展乡村金融业务宣讲等业务知识培训。充分发挥村党员干部和致富能人的带头作用，鼓励引导他们带头发展农业产业项目，鼓励有长期稳定务农意愿的农户适度扩大经营规模。

参考文献

雷明、王钰晴：《交融与共生：乡村农文旅产业融合的运营机制与模式——基于三个典型村庄的田野调查》，《中国农业大学学报》（社会科学版）2022年第6期。

李莎：《乡村振兴战略背景下广西乡村旅游可持续发展研究》，《农村经济与科技》2024年第6期。

吕宾：《乡村振兴视域下乡村文化重塑的必要性、困境与路径》，《求实》2019年第2期。

马晓龙、赵青华：《文旅融合赋能乡村振兴的内在逻辑》，《旅游学刊》2024年第11期。

宋小霞、王婷婷：《文化振兴是乡村振兴的"根"与"魂"——乡村文化振兴的重要性分析及现状和对策研究》，《山东社会科学》2019年第4期。

万利平、杨正文：《乡村文化振兴的内源路径探讨——基于川南乡村地区的文化消费调查》，《云南民族大学学报》（哲学社会科学版）2022年第6期。

尹余露：《乡村振兴背景下乡村旅游可持续发展对策探析——以贵州省断杉镇为例》，《现代农业研究》2024年第11期。

张祝平：《以文旅融合理念推动乡村旅游高质量发展：形成逻辑与路径选择》，《南京社会科学》2021年第7期。

赵承华：《我国乡村旅游可持续发展问题及对策研究》，《农业经济》2008年第4期。

钟漪萍、唐林仁、胡平波：《农旅融合促进农村产业结构优化升级的机理与实证分析——以全国休闲农业与乡村旅游示范县为例》，《中国农村经济》2020年第7期。

B.13
以演艺经济释放河北省文旅消费活力的路径研究

王春蕾*

摘　要： 当前，文化消费已日益成为人民生活中不可或缺的要素。在此背景下，国内演艺市场热度不减，演出内容与演出形式持续创新，演艺经济作为一种新兴的经济形态，逐渐成为促进文旅融合的新动能，并展现出巨大的文旅消费市场激活作用，为文旅产业高质量发展开辟了新的赛道。本报告指出，面对当前国内演艺经济赋能文旅消费的发展趋势及特征，河北省应借鉴国内先进地区经验，通过加大政策支持力度、释放演艺经济乘数效应、做足服务保障工作等路径，打好"演艺+文旅"组合牌，以演艺经济热力持续激发文旅消费活力。

关键词： 演艺经济　文旅消费　河北

近年来，国内演出市场蓬勃发展，泛娱乐化的演唱会、音乐节、旅游演艺、沉浸式实景演出等已成为人民群众重要的文娱消费业态。中国演出行业协会数据显示，2024年全国演出市场总收入为796.29亿元，同比增长7.61%。2024年全国营业性演出（不含娱乐场所演出）达48.84万场次，同比增长10.85%；观众人数达17618.16万人次，同比增长2.95%。"白天看景，晚上观演""为一场演出奔赴一座城"成为新潮流，演艺经济与文旅消费同频共振、共同繁荣，开辟了旅游经济发展新赛道。

---

* 王春蕾，河北省社会科学院旅游研究中心研究实习员，主要研究方向为旅游发展与管理。

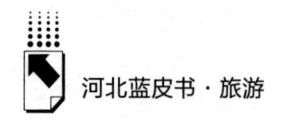

一 国内演艺经济赋能文旅消费的发展趋势及特征

（一）大型演唱会、音乐节是文旅消费的重要"引流"项目

中国演出行业协会发布的《竞逐升级、多元发展——2024大型营业性演出市场趋势及特点分析》显示，演唱会和音乐节是观演人数最多的两种业态。2024年全国万人以上演唱会场次同比增长84.4%，单场票房达3000万元以上的头部大型演唱会场次占全部大型演唱会场次的11.8%，比2023年提高3.4个百分点。2024年5000人以上的大型音乐节票房近24亿元，观演人数突破581万人次。大型演唱会、音乐节已成为相关城市文旅消费的重要"引流"项目。

（二）小剧场和演艺新空间整体呈现蓬勃发展态势

中国演出行业协会公布的《2024年上半年全国演出市场发展简报》显示，2024年上半年，专业剧场、小剧场以及演艺新空间演出场次同比增长32.21%，连续3年保持快速增长，同时新剧目数量和演出场次保持了上升态势，近80%的相声、魔术、脱口秀、儿童剧、音乐会演出在小剧场、演艺新空间进行。从市场整体看，小微型演出内容更加多元，空间形式更加灵活，能够嵌入各类城市历史文化空间，同时创作体量小、形式活泼、投资压力小，与大众生活的联系更加紧密，具有更高的创作自由度，因此在孵化原创作品、培养创作团队、丰富演出业态、培育观众群体等方面效果显著，逐渐成为激活文旅消费的新动力、更新城市文化空间的新手段、改革创新演艺产业的生力军，呈现蓬勃发展态势。

（三）演艺正在融入夜间经济大潮赋能夜间消费

中国旅游研究院发布的《2023中国夜间经济发展报告》显示，美食夜市/文化餐厅、音乐节/音乐会、夜间游船画舫、夜间艺术节增多是游客认为的2023年夜游产品的显著特征，其中音乐节/音乐会占36.9%，位列第二。文化体验作为夜间旅游的重要组成部分，不仅能够提高本地居民夜文化生活的获得感，更为外地游客提供了一种度假的新思路、新尝试。当前，以音乐会、音乐节、戏剧、话剧等为代表的舞台演出正在为夜间经济搭建新平台，成为文旅消费的重要亮点。同时，以夜间演出为核心，进一步将餐饮、体育、音乐、文博、民俗等业态集聚，文旅商融合的夜间消费场景进一步升级，游客夜游消费热情被进一步激发。

（四）演艺带火"小众目的地"文旅消费

中国演出行业协会发布的《竞逐升级、多元发展——2024大型营业性演出市场趋势及特点分析》显示，2024年全国大型音乐节开始从一线、二线城市向三线、四线城市扩散，三线、四线城市演出场次占比达34.9%，同比提高2.7个百分点；票房占比达29.1%，同比提高3.8个百分点。2023年以来，线下演出呈"井喷"状态，由于大城市场馆排期趋于饱和、租金昂贵、审批手续烦琐，一些老牌音乐节开始在景德镇、常州、镇江、黄石等二线、三线城市落地，一些更年轻的音乐节同样选择在低线城市举办，如狂潮机车音乐节、洪泽湖畔音乐节分别在三线城市河北邯郸、江苏淮安落地。"演出下沉"让更多城市拥有了展示窗口，成为城市"破圈"的"流量密码"，打开了文旅消费新局面。以2023年9月29日至10月2日在南阳举办的迷笛音乐节为例，4天3夜的演出带动南阳"十一"假期整体预订量同比暴增11倍，较2019年同期有两位数以上的增长，其中酒店预订量更是达到2022年同期的153倍。

二 国内先进地区以演艺经济释放文旅消费活力的先进做法

（一）山西太原："跟着演出去旅行"释放文旅消费潜力

近年来，太原加快打造华北地区重要演艺中心，2024年举办演唱会32

场，现场观众近百万人，带动消费34.6亿元，其中门票收入10.4亿元、住宿7.0亿元、餐饮3.4亿元、购物娱乐11.9亿元、市内交通1.9亿元，"歌迷之城"的名片火爆"出圈"，具有太原特色的演艺消费矩阵正在成形。为吸引更多优质演出项目落户，2024年4月太原出台《支持演唱会经济发展的若干举措（试行）》，对主办演唱会的单位给予单场15万~80万元的奖补，并成立演唱会经济服务保障工作专班，解决演唱会堵点难点问题，为消费者提供良好的消费环境。为进一步以演艺经济释放文旅消费活力，太原一方面做好城市服务，提出持演唱会门票免费游览景点、免费乘坐市内交通、免费领特产伴手礼，并在市内主要交通枢纽、重点酒店商圈、重点旅游景区提供免费接驳服务，同步增加公交发车频次，延长地铁运营时间；另一方面创新文旅消费场景，以激活演艺经济为契机，不断加强文博场馆建设，完善"吃住行游购娱"文旅要素，推动演艺经济与旅游、餐饮、住宿、体育等产业融合发展，旅游目的地形象更加鲜活、时尚、多维。

（二）上海："小而美"的演艺新空间迅速占据演出市场

上海市演出行业协会披露的数据显示，2024年上半年，上海100个演艺新空间完成演出活动9927场，吸引观众168.3万人次，演出收入共计1.47亿元。上海演艺新空间具有演艺特色和观演影响力，剧目类型有音乐剧、话剧、舞剧等，演出内容逐步形成了从经典剧目、成熟剧目到孵化剧目的梯队方阵。小剧场演艺模式的兴起，让上海迅速汇集众多演艺IP和演艺人才，塑造了以文化创意为核心、以演艺消费为动力的城市演艺品牌。借助小剧场，上海促成了演艺IP的首度"出海"——《翻国王棋》《蝶变》等小剧场剧目在韩国上演，成为中国音乐剧参与国际交流的重要代表，与海内外年轻潮流共振。上海能够成为演艺新空间典范，离不开强有力的政策支撑。2019年，上海出台《上海市演艺新空间运营标准》，提出"满足演出场次每年不低于50场等指标，便可将写字楼、商场、园区的非标准剧场转换为演艺新空间"，演艺新空间品牌应运而生并迅速发展壮大。此外，上海鼓励建设以小剧场模式、新消费为亮点的演艺消费集聚区，实现了音乐剧、话剧、脱口秀、音乐现场等各类演出的汇集，同时引人老字号、音乐吧等特色餐饮，构成演艺消费相融的文旅新业态。推动小剧场与商业综合体融为一体，在商场开设剧场空间，或在演艺街区开设餐馆、酒吧，实现演艺与消费的高度集聚、深度融合，同时满足看剧、社交、消费等多重需求。

（三）河南洛阳：文旅演艺打造夜经济"新名片"

洛阳深刻把握新文旅产业"颠覆性创意、沉浸式体验、年轻化消费、移动端传播"的鲜明特征，推出了《唐宫乐宴》《天门有道》《寻迹洛神赋》等演艺项目，坚持以创意演艺促转型，深化文旅领域供给侧结构性改革。为不断丰富文旅新业态、新场景、新模式，提振文旅消费活力，洛阳演艺产品体系大力融合虚拟现实（VR）、增强现实（AR）、动作捕捉等技术，构建完整叙事体系，利用 VR 技术让观众在演出前预先了解故事背景，AR 技术在演出中实时呈现特效与虚拟角色。同时，采用沉浸式观演模式，让观众在演出过程中沿着精心设计的路线穿梭于不同的表演区域，与演员近距离互动，甚至成为演出情节的一部分，沉浸式感受洛阳深厚的历史文化底蕴。此外，洛阳紧扣"国潮"热点，推出美育文化精品展演，持续探索"公益性+商业性"互助融合运营模式，设立正大剧院、沙龙空间、路演空间等专业级剧场、多功能文化服务空间、年轻时尚的文化交流平台，策划"神都国色展演季"，推出四大戏剧品牌，举办"国风潮乐"新年音乐会、极光·夜音乐市集，全方位升级游客夜间艺术视听新享受。

（四）山东即墨：演出推动文旅融合走向纵深

近年来，即墨古城民谣季、青岛海洋国际音乐节、郎朗音乐会、迷笛音乐节、LPA 独立音乐盛典、麦田音乐节等演出活动陆续在山东即墨举办，不仅重塑了即墨的文旅形象，同时促使即墨在国内演艺市场中逐渐崭露头角，获取了较高关注度，"认识即墨、爱上即墨、愿意再来即墨"已成为众多乐迷的共识。为以音乐演出为媒拉动文旅消费、做强文旅品牌，即墨以特色化体验实现创新"突围",通过根植地方文化特色,结合多元化音乐节的多重优势,走出了一条原创性的"文旅+演艺"路线。一是推出与即墨"慢生活休闲空间"城市气质相匹配的民谣、音乐会等音乐演出产品,将音乐演出作为即墨展示城市形象的"新名片"与推动文旅消费的"邀请函"。二是秉持"长期主义",以音乐节品牌运营实现常态化文旅消费"引流",通过丰富演出类型、增加演出场次等途径扩大市场供给,在提升曝光度、搜索量的同时达到压缩单体成本、提升整体收益的效果。

三 河北省以演艺经济激发文旅消费活力现状

(一)"音乐+文旅"擦亮石家庄"Rock Home Town"城市文化品牌,激发文旅消费活力

2023年以来,石家庄将音乐作为打造青年友好城市的重要抓手之一,推出"跟着演艺游石家庄"系列主题活动,全力打造音乐城市IP,不断加强文化产品供给,摇滚音乐节、明星演唱会、声乐大赛、街舞盛典、鼓王大会等不同形式的演出及赛事层出不穷。石家庄发展改革委数据显示,2024年,市内五区组织"激情夏夜""周末草坪"演出80场,正定古城、新乐伏羲台、井陉芙蓉庄园、元氏玩湃体育公园等均成为摇滚乐演出场地。截至2024年第三季度,石家庄共有562个营业性演出项目获批落地,其中5000人以上的大型营业性演出活动有9场,演艺市场持续火爆,"音乐+文旅"为石家庄培育文旅消费新业态、拓展文化生活新空间提供了新思路,同时大大拉动了住宿、餐饮、交通、文创等相关产业的发展。据石家庄市文旅局统计,2024年,仅草莓音乐节、张韶涵巡回演唱会两场活动期间,外地来石游客就累计达44万人次,文旅消费潜能被进一步激活;2024年上半年,石家庄旅游相关行业销售收入对全省地区生产总值增长的贡献率更是高达32.8%。"音乐+文旅"助力文旅消费场景不断推陈出新,进一步擦亮了石家庄"Rock Home Town"城市文化品牌。

（二）特色文旅演艺为激活夜间消费注入新的活力

特色文旅演艺通过"氛围感经济"模式，将文旅消费与城市空间绑定，不仅为游客创造了夜间消费的"氛围感"场景，更为城市带来更多活力。近年来，河北各地以文旅演艺为核心，叠加音乐、民俗、文学经典、美食、历史等元素，开展了系列夜间活动，满足游客夜间文化活动和消费需求，文旅演艺日益成为补齐夜间文旅消费短板、助力夜间经济发展的关键要素。例如，正定推出"一梦入红楼"迎新年主题系列文化活动，将《红楼梦》经典故事通过沉浸式体验场景呈现给观众，打造深度融合的夜间文化和旅游消费集聚区；唐山河头老街在夜间带来融合国风古韵与现代浪漫元素的花船演出节目，2024年前三季度累计吸引游客突破500万人次，创历史新高；承德以皇家文化、民族文化为魂先后推出"鼎盛王朝·康熙大典""君临热河"等特色文化演出活动，大力丰富夜间消费供给，让夜间文旅活动文化氛围更浓。

（三）文旅演艺带火廊坊、邯郸、沧州等"小众"城市，城市吸引力大大提升

廊坊发挥多元文化的碰撞优势，以文化为魂、以创新为翼，拓展多维度文旅融合，梳理整合"戏剧+文旅"特色资源，打造"戏旅品牌"，在水云间文化商街推出昆曲《牡丹亭·游园》表演，"只有红楼梦·戏剧幻城"更是实现全年戏剧演出不间断。2024年，廊坊接待游客超130万人次，累计完成戏剧演出1.5万场，观演总人数超过600万人次，"周末享出游，廊坊看红楼"的"文旅+演艺"IP让廊坊在打造京津冀文化旅游协同发展先行区中走在前列。此外，近年来邯郸陆续举办了狂潮机车音乐节、北湖草坪音乐节、成语之都音乐节、鲲乐湾跨年音乐节、丽君小镇音乐节等演出，沧州陆续举办了运河之巅音乐节、麦田音乐节、南川音乐节、万人同唱一首歌、南川喜事情景剧、传统折子戏展演等演出，各类演出全方位涵盖当地特色文化，成为展示文旅资源的创新窗口，并为游客提供了多样化、品质化的出行

选择。演出期间，邯郸、沧州客流量剧增并迅速在国内文旅市场名声大噪。去哪儿大数据显示，2024年国庆期间，受北湖草坪音乐节、丽君小镇音乐节、成语之都音乐节的影响，邯郸在酒店提前预订热门"小机场"城市中位列第一，在"小众"旅游目的地中热度较高。

（四）演艺新空间发展不足，与国内先进城市相比差距明显

河北省各地以打造优质文旅消费新场景为契机，加快发展新型文化业态，将发展演艺新空间作为打造新生活方式、构建城市文化生态、创新城市文化业态的重要途径。截至2024年，全省演艺新空间数量为50个左右，从分布场所来看，大都集中于城市商业综合体内、文创园区、景区景点、酒店、餐厅、书店、艺术中心等新空间的演艺优势尚未完全发挥；从分布区域来看，受城市条件及演艺资源差异的影响，各地演艺新空间存在发展不平衡、不充分的现象，大部分城市的演艺新空间场地资源尚未被充分挖掘。同时，与国内先进地区相比，河北省演艺新空间发展水平仍有一定差距，从数量上看，截至2024年，上海拥有100个演艺新空间，遍布14个区；北京25个演艺新空间通过资质认定，总数有望在2025年达到100个；杭州共有40个"城市艺舞台·演艺新空间"。与上述城市相比，河北省演艺新空间除数量增长相对滞后之外，驻场演出、跨界演出、主题活动、艺术表演等形式仍比较单一、风格不突出、吸引力不强，对休闲娱乐、消费体验等功能的融合作用还不强。

四 以演艺经纪释放河北省文旅消费活力的路径

（一）加大政策支持力度

一是出台演出专项扶持政策。借鉴太原、三亚等地出台的演出市场奖补政策，对于引进国际知名或国内一流大型演出的主体，按举办场地、观演规模、举办时段等不同情形给予一次性奖励或补贴。采取政策归集、数据共享

等手段，实现政策"免申即享""直达快享"，提升相关经营主体的获得感和满意度，进一步优化演出市场的营商环境。

二是加大对优质演艺项目的招引力度。做好全省重点演出场馆的焕新升级，为举办大型演出奠定坚实基础。成立大型营业性演出活动管理协调小组，及时解决优质演艺项目落地招引过程中遇到的问题，对于重点演出活动，为演艺经纪公司提供"一对一"申报指导，简化演出项目申报材料。鼓励各地文旅部门、演艺公司参与演出投资，积极与演出机构、经纪公司、票务平台展开对接，掌握演出意向与需求，主动为演艺团队提供排演空间。

三是加强演出市场监管。文旅市场管理部门、综合执法部门要加强对各类演出活动的监督检查，做好现场安全评估，完善应急预案，配备安检设备，落实安保措施，做好演出期间餐饮、酒店等的价格管理。加强对票务销售平台的管理，严格监督票务销售行为，完善退票机制，密切监测票源流向，全面清理虚假票务信息，维护票务市场稳定，打击"捂票炒票""溢价售票"等违法行为，维护消费者合法权益。

（二）释放演艺经济乘数效应

一是推出"演出+文旅"产品线路。推动演艺机构与文旅企业交流合作，策划将演艺经济与地方文旅资源深度融合的演艺作品，推出更具地域特色与本地文化氛围的演艺活动。策划"跟着演出游河北"精品定制线路，面向观演游客推出演出门票、交通、住宿、餐饮等旅游产品。鼓励各地挖掘地方特色，发布特色演出"打卡清单"和旅游攻略，围绕年轻人"特种兵式旅游""City Walk"等出行方式设计短途游产品和旅游地图。

二是推出演出消费组合优惠举措。将演出地点设置在景区、商圈、特色饭店、特色文化商业街区、夜市等，结合演出推出促消费活动，将演出人流延伸到"吃住行游购娱"等文旅消费环节，完善演出消费链条。完善演艺功能布局，与景区景点、酒店、大型商圈、重点文创企业等合作"引流"，

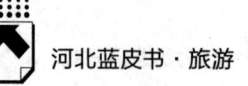

策划开展凭演出门票享消费减免、折扣优惠等主题活动，带动和延续演出消费热潮，做到"曲终人不散"。

三是借演艺新空间提振文旅消费。以空间置换的方式为文旅演艺提供场地，将遗留下来的一些老厂房改造提升为小剧场和Livehouse，吸引摇滚乐队、独立音乐人、先锋话剧、脱口秀等入驻演艺新空间。在演艺新空间中同时集聚主题餐厅、潮牌店、酒吧、咖啡店、电竞等多类型业态，在全省推出一批以演艺为核心功能，叠加潮品购物、艺术展演、腔调酒店、特色餐饮等配套功能的多元化复合空间，连接舞台艺术与文旅消费的两端。

四是激活下沉市场文旅消费潜力。在小众、冷门旅游目的地城市搭建演出平台，通过合作演出、联合创作、交流演出等形式，为下沉文旅市场招引优质演出项目，促进演艺资源互通互享。推动优质演艺作品入驻低线城市，鼓励省内文艺团体、剧院、艺术机构、演艺公司等组织通过文化艺术节、音乐节、主题巡演等方式，将高水准演艺项目下沉至小众城市，激活下沉市场文旅消费潜力。

（三）做足服务保障工作

一是提升游客观演体验。联合文旅、公安、监管、环卫等部门，以及安保单位和志愿者组织，推出延时地铁运营、公交增开班次、免费巴士接驳等交通出行服务，在演出场馆外临时增设免费茶水摊、应急移动厕所等设施，视天气情况提供雨衣、姜茶、毛巾等贴心用品，全方位保障游客观演体验。

二是以数字技术赋能文旅演艺新体验。以数字技术进一步丰富沉浸式演艺内容及表现形式，给观众带来感官效果更强的视觉盛宴。融合VR、AR、动作捕捉等技术进一步完善叙事体系，以数据驱动感知文旅消费需求的动态变化，通过资源重组实现服务生产与游客需求间的精准匹配，打造烙印河北文化符号的沉浸式文旅演艺产品体系。

三是加快培养"演艺+文旅"复合型人才。着力培养和引进"演艺+文旅"领军人才、管理人才、应用型人才，特别是市场分析、用户体验、项目引进、数字技术等领域的专业型人才，建立河北"演艺+文旅"专家库。

组建"职业院校+文旅企业+演艺经纪公司"实训基地，有针对性地培养地方演艺、文旅人才。支持高校加强对文旅专业人才培养方案和专业课程的调整，在旅游和演艺经纪两方面进行高效的知识传输。

四是加强行业间的协同合作。联合研究机构、文旅行业龙头企业、演艺经纪公司、互联网领军企业组建"演艺+文旅"发展联盟，通过品质演艺项目引进、特色演艺项目开发、数字技术效能发挥等方式，共同攻克河北省"演艺+文旅"发展中的各类难题，进一步释放演艺经济对文旅消费的拉动力。

参考文献

古雯业：《碰撞与融合：中国演艺新空间的拓展与创新》，《大舞台》2024年第2期。

黄文杰、王静：《演唱会助力宁波"演艺+旅游"高质量发展对策建议》，《宁波经济》2024年第16期。

李蔚：《新时代陕西旅游演艺的创新发展》，《新西部》2024年第10期。

马乐、李卓：《关于促进兰州市演出经济和假日经济高质量发展的研究报告》，《发展》2024年第10期。

孙皓凡、宋冬芷：《演艺经济助推乡村文旅融合高质量发展问题探究》，《河北旅游职业学院学报》2024年第1期。

魏然：《厦门演出经济与文化旅游互动发展研究》，《全国流通经济》2024年第17期。

朱琦乐：《文商旅融合背景下商业街区的"演艺+"发展研究——以北京中轴线为例》，《商展经济》2024年第24期。

B.14 数字化赋能河北省乡村旅游高质量发展研究[*]

和文征 魏建业 白翠玲 唐雨欣[**]

摘 要: 本报告聚焦河北省乡村旅游,深入探讨数字化赋能乡村旅游高质量发展情况。通过分析数字化对乡村旅游产品创新、营销推广、服务升级、游客体验优化等多方面的作用,结合河北省乡村旅游发展现状,提出有针对性的发展建议,包括营造乡村旅游数字化环境、创新乡村旅游数字化产品等,旨在为河北省乡村旅游借助数字化力量实现可持续、高质量发展提供理论依据与实践参考。

关键词: 数字化 乡村旅游 高质量发展 河北

数字化赋能乡村旅游具有多方面重要意义。它能推进乡村旅游治理体系和治理能力现代化,构建数字化监管体系,提升旅游治理水平,如借助智能化设备加强环境监测管理。在提升运营效率和服务质量方面,智慧旅游系统助力实现信息化管理,还能利用大数据提供个性化服务,创新营销方式,吸

---

[*] 本报告系河北省教育厅人文社科重大攻关项目"乡村旅游促进乡村振兴高质量发展路径研究"(ZD202408)、河北省科协智库地学旅游与乡村振兴研究基地项目(DLXZ2402)的研究成果。

[**] 和文征,河北地质大学副教授,主要研究方向为乡村旅游与旅游经济;魏建业,河北省文化和旅游厅产业发展处处长,主要研究方向为文化和旅游产业政策、新业态发展、投融资和文旅融合发展;白翠玲,河北地质大学管理学院教授,主要研究方向为旅游规划与管理、乡村旅游、遗产旅游;唐雨欣,河北地质大学管理学院旅游地学与规划工程专业学生,主要研究方向为旅游地学与规划工程。

引游客。同时，数字技术有助于提高乡村旅游的风险抵抗和修复能力，拓展数字经济应用，增强行业韧性。数字技术还能提升乡村旅游发展动力，推动产业跨界融合与转型升级，促进文化传播与保护；提升服务水平，提高品牌知名度与竞争力，优化游客体验；提升治理能力，保障旅游环境高效、安全。总之，数字化赋能乡村旅游为乡村振兴注入新动力，推动城乡一体化发展，增进民生福祉。

一 河北省乡村旅游发展现状

河北省拥有广袤的乡村地域，乡村旅游资源丰富且各具特色。自然景观方面，有优美的田园风光，如一望无际的平原农田、山峦起伏的丘陵地带以及景色秀丽的河谷湿地，众多河流湖泊周边的乡村也为亲水旅游提供了条件；人文资源方面，分布着大量历史悠久的古村落，这些古村落保存了古老的建筑风貌、传统的街巷布局以及独特的民俗文化，是乡村旅游的瑰宝；民俗文化方面，涵盖民间艺术表演（如河北梆子、评剧等）、传统手工艺制作（如蔚县剪纸、易水砚制作等）以及特色节庆活动（如庙会、灯节等），吸引了众多游客前来体验。

乡村旅游已成为河北省各地推动乡村振兴的重要抓手。截至2023年11月，河北省共有84个村入选全国乡村旅游重点村名录，建设非遗工坊572个；截至2024年，河北省共有2700多个乡村开展旅游活动，直接带动95万人就业，累计培养1万多名"乡创好物"推荐官、2000名"网红村支书"，创新"景区+扶贫""产业+旅游+扶贫""合作社+村+旅游公司""特色小镇+扶贫"等特色旅游扶贫模式[①]。

近年来，河北省委、省政府大力推进乡村旅游景区化、规范化、片区化发展，持续开展"百村示范、千村创建"行动，同时形成了"农家乐+乡村民宿"、观光农业园以及特色小镇等多元化乡村旅游发展模式。

---

① 姜海燕：《激活人才引擎 助力乡村旅游高质量发展》，《河北经济日报》2024年6月14日。

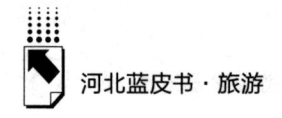

二 河北省乡村旅游与数字化相关的政策以及资金支持分析

（一）政策支持

河北省在推动乡村旅游与数字化深度融合方面出台了相关政策，旨在通过科技创新和数字化转型，提升乡村旅游的服务质量、管理效率和市场竞争力，进而推动乡村旅游高质量发展（见表1）。

表1 河北省支持乡村旅游数字化相关政策

政策文件	主要内容
《河北省文化和旅游发展"十四五"规划》	提升文化和旅游科技创新效能，加快推进文化和旅游基础数字化、网络化、智能化提升，完善文化和旅游数据管理体系，提升数字化管理水平。加快提升5A级旅游景区、重点4A级旅游景区、旅游度假区、全域旅游示范区、乡村旅游村等区域5G网络、无线网络的覆盖水平，发展新一代沉浸式体验旅游产品，优化数字化体验和智慧化服务
《河北省智慧旅游专项行动计划（2020—2022年）》	推动市县级智慧应用管理平台建设；打造"一部手机游河北"数据支撑运营平台，升级完善"乐享河北"App功能，研发"乐游冀"微信小程序，推出文旅资讯、信息导览、智慧交通等服务功能；加大"互联网+文旅"产品研发力度，依托研究机构，运用5G、VR/AR、人工智能、全息投影等新技术，推出线上DIY文创商品、"云游景区"等公共服务项目；稳步推进乡村旅游电子商务发展，挖掘乡村旅游资源特色，利用电子商务推进"一村一品"品牌建设工作
《河北省乡村振兴促进条例》	拓展乡村治理与服务数字化应用场景，推动互联网政务服务向乡村延伸，促进现代信息技术在基层党建、政务办公、便民服务、农村集体资产管理、生态保护、文化传承等领域的综合应用
《河北省推动农村电商高质量发展实施方案》	开展农村电商产业赋能行动，打造农业全产业链数字化转型应用场景，指导发展多种电商模式；开展农村电商活动创新行动，开展立体化场景直播，举办相关赛事活动，引导开设"直播旗舰店"
《河北省工业和信息化厅 河北省通信管理局 河北省文化和旅游厅关于加强5G+智慧旅游协同创新发展的通知》	推进一批"5G+"5A级智慧旅游标杆景区和"5G+"智慧旅游样板村镇，培育一批"5G+"智慧旅游创新企业和创新项目

续表

政策文件	主要内容
《河北省加快建设旅游强省行动方案（2023—2027年）》	强化智慧旅游建设,增强旅游科技支撑力,推动智慧旅游城市、智慧旅游景区建设,培育智慧旅游创新企业和示范项目,引导云旅游、云直播等新业态发展。积极拓展"旅游+"广度深度,利用5G、大数据、元宇宙等新技术,开发智慧旅游新产品、新模式、新场景,推动数字旅游发展
《河北省乡村建设行动2024年工作要点》	推动数字基础设施覆盖升级,增强村级综合服务能力,提升乡村应急防灾能力;繁荣发展乡村文化,广泛开展多种形式的乡村文化活动、乡村旅游品质提升活动

资料来源：根据网上公开政策整理。

（二）资金支持

河北省重视乡村旅游数字化发展，旨在通过财政资金、专项资金和基金等多种渠道，为乡村旅游的数字化转型提供坚实的资金保障（见表2）。

表2　河北省乡村旅游数字化资金支持

资金支持类型	主要内容
财政资金支持	河北省政府通过健全资金保障机制,落实省、市、县三级财政事权和支出责任,确保财政投入与社会发展阶段相适应。同时,规范有序推广政府和社会资本合作模式,鼓励和支持社会资金积极参与文化和旅游发展
专项资金和基金	河北省政府发挥各类专项资金和基金作用,支持文化和旅游重点领域建设,推动全省文化事业、文化产业和旅游业高质量发展
金融政策平台合作	河北省政府加强与银行等金融机构的合作,健全多层次、多渠道、多元化的产业投融资体系,加强金融、证监等部门协作,支持重点文化和旅游企业上市融资
景区住宿项目贷款	中国农业银行河北省分行推出景区住宿项目贷款,用于旅游住宿项目建设,重点满足旅游景区住宿、餐饮等配套设施建设项目融资需求
惠农e贷、农村个人生产经营贷	依托"惠农e贷""农村个人生产经营贷",向乡村旅游带头人全面提供个人信贷业务,对重点村范围内拥有独特经营资源、经营效益好、讲诚信的经营户,以及创业经验丰富、带动能力强、经营前景好的创业带头人、致富带头人,可采用信用方式发放贷款

续表

资金支持类型	主要内容
景区开发贷、景区收益贷	中国农业银行河北省分行积极运用"景区开发贷""景区收益贷"等旅游业特色金融产品，加大对入库重点项目在文化和旅游资源开发、公共服务设施与基础设施建设等方面的支持力度

资料来源：根据相关部门、银行等公开信息整理。

三 河北省数字化赋能乡村旅游高质量发展现状分析

（一）数字化赋能乡村旅游取得的成效

1. 数字基础设施建设不断加强

近年来，河北省在数字基础设施建设上的投入力度不断加大，乡村数字基础设施不断完善，尤其是5G基站建设持续推进，乡村信息化应用水平明显提高。乡村旅游景区利用自助触摸查询机、智能导游系统、景区数字化管理平台等线上线下数字基础设施实现游客体验、管理效率和服务水平的大幅提升。

2. 智慧旅游项目和产品日益丰富

河北省统筹推进文旅场景数字化应用，培育了一批智慧旅游项目，如唐山多玛乐园、石家庄"无界·幻境"沉浸式光影新空间等，将河北的历史文化、自然风光、民俗风情用数字技术呈现，通过数字创意设计与艺术空间的结合，不断丰富游客的感受。同时，推出"云剧院""云博物馆""云景区""云展览"等虚拟体验产品，打造沉浸式数字化乡村旅游体验项目。此外，河北省以乡村风土人情为元素，运用数字技术开发了一系列乡村旅游文创产品，为乡村旅游品牌的传播开辟了新途径。

3. 数字化宣传推广成效显著

河北省众多乡村旅游目的地和经营主体积极利用微博、微信公众号、短视频平台等社交媒体平台，定期发布乡村美景、特色活动、特色美食等内容，拓宽宣传推广渠道，吸引了大量潜在游客的关注。同时，利用大数据技术分析潜在游客偏好，挖掘潜在游客需求，实现精准推送，有效扩大了乡村旅游的影响力。

（二）数字化赋能乡村旅游存在的问题

1.数字技术和数字基础设施应用不均衡

数字技术和数字基础设施在河北省不同地区的乡村旅游景区的应用存在不均衡现象。经济发达地区和旅游热点地区的乡村对数字技术接受程度较高，能够快速建设并应用数字基础设施，整体应用情况较好。而偏远地区的乡村网络覆盖范围不够大、信号不稳定，限制了数字技术的应用效果；部分乡村旅游从业者对数字技术和数字基础设施的了解仅停留在表面，接受和应用能力有限，一些乡村甚至连最基础的电子支付设施都没有，影响了游客的支付便利性，不利于当地旅游业的发展。

2.数字化平台建设滞后

河北省一些乡村旅游景区尚未建立完善数字化平台，在游客流量监测、智慧停车管理、景区实时监控等方面存在不足，难以发挥数字化平台的决策辅助作用，容易导致景区拥挤、停车难等问题，不能有效避免安全隐患。

3.数字化营销宣传力度不足

一些乡村由于旅游业基础薄弱、发展理念较为落后，缺乏核心竞争力，产品、服务模式趋同，没有形成区域特色，数字化营销能力有待增强。此外，一些乡村在数字化宣传方面存在手段单一的问题，仅利用常见的社交媒体平台发布简单的图文、视频，没有针对特定游客群体进行精准宣传，流量转化效果一般。

4.数字化人才短缺

河北省乡村旅游景区缺乏既懂数字技术又熟悉景区管理运营的复合型人才。一方面，景区经营主体多为当地农民，缺乏旅游管理、市场营销等专业知识，服务意识和管理水平有限，难以提供高质量的旅游体验；另一方面，

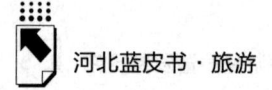

景区吸引和留住旅游专业人才困难，主要原因是工作环境和条件相对较差、职业发展空间有限。数字化人才短缺导致数字技术在乡村旅游中的应用缺乏专业指导，影响了数字化赋能乡村旅游的效果。

四 数字化赋能河北省乡村旅游高质量发展建议

（一）政府扶持引导、重视顶层设计，营造乡村旅游数字化环境

首先，将发展乡村旅游纳入专项规划，制定促进乡村旅游发展的激励政策，营造推动乡村旅游发展的优质环境。其次，完善数字基础设施，提升公共服务水平，加大资金投入力度，吸引企业投资，结合美丽乡村建设等工作，改善乡村旅游数字基础设施，促进乡村5G等信息基础设施建设；建设乡村旅游大数据中心，整合旅游资源、游客行为、市场趋势等数据，为乡村旅游决策提供数据支持。

（二）升级用户体验，创新乡村旅游数字化产品

首先，给予农耕文明以新的呈现形式。将农耕文明与现代乡土文化有机结合，打造特色旅游项目，提升游客体验。其次，运用VR、AI等技术，实现传统旅游产品的有机更新。深入挖掘乡村旅游特色资源，将乡村非遗、传统工艺和民俗进行数字化展示，开发数字化文创产品。

（三）利用数据分析，拓展乡村旅游的营销推广渠道

依托移动互联网、云计算、大数据技术，构建乡村旅游大数据综合处理体系，将主要景区、热门景点、商圈和交通枢纽等纳入监测范围，同时整合旅行社、餐饮酒店等涉旅行业的基础数据，构建全方位营销推广体系，实现营销宣传的智慧化，全面提高营销策划能力，提升乡村旅游的知名度与美誉度。一是建立营销资源库，增强数据对业务的支撑作用。对乡村文旅营销资

源进行整合，围绕特色旅游主题，结合对市场目标用户的分析，提供最优营销思路和渠道，并对营销活动效果进行系统分析。二是强化全媒体乡村旅游产品宣传推广。利用传统媒体和新媒体宣传推广乡村旅游产品，通过分析关注量、转发量、评价量等数据，筛选营销推广渠道。三是发展电商平台，拓展新的销售渠道。推动乡村旅游产品入驻京东、淘宝、美团等主流网络销售平台，强化乡村旅游产品数字化管理；开展社群团购、在线抽奖等丰富多彩的营销推广活动。

（四）深化体制机制改革，协同培育乡村旅游数字化人才

以乡村旅游高质量发展为根本目标，深化乡村旅游人才培养体制机制改革，实施积极、有效、开放的人才培养政策，构建全方位培养人才、引进人才、用好人才、留住人才的体系。

一是开展产学研深度合作。加强乡村旅游景区与高校、研究机构的合作，创建数字化人才实训基地，培养具有数字技能和乡村旅游知识的复合型人才；开展数字技能培训，提高乡村旅游从业者的数字素养和创新能力。

二是引育数字旅游产业人才。一方面，吸引数字技术、旅游管理等专业的人才投身乡村旅游事业，为他们提供良好的生活保障和工作条件，如薪酬激励、住房补贴等；另一方面，加强对现有乡村旅游从业人员的数字技术培训，提高他们的数字化素养和业务能力，使他们能够更好地适应数字时代乡村旅游发展的需求。

（五）优化农文旅融合模式，构建乡村数字旅游产业联盟

立足乡村特色旅游资源，借助科技力量，以数字技术推动乡村等多元主体与文旅的融合，让数字技术成为跨界融合的桥梁，有效延长农业产业链，推动"乡村产业+城乡空间+多元主体"的深度融合。

构建乡村数字旅游产业联盟，打破地域限制，加强河北省内不同地区之间以及河北与周边省市的乡村旅游合作，实现资源整合、客源共享、线路互

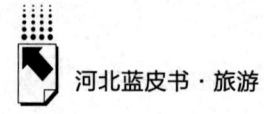

联。通过数字技术搭建区域乡村旅游合作平台，共同推广乡村旅游产品和线路，提升区域乡村旅游的整体竞争力。

参考文献

郝锋、郝雷：《乡村振兴战略背景下河北省数字乡村建设研究》，《经济论坛》2021年第10期。

《河北加快构建智慧文旅发展新格局》，《中国旅游报》2023年11月27日。

B.15 推动河北文化创意产业高质量发展的对策研究

张 葳*

摘 要： 近年来，河北文化创意产业发展取得积极进展。本报告在深入分析河北文化创意产业发展现状的基础上，剖析在龙头引领、政策支持、园区运营、科技创新等方面存在的问题，充分借鉴国内外不同类型文化创意产业园区发展的先进经验，提出加快河北文化创意产业高质量发展的对策建议：形成政策推力，不断优化文化创意产业发展环境；促进资源集聚，不断优化文化创意产业发展机制；强化数字赋能，不断提升文化创意产品附加值；延伸产业链条，不断推动文化创意产业做大做强；激发产业活力，不断增强文化创意产业发展势能；培育特色品牌，不断提高地方文化创意产业影响力。

关键词： 文化创意产业 高质量发展 河北

近年来，随着国家对文化创意产业的支持和消费者文化消费需求的提升，文化创意产业市场规模稳步扩大。河北历史文化深厚，文化创意产业发展潜力巨大，近年来出台了一系列政策支持文化创意产业的发展。推动河北文化创意产业高质量发展，必须充分审视文化创意产业发展情况，在发挥自身优势的同时对标先进、博采众长。

---

* 张葳，河北省社会科学院省情研究所副所长、副研究员，主要研究方向为旅游经济、文化旅游。

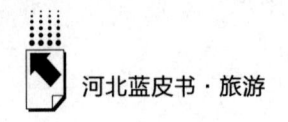

一　蓄势待发：河北文化创意产业进入高质量发展新航道

（一）产业发展稳中有进，涌现一批示范园区，优势资源不断集聚

近年来，河北大力支持文化创意产业发展，建设了一批文化创意产业园区，成为促进区域协同发展、产业集聚的重要平台。例如，张家口中都原始草原度假村文化产业园打造融观景、休闲、商务、养生为一体的5A级草原旅游度假区，融合发展态势显著。秦皇岛市北戴河区集发生态农业观光园依托北戴河独特的旅游资源，把文化创意元素植入景区，进一步促进文化与旅游深度融合。"21世纪避暑山庄"文化旅游产业园区坚持文旅融合发展路径，以"大避暑山庄文化"为依托，突出"清代皇家文化"特色，取得较好的效果。廊坊大城县红木文化产业园以"红木+""文化+"为主线，构建展现红木文化的旅游精品线路，成为集红木鉴赏、文玩交流、体验休闲、"网红打卡"等多种功能于一体的旅游休闲中心。

（二）市场主体研发能力不断增强，产品结构日趋优化

近年来，为促进文化创意产业提质增效，河北省举办了六届文创和旅游商品创意设计大赛，数亿元文创成果签约转化，在社会上引起重要反响。"河北游礼"品牌影响力迅速扩大，文创产品已覆盖河北省全部5A级旅游景区和80%以上的4A级旅游景区，为全省文化创意产业的高质量发展奠定了坚实基础。市场主体研发能力近年来快速提升，秦皇岛中瑞设计港申请各类专利56项，获得中外设计奖项20余项，知识产权申请数年均增长率达138.64%，逐步建成高端化、国际化、开放式、融合发展的设计创新高地；磁州窑文化产业示范基地不断研究国家级非物质文化遗产磁州窑的传统生产工艺和装饰技法，致力于弘扬磁州窑文化、传承磁州窑艺术；专注缂丝技艺传承与推广的河北定坤文化传播有限公司，在设计风格上借鉴欧美"现代

派""抽象派",开发出多种类型、多种主题的实用型产品,使非物质文化遗产缂丝真正走近人们的身边;作为国家级非遗项目——衡水内画的生产性保护示范基地,衡水习三内画艺术有限公司与衡水一壶斋工艺品有限公司在内画艺术品研究、生产、宣传、展示和文化交流等方面进行深耕,展示了河北优秀传统文化。

（三）跨界融合与消费升级不断推进新技术、新场景应用,文化创意产业积极赋能城市更新

文化是城市的灵魂和根基,文化创意产业正在成为现代都市繁荣兴盛的重要驱动力。近年来,很多废旧厂房在城市更新中华丽转身为吸引艺术家、各行业设计者入驻的文化创意产业园区,进而汇聚大量的城市要素和创业资源,营造了具有多样性、开放性与包容性的文化环境。例如,邢台德龙钢铁文化园以废弃钢材、零件、炉渣废料等为原料,结合在地文化,研发设计了手工艺品、纪念品、日常用品等多种类型的文创产品,形成了从产品研发、设计到生产、销售的全产业链,打造集参观游览、酒店住宿、研学旅游等功能于一体的文创旅游产业园,成为工业与文化创意跨界融合的典型示范,也是国内第一个钢铁文创基地。秦皇岛海港区利用道南港口片区近现代建筑（工业遗产）丰富且相对集中的优势,依托大小码头、南站房等文物单位建设了西港花园,"秦皇岛礼物"品牌美誉度持续提高,打造了多个系列数千种特色文创产品,在市场上具有较高的认可度。

二 正视问题：河北文化创意产业高质量发展任重道远

（一）大型文化企业少,整体盈利能力弱

河北文化创意企业大部分体量较小、盈利能力不足,在租约方面也存在较大的不确定性。当前,全省文化创意产业市场主体仍是中小微企业,大型企业特别是具有行业影响力的龙头企业数量较少。据调查,2022年全省156家省级及以上文化创意产业示范园区（基地）中,中小微企业有121家,

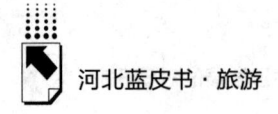

占比为77.6%；大型企业有35家，占比为22.4%。其中，年利润超过1000万元的仅有24家，超过100万元的仅有50家，盈利能力较弱。

（二）政策扶持力度弱，政府管理需加强

相较于京津等地区，河北本地对于文化创意产业的政策扶持力度明显不足。另外，河北省文化创意产业专项资金、示范创建、日常管理等工作分属不同部门，扶持方向和资助标准不一，难以形成发展合力。

（三）企业创新能力弱，与科技融合不足

部分企业缺乏对文化创意产业发展趋势和规律的认知，停留在传统发展思维模式层面，原创能力、孵化衍生能力、国际竞争力弱。文化创意产品科技含量不高，采用的新技术、新工艺不多，对在地文化创意资源的挖掘和创新不够，很多潜在的文化创意资源优势尚未发挥。

（四）文化创意产业园区服务能力弱，运营管理水平亟须提升

部分园区运营管理理念落后，满足于传统"二房东"式的单一营收模式，收租金和管理费很积极，但对园区的环境、配套等持续投入不足，服务园区企业的能力较弱。园区运营的专业化水平不高，产业集聚效应不明显，孵化功能不完善，产业发展生态环境还需进一步优化。

三 加强学习：吸收国内外不同类型文化创意产业园区先进经验

（一）产业型园区：产业链相对完整，已形成规模效应

日本东京杉并区卡通产业集聚园区充分运用影响力大的IP进行"福袋"（即"盲盒"）等新型附加产品的生产和销售，构建动漫IP全产业链。江西景德镇陶溪川文化创意街区汇聚了超1.5万名来自全国各地的青年创

客，形成了以双创孵化、文化传播、国际交流、教育实训、创意设计、研学旅行等为主题的服务平台，融"生产配套服务+销售渠道支持+创业资金扶植+知识产权保护+综合服务平台"为一体，成为较具影响力的创意孵化器和"造梦空间"。深圳市大芬村将油画产业作为主导产业，通过油画原创、油画复制品加工及书法、国画、雕刻、画框等配套产业，逐渐形成规模效应，促进了相关产业集聚，被誉为中国油画第一村。

河北产业型文化创意产业园区主要有廊坊大城县红木文化产业园、保定市中国曲阳雕塑文化产业园、衡水市中国武强国际乐器文化产业基地等，虽已有一定的区域影响力，但对标先进园区看，发展配套及周边环境还有待优化，在产业链增值、产业链上下游协同发展等方面还需要着重发力。

（二）混合型园区：多数以科技园区为依托，通过"文化+"实现跨界融合

上海张江文化产业园区位于张江科学城内，以数字文化创意产业为核心并实现一体化运营，成功培育了一批龙头企业，如阅文集团、盛趣游戏、喜马拉雅等，产业链上下游涵盖数字出版、网络游戏、网络视听、互联网教育、文化装备、影视动漫等，汇聚多领域顶尖人才，形成了一个充满活力和潜力的高科技产业生态圈。泰州市文化创意产业园深化园区体制机制改革，重点招引文化创意、信息类企业，目前已经成长为充满活力的文化创意社区。广州羊城创意产业园以发展新型文化创意产业为目标，以"数字+N"为依托，以"创投+孵化"为平台，通过企业联动和产业链协同，集聚了将近200家企业，如羊城晚报报业集团、酷狗音乐、荔枝集团、洋葱集团等，数字文化创意产业集群已具有一定规模。

河北混合型文化创意产业园区主要有邢台德龙钢铁文化园等，对标先进来看，河北文化创意产业园区体制机制改革力度还不够，文化与科技融合不深，采用数字技术、高科技手段改造文化创意产业的能力有待增强，产业发展配套及周边环境有待进一步优化，文化创意企业和人才黏性还不足。

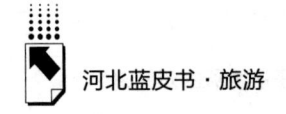

（三）艺术型园区：以艺术家为核心吸引力，原创能力强

798艺术区作为北京市文化创意产业的地标性园区，已经实现从原生态电子制造厂转型为以画廊、艺术中心、工作室为主导的文化艺术集聚区和文化旅游体验区，成为老旧厂房改造升级成文化创意产业园区的经典案例。产业链条以画廊、文化艺术、摄影、媒体、动漫、文创为主，逐渐自发形成了小有规模的艺术街区。在园区管理上，由北京798艺术区管理委员会负责综合协调、监督管理、产业促进和接待服务等工作，实行统一规划、统一管理、统一服务和统一推介，建立了长效的统一管理和联动机制。上海普陀M50创意园是中国第一个当代艺术集聚区，景观建设以1937年创办的信和纱厂为基础，保留了50余幢历史建筑并进行艺术设计，工业气质与艺术氛围共融，吸引了20多个国家的艺术家、摄影家和各类文化创意设计机构，同时配套了高品质的餐饮、酒店、文创商店等，定期举办各种主题的免费展览，成为上海知名"打卡"地。

河北艺术型文化创意产业园区主要有大厂影视小镇、吴桥县杂技文化产业园区等，目前在自主研发能力和品牌IP输出上还有所欠缺，核心竞争力不强。

（四）休闲娱乐型园区：满足游客文化消费和空间体验需求

英国谢菲尔德文化产业园是推动"钢铁城市"转型的成功示范，园区集聚了不同业态、不同市场主体，包括电影公司、媒体公司、电台、艺术工作室、媒体学院等，通过多种形式的文化创意活动，发展成集居住、商业和艺术于一体的完整社区。江门船厂1954文化创意园是在江门船厂原有基础上改造的工业遗址文化活动区，有保存完好的船坞、龙门架、铁塔，搭配现代风格的人文艺术设计，成为港澳台青年的创新创业基地，定期邀请港澳台艺术家在这里举办艺术活动。广州北京路文化核心区是第一批国家级文化产业示范园区，积极探索"文旅一体、景城一体、产城一体"的开放式园区发展新模式，园区业态丰富，实现了文化旅游与商贸、科技、金融、体育等的跨界融合，打造了全国示范步行街、国家级夜间文化和旅游消费集聚区等一批"文化+"国家级平台。

河北休闲娱乐型文化创意产业园区主要有"21世纪避暑山庄"文化旅游产业园区、张家口中都原始草原度假村文化产业园等，目前还需要进一步深化文旅融合，将文化创意融入当地居民生活。

四 加快河北文化创意产业高质量发展的对策建议

（一）形成政策推力，不断优化文化创意产业发展环境

一是增强服务意识。各级政府要主动作为、解放思想，研判文化创意产业发展形势，加强多部门协同合作，引导文化创意产业集群落地，发挥产业的规模优势。针对特定行业推出扶持政策，适度发放特定消费券，帮助文化创意企业渡过难关。二是持续完善文化创意产业金融服务体系。完善多元化投融资机制和政银企三方合作机制，各级政府应积极推进文化创意产业中小企业融资担保体系建设，加强产业投资引导，拓宽文化创意产业融资渠道，搭建地方金融平台矩阵，鼓励文化创意金融产品创新，为当地文化创意企业提供金融信息、信用评估、投融资服务等，积极探索地区"政银保担"合作机制，不断完善文化创意金融公共服务。三是加强用地保障。地方政府要加强国土空间规划，预留部分土地指标，对重点文化创意产业项目给予用地指标倾斜，规范运用存量用地进行"点状"供地。鼓励文化创意产业赋能城市更新、乡村振兴等，盘活存量用地，支持利用空置老旧厂房改造文化创意产业园区。鼓励借助自然资源相关制度，促进文化创意产业布局调整和优化。

（二）促进资源集聚，不断优化文化创意产业发展机制

一是提升文化创意资源配置效率。进一步完善基础设施，加强文化创意

产业园区的交通、网络通信等设施建设，为企业提供良好的硬件环境，吸引更多资源集聚。各地区应依托特色文化创意资源和优势产业基础，因地制宜出台推动文化创意产业集聚发展的对策举措，形成错位竞争、协同联动发展的积极态势。二是打造省市文化创意资源交易平台。各级政府要积极为产业发展铺路搭台，将优势项目、人才、资金等资源进行匹配和组合，吸引各类专业人才，形成集聚效应。搭建各类文化创意产业会展、交流平台进行宣传推广，提高企业和人才的知名度和认可度。三是促进文化创意人才集聚。完善文化创意产业人才吸纳、培养、管理、服务等制度，完善以价值贡献为导向的高层次文化创意产业人才激励机制，加大对高水平科研成果转化的奖励力度，畅通人才培养、交流服务渠道，充分激发人才创新活力。加大后备人才培养力度，增设相关学科专业，在评级评优中推选优秀人才。四是加强产业链上下游合作。做好地方文化创意产业链谋划，在上下游实现有机结合，营造传统业态与新业态融合发展、互促互进的良好态势。促进产学研用融合发展，鼓励文化创意企业与设计院校、科研机构、生产企业等合作互动，建立地方文化创意产业联盟，培养更多的专业型复合型文化创意人才，加快形成完整、高效的文化创意产业链。

（三）强化数字赋能，不断提升文化创意产品附加值

一是推进数字与文化的深度融合发展。运用数字媒体技术更加生动、直观地展示河北历史文化的精髓和魅力，提升受众对传统文化的认知度和认同感。以数字技术对各级文博场馆进行展陈升级和文化创意产品研发，充分借助新技术，如虚拟现实、全息投影等，不断丰富文化创意产品的展示手段。运用数字手段保护优秀文化资源，借助数字化平台的统筹与整合能力，创新中华优秀传统文化的数字叙事表达。二是以数字技术赋能文化创意产业园区发展。以文化创意产业园区为示范引领，完善园区数字基础设施配套，加快建设数字园区，鼓励文化创意企业加强对新工艺、新技术、新材料的应用，加强互联网、元宇宙、人工智能、区块链赋能，不断打造新场景和新模式，为园区企业发展赋能。三是推动文化创意产业供给与需求的精准对接。通过

对需求侧的数据采集、处理、分析、应用，洞察消费者需求，绘制用户画像，开发个性化、定制化与互动化的产品与服务，利用数字技术提高用户体验，增强数字文化创意产品的用户黏性。推动文化创意产业的"内容革命"，如文生图、文生视频、虚拟数字人等，实现文化创意产业线上线下联合营销，增强文化创意产业数字化及智能化生产力，推动数字文化创意产业升级与高质量发展。

（四）延伸产业链条，不断推动文化创意产业做大做强

一是围绕区域文化创意产业发展定位谋划重点项目。围绕产业链、供应链和创新链开展重点项目合作，着力建链、强链、补链、延链，实现功能互补，提升文化创意产业可持续发展能力。每个文化创意产业园区要有精准的产业定位、清晰的产业链条，因地制宜、错位发展、找准特色，突出"精而美""特而强"。二是支持跨界融合发展。加快省市文化创意产业从单一领域向艺术、商业、科技等多元领域的拓展，鼓励和引导有实力的文化创意企业拓展边界，以市场需求为导向，将传统资源与现代设计理念相结合，开发新业态、新产品，提高产品附加值和核心竞争力，创造新的社会效益和经济效益。三是以龙头企业促进相关产业集聚。以打造产业链为吸引，促进上下游相关产业集聚，培育一批实力雄厚、具有较强竞争力和影响力的龙头企业，提高对其他行业与区域的带动力和辐射力。支持一批有示范带动作用的市场主体迅速成长壮大，优化产业发展生态，加强政策支持和发展指导，让企业有更多资金用于研发和市场拓展，不断延伸产业链条，增强企业核心竞争力。

（五）激发产业活力，不断增强文化创意产业发展势能

一是借力城市更新推动文化创意产业发展。对各地城市更新项目进行全面调研评估，结合城市文化脉络与发展定位，制定有针对性的文化创意产业发展规划，聚焦差异化思维，特别是做好废弃厂房和旧工业地带的再利用，形成一批特色鲜明、功能互补、具备独特体验的文化创意产业新空

间，打造一批手工艺展馆、创客空间等特色文化创意体验园区。二是增强市场主体科技创新能力。对于积极推动文化创意产业发展的文化创意企业、园区等，每年给予一定的运营补贴。增强自主研发能力，充分发挥各地文化创意产业园区的桥梁作用，与国内外知名院校、科研单位开展战略合作，大力发展地区性的产学研联盟，强化不同文化创意产业主体之间的关系，积极培育本地科研创新人才。培育一批具有持续创新活力的文化创意企业，鼓励互联网等科技企业与文化创意企业合作发展、共建共融。三是多措并举加强知识产权保护。强化培训与指导，在政策和宣传上不断强化市场主体的知识产权保护意识，营造尊重创新、保护创新、诚信经营的良好发展环境，加强市场监管，对侵犯知识产权的行为进行严惩。对游戏直播等新兴业态涉及的知识产权侵权问题予以明确，为全省文化创意产业高质量发展提供规范引导。探索行政、司法等多部门联动的知识产权协同保护机制，引入从事知识产权服务的专业市场主体参与，加强关于专利保护的宣传工作，引导行业技术创新，对创新产品予以保护和嘉奖，对相关的侵权活动要打击和遏制。四是提升文化创意产业园区专业化运营水平。鼓励园区改变"营收靠租金"的发展策略，将土地所有权与经营权分离，通过委托经营或合作经营方式，由专业机构对园区进行管理和运营，进一步明晰园区发展定位，构建全过程专业化服务体系，为园区定制化提供高附加值的增值服务。加强对运营人才的引进和培育，进一步强化激励政策，不断提升园区运营团队的能力。

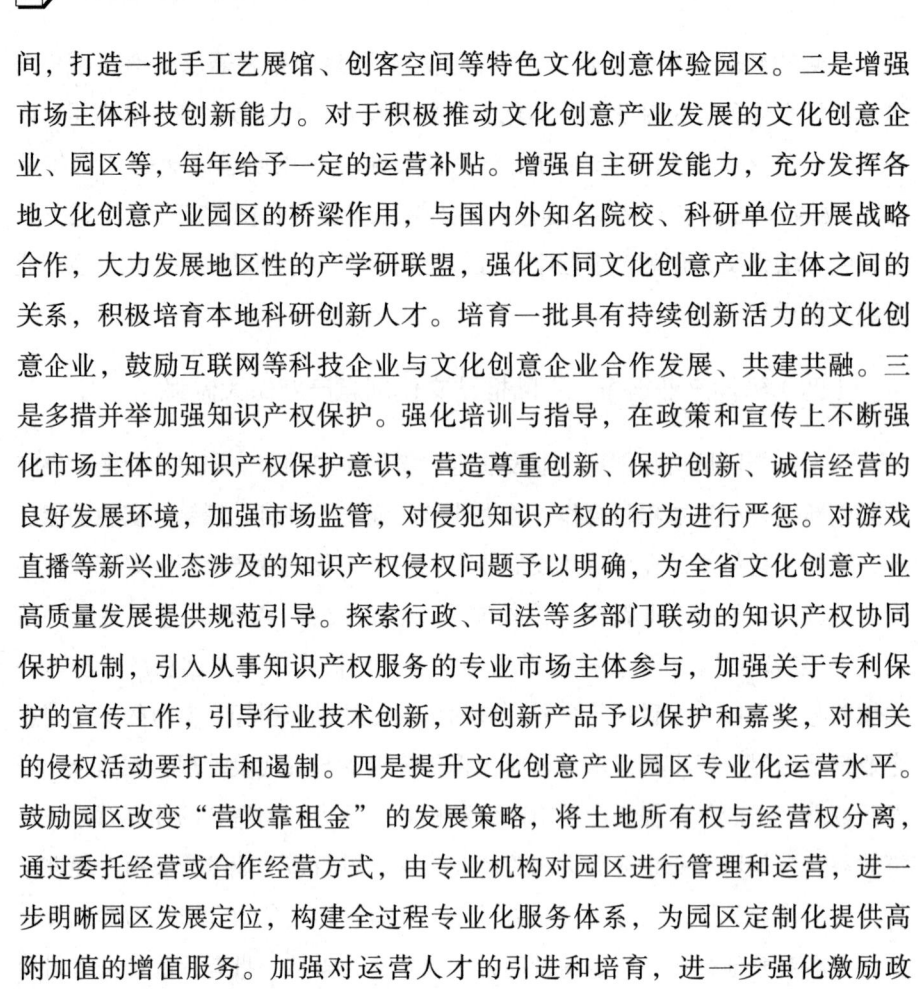

（六）培育特色品牌，不断提高地方文化创意产业影响力

一是加快地方特色文化创意产业品牌建设。深入挖掘在地文化内涵，大力发展具有地域特色的文化创意产业，打造一批主导产业鲜明、配套设施完善、在国内外具有较强竞争力的文化创意产业品牌。优化产品设计，强化品牌建设，传承、塑造和展示地方品牌形象，着力培育打造具有地域特色、满足消费需求、具备丰富文化内涵、顺应时代潮流的优质文创品牌。二是实施城市文化创意品牌打造行动。结合城市发展定位，差异化谋划文化创意产

业，推出一批"在地文化+创意转化"的城市文化创意产品和新型消费体验空间，以文化创意增强城市流量和影响力，打造城市新的经济增长点，助力城市高质量发展。三是做好河北文化创意品牌宣传营销。借助抖音、微信公众号、今日头条等平台，推动河北优秀文化创意产品成为现象级"爆款"，实现传播效果最大化。

参考文献

高长春、康瑜珊：《城市经济发展与文化创意产业交互作用研究》，《时代金融》2019年第6期。

顾江：《文化强国视域下数字文化产业发展战略创新》，《上海交通大学学报》（哲学社会科学版）2022年第4期。

曾涛、刘红升：《中国文化创意产业区域发展水平测度》，《统计与决策》2021年第1期。

宗立成、周南：《西安市文化创意产业发展与现状研究》，《中国市场》2024年第29期。

B.16 河北省民宿产业高质量发展研究

王彩英 刘帅 高建立 王姝娟 代建文*

摘 要： 民宿既是文化和旅游融合的重要载体，也是带动乡村经济增长的重要动力。本报告采用实地调研法、文献研究法、对比分析法等方法，从民宿数量分布、民宿成立时间、民宿资本规模、民宿主题类型、民宿等级情况等方面归纳总结了河北省民宿产业发展现状，发现河北省民宿产业发展存在的问题主要表现在民宿规划设计水平较低、市场波动大、"价格战"时有发生、民宿产业标准化不足、"智慧民宿"发展程度不足、行业人才缺口较大等方面，由此提出加强顶层设计、完善市场定价机制、健全监督管理机制、提高服务创新能力、建设人才支撑体系等对策建议。

关键词： 民宿产业 旅游业 河北

民宿作为个性化的住宿产品，承担了丰富住宿产品类型、推动住宿业转型升级的重任，既是文化和旅游融合的重要载体，促进文化和旅游消费、推动文化和旅游业高质量发展的重要支撑，也是带动乡村经济增长的重要动力、助力全面推进乡村振兴的重要抓手。从全国范围来看，民宿产业已从高速增长阶段转入内涵建设阶段，展现了不同的发展特征。近年来，河北省高度重视民宿产业发展工作，出台系列政策文件，不断促进民宿产业规范化、健康化发展。

---

* 王彩英，河北旅游协会常务副秘书长，主要研究方向为旅游管理和消费者心理；刘帅，河北科技师范学院经济师，主要研究方向为农村区域发展与民宿产业发展；高建立，河北科技师范学院教授，主要研究方向为农村区域发展；王姝娟，河北科技师范学院讲师，主要研究方向为农业经济；代建文，河北科技师范学院学生，主要研究方向为民宿产业发展。

一　河北省民宿产业发展取得积极成效

（一）出台系列政策，积极引导扶持民宿产业高质量发展

政策引导扶持是促进民宿产业快速健康发展的必要前提和基本保障。近年来，河北省为促进民宿产业规范化、健康化发展制定出台了一系列政策文件，如《关于促进旅游民宿高质量发展的实施意见》《关于促进乡村民宿高质量发展的指导意见》《全省精品民宿发展三年专项行动实施方案》《河北省旅游民宿等级评定管理办法》等。

（二）开展系列活动，助推民宿产业蓬勃发展

河北省文化和旅游厅及河北省旅游协会等行业组织积极开展各项活动，多措并举系统推进全省民宿产业高质量发展。

一是开展摸底遴选。为全面真实掌握全省民宿（含农家乐、乡村客栈）底数及发展情况，启动了摸底调查，确认摸底对象、摸底内容，针对每个民宿建档立卡，遴选出百佳精品民宿培育单位作为重点扶持对象。

二是精准帮助民宿产业解决发展困难。整合省内外知名民宿规划设计、管理运营、文化传承、文创开发、产品策划、营销推广等方面的专家，开展"送智上门、登门帮扶"，为民宿产业发展把关定向、解疑释惑、赋能提质。

三是加强金融扶持。拓宽民宿融资渠道，与银行及金融服务平台合作，"量身定制"关于支持乡村旅游与民宿产业发展的金融政策与产品。

四是强化学习交流。利用"冀旅学堂"小程序，搭建民宿线上培训学习平台，提升民宿从业者业务技能与素质。举办河北省乡村民宿发展供需对接交流活动，合力推进全省乡村民宿提质升级、集聚发展。

五是推出精品民宿电子地图。为进一步激发文旅消费潜力，方便广大游客出行，丰富民宿产品供给，让游客共享民宿发展成果、简洁快速了解全省精品民宿资源，河北省文化和旅游厅、河北省旅游协会联合推出了精品民宿

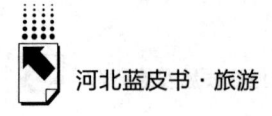

电子地图并纳入"乐游冀"平台，百家民宿入驻，全景展示民宿风采，提供精准定位、电话预订等服务。

（三）树立标杆示范，构建"冀忆乡居"民宿品牌体系

为充分挖掘展示全省民宿产业发展成果，总结民宿产业发展经验作法，培树典型、打造标杆，河北省文化和旅游厅启动了"全省精品民宿发展三年专项行动"，实施精品民宿培育计划，加大民宿产业扶持力度，重点实施民宿摸底调查建档、精品民宿提档升级、规划设计扶持、服务质量提升、投融资扶持、宣传推广、引导民宿规范发展、精品民宿品牌塑造八大工程，推出一批示范标杆，构建"冀忆乡居"民宿品牌体系，不断提升民宿精品化、集聚化、品牌化、产业化水平。2022年评选精品民宿培育单位97家，2023年评选精品民宿培育单位85家，2024年评选精品民宿培育单位51家，标杆示范民宿的评选起到了良好的带动作用。

二 河北省民宿产业发展现状分析

（一）民宿数量分布

近年来，河北省民宿产业发展进入快车道。截至2024年6月，全省民宿数量达到12788家，各市民宿数量分布如表1所示。

表1 截至2024年6月河北省各市民宿数量分布

单位：家

城市	民宿数量	城市	民宿数量
石家庄市	1102	廊坊市	902
承德市	1049	保定市	2645
张家口市	821	沧州市	348
秦皇岛市	4035	衡水市	225
唐山市	317	邢台市	467

续表

城市	民宿数量	城市	民宿数量
邯郸市	406	辛集市	4
雄安新区	359	合计	12788
定州市	108		

资料来源：天眼查网站。

从表1可以看出，秦皇岛市民宿数量最多，达到4035家，占全省民宿数量的31.55%；保定市次之，达到2645家，占全省民宿数量的20.68%；石家庄市、承德市、廊坊市的民宿数量分别为1102家、1049家、902家，占比分别为8.62%、8.20%、7.05%，呈现南少北多的空间分布特点。由此可以看出，民宿产业发展和地理位置及旅游资源具有高度相关性，地理位置较好、旅游资源丰富的地区，民宿产业发展比较快。

（二）民宿成立时间

民宿成立时间反映出民宿产业发展的基础和趋势，截至2024年6月河北省各市民宿成立时间分布如表2所示。

表2　截至2024年6月河北省各市民宿成立时间分布

单位：家

城市	成立1年内	成立1~2年（不含2年）	成立2~3年（不含3年）	成立3~5年（不含5年）	成立5年及以上	合计
石家庄市	387	216	228	206	65	1102
承德市	297	279	146	216	111	1049
张家口市	292	156	102	236	35	821
秦皇岛市	1766	561	240	340	1128	4035
唐山市	108	49	52	79	29	317
廊坊市	296	348	103	106	49	902
保定市	645	584	659	621	136	2645
沧州市	66	52	27	177	26	348

续表

城市	成立1年内	成立1~2年（不含2年）	成立2~3年（不含3年）	成立3~5年（不含5年）	成立5年及以上	合计
衡水市	47	71	22	69	16	225
邢台市	111	192	78	75	11	467
邯郸市	95	64	50	175	22	406
雄安新区	97	68	136	47	11	359
定州市	32	19	20	36	1	108
辛集市	1	0	3	0	0	4
合计	4240	2659	1866	2383	1640	12788

资料来源：天眼查网站。

从表2可以看出，河北省成立1年内、成立1~2年（不含2年）、成立2~3年（不含3年）、成立3~5年（不含5年）、成立5年及以上的民宿数量分别为4240家、2659家、1866家、2383家、1640家，占全省民宿总量的比例分别为33.16%、20.79%、14.59%、18.63%、12.82%，其中成立时间少于2年的民宿占比合计达到53.95%。由此可以看出，近1~2年，新建民宿发展势头迅猛。从民宿数量最多的秦皇岛市来看，成立1年内、成立1~2年（不含2年）、成立2~3年（不含3年）、成立3~5年（不含5年）、成立5年及以上的民宿数量分别为1766家、561家、240家、340家、1128家，占秦皇岛市民宿总量的比例分别为43.77%、13.90%、5.95%、8.43%、27.96%，近一半的民宿成立于1年内，近六成的民宿成立时间少于2年。不论是从全省还是从各地市来看，成立时间在2~3年（不含3年）的民宿占比较低，主要原因为外部环境对民宿产业的发展产生了不利影响。

（三）民宿资本规模

1. 民宿注册资本

注册资本反映出民宿主人的资本投入情况，也反映出民宿主人对民宿产业发展前景的看法。截至2024年6月河北省各市民宿注册资本如表3所示。

表3 截至2024年6月河北省各市民宿注册资本

单位：家

城市	0~100万元	101万~200万元	201万~500万元	501万~1000万元	1000万元以上	合计
石家庄市	277	32	67	29	17	422
承德市	339	75	69	49	42	574
张家口市	225	48	40	36	42	391
秦皇岛市	1564	32	13	9	6	1624
唐山市	100	20	17	13	16	166
廊坊市	402	79	55	25	19	580
保定市	635	90	299	87	33	1144
沧州市	165	107	27	7	3	309
衡水市	84	12	19	12	7	134
邢台市	82	15	42	19	18	176
邯郸市	84	21	31	14	12	162
雄安新区	146	96	202	36	19	499
定州市	25	4	7	1	0	37
辛集市	1	0	0	0	0	1
合计	4129	631	888	337	234	6219

资料来源：天眼查网站。

从表3可以看出，在全省提供注册资本信息的6219家民宿中，注册资本为0~100万元的民宿有4129家，占比为66.39%；注册资本为101万~200万元的民宿有631家，占比为10.15%；注册资本为201万~500万元的民宿有888家，占比为14.28%；注册资本为501万~1000万元的民宿有337家，占比为5.42%；注册资本为1000万元以上的民宿有234家，占比为3.76%。通过占比分析发现，河北省民宿注册资本规模普遍较小，注册资本在200万元及以下的民宿占比达到了76.54%。另外，提供注册资本信息的民宿（6219家）占全部民宿数量（12788家）的48.63%，根据分析，未能提供注册资本信息的民宿一般规模会更小一些，由此可以进一步推测，河北省民宿注册资本规模普遍偏小。

2.注册资本和成立时间交叉分析

民宿的注册资本和成立时间存在一定的关系,如表4所示。不同表格(如表3、表4)之间的数据出现不吻合的情况,原因可能在于民宿提供的信息资料不完整,有的民宿只提供了成立时间,未提供注册资本;有的民宿提供了注册资本而未提供成立时间;有的民宿提供的信息比较完整。从表4可以看出,在成立1年内的民宿中,注册资本为0~100万元的有2376家,注册资本超过100万元的仅有113家,说明成立1年内的民宿注册资本规模普遍较小;在成立1~2年(不含2年)的民宿中,注册资本为0~100万元的有670家,说明成立1~2年(不含2年)的民宿注册资本规模偏小。

表4 截至2024年6月河北省各市民宿注册资本和成立时间交叉分布情况

单位:家

分类	成立1年内	成立1~2年(不含2年)	成立2~3年(不含3年)	成立3~5年(不含5年)	成立5年及以上	合计
0~100万元	2376	670	289	484	239	4058
101万~200万元	62	63	108	269	63	565
201万~500万元	41	89	232	260	78	700
501万~1000万元	9	20	85	144	56	314
1000万元以上	1	13	53	101	61	229
合计	2489	855	767	1258	497	5866

资料来源:天眼查网站。

从注册资本的角度看,注册资本规模较大的民宿成立时间一般较长,如注册资本为501万~1000万元的民宿中,成立时间在3年及以上的有200家;注册资本为1000万元以上的民宿中,成立时间在3年及以上的有162家。

(四)民宿主题类型

2022年7月,河北省相关部门对民宿产业规模较大的石家庄市、承德市、张家口市、秦皇岛市、廊坊市的3307家民宿进行主题类型调查分析,具体如表5所示。从表5可以看出,河北省民宿的主题类型主要是景区依托型，占比为73.84%，由此可以发现，民宿产业发展受旅游景区发展的影响很大；其次是农家乐型，占比为10.25%；自然生态型占比达到8.10%；人文景观型占比较低，仅为0.30%。

表5 截至2022年7月河北省部分城市民宿主题类型

单位：家，%

主题类型	石家庄市	承德市	张家口市	秦皇岛市	廊坊市	占比
景区依托型	7	662	9	1749	15	73.84
传统村落型	3	5	6	58	8	2.42
农家乐型	1	141	9	185	3	10.25
人文景观型	0	4	3	2	1	0.30
自然生态型	4	241	6	5	12	8.10
其他	0	53	2	112	1	5.08

注：其他包括禅意、普通民宿及未明确标注主题类型的民宿。
资料来源：河北省相关部门调查统计。

（五）民宿等级情况

截至2024年，河北省拥有全国甲级旅游民宿6家、乙级旅游民宿5家。2021年，听松书院和北戴河归墟花堂民宿被评为全国甲级旅游民宿，骆驼湾小院被评为全国乙级旅游民宿。2023年，张家口市南山小院和秦皇岛市桃花树下被评为全国甲级旅游民宿，邢台市象外高卧民宿、保定市星野山宿被评为全国乙级旅游民宿。2024年，张家口市蔚县昔古回院、承德市双桥区叁时壹宿被评为全国甲级旅游民宿，石家庄市井陉右见果然民宿、秦皇岛市山海关区林家静享庭院被评为全国乙级旅游民宿。

三 河北省民宿产业发展存在的问题

（一）民宿规划设计水平较低

1. 宏观上，产业规划不足

当前，河北省民宿产业相关规划和指导主要停留在政策层面，具体方案及监管手段有限。随着经济的复苏，大量"野生"民宿迅速进入市场，但由于缺乏专业技术支持及规范性政策约束，有的民宿扎堆无序开发，出现恶性竞争；有的民宿孤立发展，无法形成规模效益。此外，河北省部分旅游景区的规划设计不能满足民宿产业发展需求，在景区质量提升、基础设施配套、公共服务供给等方面与民宿产业发展的实际需求还有一定距离。

2.微观上，同质化严重，文化特色缺失

研究发现，在以民宿经营作为创业方式的创客中，生活方式型和理想主义型创客大多具有文化追求和管理经验，能够较好地将民宿设计与当地文化和旅游特色资源相结合；但利润导向型创客出于对财富的追求，强调短期利润回报，过于追求奢华体验和标新立异，在民宿的设计装修层面未能充分融入当地文化元素，或其文化元素往往流于表面，不能让游客充分体验当地特色，从而背离了民宿"让游客体验当地自然、文化与生产生活方式"的初衷。

与创客相比，由农户提供的民宿服务则易走向另一个极端。大量乡村民宿由当地村民利用自有闲置房屋改造而成，此类民宿往往缺少相应的设计投入，一方面民宿主人缺乏相应的设计品位，另一方面出于成本控制而跟风进行建设、装修，从而造成大量民宿在风格上千篇一律，缺乏本地生活气息，且难以具备完善的基础设施。

（二）市场波动大，"价格战"时有发生

1.旅游业淡旺季差异明显

民宿产业的可持续发展是建立在客源稳定基础上的，但大部分旅游地区都存在季节性，河北省旅游业的淡旺季差异尤其明显。例如，有着"京津后花园"之称的秦皇岛市，夏季沿海民宿市场供不应求，但冬季游客稀少，大量民宿闲置。冬季和夏季民宿价格差异高达数倍，大部分民宿只有在旅游旺季才能赚取收益，淡季则由于固定维护成本而入不敷出。

2.民宿消费出现降级，引致"价格战"

近年来，省内旅游旺季游客人数较往年有所增长，民宿需求随之增长，但并未带来相应价格的提高。在调研中发现，高端民宿入住率下降，低端民

宿则陷入价格竞争漩涡。精品民宿投资较大且日常维护成本高，低价促使一些精品民宿主人渐生退出行业的心态。一些低端民宿价格则降至百元以下，并呈现以低价作为主要卖点的现象。"价格战"的出现，一方面是由于游客整体消费降级，另一方面是由于低端民宿价格不断下跌，出现"柠檬市场"现象。低端民宿的服务质量难以保障，不仅影响民宿产业的长远发展，也在一定程度上损害了旅游城市的整体形象。

（三）民宿产业标准化不足

民宿追求区域特色化发展，但也离不开标准化的管理。依据《旅游民宿基本要求与等级划分》（GB/T 41648-2022）及《河北省旅游民宿等级评定管理办法》，目前河北省民宿产业在基础设施与公共服务、安全性与合规性等方面有待进一步改进。

1.基础设施与公共服务

河北省和美乡村建设不断取得新成效，旅游区域村容村貌都有较大改善，但民宿可对外提供的公共服务有所欠缺。村落规划建设大都沿袭原宅基地、交通用地规制，道路狭窄常造成交通拥堵，停车场地不足造成停车占用耕地现象时有发生。河北省主要承接京津及省内其他地市短途自驾游游客，公路交通资源需求缺口较大，"停车难""乱停车"成为民宿产业发展中的一个突出问题。此外，部分民宿设施不达标、服务不到位。客房应有清洁卫生的床上用品，床单被套等每客必换，厨房应有消毒设施，接待人员应熟练提供接待服务，但部分民宿难以达到相关标准。

2.安全性与合规性

民宿虽是对闲置住房的再次利用，但其本质是经营性场所。根据国家有关要求，民宿应符合相应的消防要求及卫生要求，但实践中仍存在部分民宿未办理消防及卫生许可的情况，得不到有效监管。旅游旺季时人流量大，混杂各种传染源从而造成疾病传播；旅游淡季时民宿设施往往缺乏维护，卫生状况易出现问题。此外，省内民宿面临一定的合规性风险，主要是潜在的用地性质及违建风险。

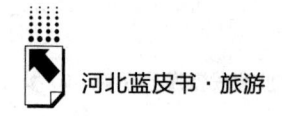

（四）"智慧民宿"发展程度不足

"智慧民宿"是民宿产业发展的一大方向，但河北省内大多数民宿停留在低端传统阶段，有待提升服务质量和获客能力。虽然当前部分民宿在一定程度上体现出当地的生产生活水平，但难以让游客获得舒适的居住体验，无法吸引追求智能化生活的年轻人。此外，目前大部分民宿的获客渠道为携程、美团等在线旅游平台，亟须开辟新的赛道，通过自媒体等方式展示民宿的环境、服务等，以更有效地吸引游客。

（五）行业人才缺口较大

1.经营人员整体素质有待提高

民宿大多以家庭为单位进行经营，从业人员文化水平偏低，缺少专业的民宿经营培训，难以提供高质量的服务。这类民宿主人对民宿的概念模糊，缺乏专业的经营理念，不能提供贴心细致的服务，难以有效满足不同层次游客的多元化需求。此外，一些民宿主人在民宿建筑设计方面审美层次不高，或是模仿其他民宿，或是仅凭自己的主观想法，较少将当地文化、特色融入设计和经营，使游客的体验较差，难以吸引回头客。

2.规划设计人才供需不匹配

民宿的规划设计要求因地制宜、因景制宜，与当地文化深度融合，但河北省部分民宿在设计方面的投入不足，出于成本考虑未邀请专业团队进行设计，一些专业设计团队也不愿意对接小规模民宿项目。

四 河北省民宿产业高质量发展对策建议

（一）加强顶层设计

一是注重统筹，加强整体设计。在规划建设、规范管理、公共服务、基础设施建设等方面推动多部门联合参与，合理解决民宿产业发展中遇到的难点，推动形成政府管理、部门联动、行业自律、企业履责、社会监督的综合治理格局。基层部门在制定总体发展战略和规划时，应统筹考虑民宿产业发展需求。

二是挖掘本地文化，营造浓郁文化氛围。深入挖掘地域特色，将其融入民宿的设计和运营，形成独特的风格。例如，可以推出具有民族特色的房间、餐饮等，让游客在民宿中就能感受到浓郁的文化氛围。民宿可以与当地文化机构、非遗传承人等合作，将当地的文化活动、非遗技艺等引入，为游客提供丰富的文化体验，进一步增强民宿的吸引力，也有助于传承和弘扬当地文化。

三是打造民宿集群，推动规模化发展。提升民宿专项规划的指导性，在摸清现有旅游资源和科学测算承载能力的基础上优化发展布局。同时，通过打造"民宿+"新业态，提升游客体验感。积极打造民宿集群，借助社会力量举办各类文化活动，提高民宿的知名度和影响力，推动民宿的规模化、品牌化发展。

（二）完善市场定价机制

合理的定价和良性竞争是促进民宿产业健康发展和保障消费者权益的必要条件。应细化民宿分级标准，政府、行业协会等应设置指导价格。在充分结合市场自有价格波动的基础上规范市场秩序，实施分档定价，确保基础服务质量，满足不同客户群体需求。利用平台大数据对民宿价格进行片区横向比较及年度纵向比较，综合考虑季节性和节假日因素、游客评价因素，为民宿主人及游客提供指导价格，提升价格的透明度，引导民宿产业的良性竞争。建立价格监测机制，预防高价"宰客"、隐形消费等现象。

（三）健全监督管理机制

各地应在符合国家相关规定和标准的基础上，因地制宜制定民宿建筑、治安、消防、食品、卫生、环保、服务等地方标准。完善市场准入机制，落实日常检查监管，确保民宿建筑符合相关消防要求，监督民宿按照国家标准、行业标准配置消防设施、器材，审查民宿是否配备卫生设施设备或引入第三方替代服务。此外，应畅通官方投诉渠道，对消费者反映的问题进行及时处理，保护游客及民宿主人的权益。明确惩罚措施，在消防安全、卫生安全、环保等方面加强宣传，确保民宿符合各项标准和规定。同时，对不符合要求的民宿进行整改或关闭，维护市场秩序和游客权益。

（四）提高服务创新能力

一是引入智能化技术，实现民宿自助入住和便捷退宿，室内采用智能化家电设施，保障隐私性、安全性和舒适性，并降低能源消耗，实现绿色发展。二是提供基础服务如旅游信息咨询、旅游线路规划等，以及特色服务如"民宿+研学""民宿+康养"等。三是创新营销模式，充分利用各类社交媒体和网络平台开展多元化营销，提升产品的曝光度，充分展示民宿自身的特色，并提高与潜在游客的交互体验，提高民宿的预订率。四是发展"后备厢"经济，可在精品民宿区域设置文创产品及特产销售柜台，在创收的同时产生宣传效果。五是拓展产业链条，推动民宿产业与其他产业的融合发展，如生态农业、文化创意等。这不仅可以丰富民宿的经营业态，也有助于提高民宿的附加值和竞争力。

（五）建设人才支撑体系

一是加强对民宿经营人员的培训，邀请旅游协会、高校、科研院所的专家对民宿经营人员开展培训，将旅游民宿经营管理和服务人员培训、区域文化宣传推广等纳入相关培训计划。二是建立人才引进机制，支持外出务工农民返乡、高校毕业生回乡、能人创客入乡发展民宿产业，促进民宿运营管理人才职业化发展。三是培养民宿规划设计师，确保设计人员能够将民宿风格与特色景观相融合，使民宿真正做到让游客体验到本地的自然、文化与生产生活方式。

参考文献

霍剑波等：《北京市乡村民宿产业发展的思考》，《中国农业资源与区划》2024年第1期。

吕宛青、余正勇：《城乡融合下民宿产业集群赋能乡村振兴的内在逻辑及实践路径——基于西南地区的多案例分析》，《西南民族大学学报》（人文社会科学版）2024年第1期。

王斯亮、邱铜铜：《中国地方政府制定乡村民宿发展政策的多元行动逻辑》，《干旱区资源与环境》2024年第3期。

吴琳等：《生意还是生活？——乡村民宿创客的创业动机与创业绩效感知研究》，《旅游学刊》2020年第8期。

邢博、谢丁丁、李诗涵：《乡村民宿精益服务：基于顾客网络评价的量表开发与有效性检验》，《旅游科学》2023年12月14日。

B.17
新时代河北省博物馆高质量文旅融合着力点研究

贾子沛*

摘　要： 2024年以来，习近平总书记在安徽、甘肃等地调研时多次强调，要推进文化和旅游深度融合发展。博物馆作为推动文化和旅游深度融合发展的实践高地，已由单一的文物展览、科普教育阶段逐步转向以文旅融合为核心的高质量发展阶段。河北省近年来在博物馆建设、展陈、社教、文保、旅游等领域不断完善，取得丰硕成果。但客观来看，目前河北省博物馆仍面临文化创新传播能力不强、文旅服务较为滞后、文旅互动场景欠缺等问题，亟须借鉴先进地区经验，通过构建博物馆现代话语体系、打造博物馆展览互动场景、优化文博人才培育吸纳机制等方式，推动博物馆高质量文旅融合。

关键词： 博物馆　文旅融合　高质量发展　河北

当前，博物馆作为文旅融合的前沿阵地和重要领域，亟须在旅游、教育与文化传播上发挥高地作用，充分提高文物研究阐释能力、文化创造性转化和创新性发展能力，让文物不断"活起来"以赋能文旅事业发展。河北省博物馆资源丰富，但从文化传播能力和旅游吸引能力来看，现阶段与先进地区相比还有不小的差距，"重文物、轻传播"的现象普遍存在。因此，河北省博物馆必须提升文旅融合水平，逐步破解馆藏资源"养在深闺人未识"的发展瓶颈，推动博物馆真正成为满足社会大众旅游文化产品

---

* 贾子沛，河北省社会科学院旅游研究中心助理研究员，主要研究方向为旅游经济。

消费需求的生产者、满足国民终身教育需求的服务者、践行文旅融合的示范高地。

一 河北省博物馆发展现状

（一）博物馆体系不断完善

河北省博物馆资源丰富，全省博物馆由2012年的100家增加到2023年的225家，涵盖综合地志类、历史文化类、考古遗址类、革命纪念类、自然科技类、艺术类6种类型，其中文物系统国有博物馆达86家，国家一级博物馆有河北博物院、邯郸市博物馆以及西柏坡纪念馆，文化传播载体优势明显。另外，全省11个设区市均设立了综合性博物馆，县级博物馆建设工作有序进行，专题博物馆不断建成开放，基本形成了类型丰富、布局合理、主体多元、结构优化、特色鲜明、体制完善、功能完备的博物馆体系。此外，河北省正在大力支持保定市"博物馆之城"建设，推进泥河湾遗址博物馆、山海关中国长城博物馆建设，博物馆体系不断优化。

（二）博物馆建设水平不断提升

当前，河北省持续推进博物馆免费开放政策，不断提升博物馆建设和发展水平，增强博物馆公共文化服务效能，强化办展能力、接待能力和开放能力。截至2023年11月，全省有195家博物馆实现了免费开放，中央、省两级每年下发博物馆免费开放补贴资金1.2亿元。此外，河北省创新开展了"十佳博物馆"培育工作，大力推动中小博物馆质量提升，成为国家中小博物馆提升试点省份，统筹制定了《河北省"十佳博物馆"培育办法（试行）》《河北省"十佳博物馆"培育名单筛选标准（试行）》等文件，支持博物馆在基础设施、陈列展览、藏品保护、社会教育、公共服务等方面提质增效，支持创新发展项目，带动全省中小博物馆全面提升。在保障上，河北省整合各地各部门力量，加强对各培育单位的指导和支持，并开展定期评估验收，确保项目高效执行。截至2024年9月，正定博物馆、燕山大学东北亚古丝路文明博物馆等20家博物馆先后分两批入选河北省"十佳博物馆"培育名单。

（三）博物馆宣教传播方式不断创新

当前，我国博物馆宣教传播方式不断创新，各类博物馆持续加强与传媒平台、艺术领域的融合，《国家宝藏》《我在故宫修文物》《如果文物会说话》《唐宫夜宴》《只此青绿》等高质量"爆款"作品层出不穷。河北省持续推动博物馆宣教传播方式创新，安排200万元省级文物专项资金，遴选全省20家革命题材博物馆、纪念馆，联合省委宣传部、省委党史研究室、省教育厅、省退役军人事务厅等部门，开展全省博物馆红色文化进校园——"我为群众办实事"实践活动，举办活动248场，走进校园223个，受众人数超39万人。此外，河北省定期举办全省原创展览评选推介活动，推出了河北博物院"大汉绝唱——满城汉墓陈列展"、蔚县博物馆"代蔚长歌展"、承德博物馆"望长城内外——清盛世民族团结实录展"等精品展览。2024年10月1~7日，河北省各博物馆推出国庆专题展览41个，开展专题社教活动1630次，累计接待观众326.4万人次，同比增长57%[1]。

二 河北省博物馆高质量文旅融合面临的问题和挑战

（一）文物故事的语言通俗化表达能力不足

目前，河北省博物馆文物阐释、传播与活化能力不足的问题依旧明显，关键短板在于大部分博物馆对文物故事的语言通俗化表达能力不足，传播内容不能有效被大众理解与吸收，普遍存在"学究气重""不接地气""曲高

---

[1] 《河北省各博物馆累计接待观众326.4万人次》，《人民日报》2024年10月21日。

和寡"的问题，进而导致大众对馆藏文物往往"印象不深""收获不多"。以河北博物院为例，作为省级综合性博物馆、爱国主义教育示范基地、国家一级博物馆，其馆藏文物达24万余件，常设陈列展览10个，藏有金缕玉衣、长信宫灯、透雕龙凤纹铜铺首等十大珍宝，具备显著的文物丰度与广度，但2015~2019年，河北博物院日均参观人数不足5000人次，外省客源仅占8.99%。从文化程度分布来看，大学及以上占比达68.88%，大学以下占比仅为31.12%。这说明河北博物院的受众范围还较为狭窄，文化传播能力和文旅吸引力不足，而根本原因在于文物故事不能有效被大众理解，整体语言不够通俗化和大众化。

（二）传播内容与地方区域特质结合不足

文物与城市特质、人文精神、历史贡献、鲜活故事的紧密联系是让文物"活起来"的关键。例如，中国国家博物馆馆藏文物"利簋"的讲解词为："西周王朝经常举行赏赐活动，当年作为西周官员的利也得到了周武王赏赐的青铜，非常高兴，于是用青铜铸成这件'簋'，故名为'利簋'。'利簋'的珍贵恰是因为底部的30余字铭文揭晓了武王征商的时间，破了几千年来的悬案。铭文开头是'武王征商，惟甲子朝，岁鼎'，翻译成现代文就是武王伐纣战役发生在某一年甲子日的早晨，当天'岁星'，也就是木星正当中天。专家参照《国语》记载的天象记录，精确计算出武王伐纣发生于公元前1046年1月20日。"讲解词将文物与史实相结合，让观众对文物的了解更加深入。对比来看，河北省各博物馆对文物的讲解还多停留在外在描述、特征阐释等浅层内容，讲解内容与文物所映射的区域特质、人文精神等结合得不充分，缺乏故事性和立体感。

（三）互动手段和互动场景较少，大众体验感和参与感较弱

博物馆的互动场景不仅是让文物"活起来"的关键，也是推动观众从"被动参观"向"主动参与"转变的桥梁。当前，河北省博物馆以讲解为主，模式"流水线化"，整体缺乏互动手段和互动场景，尚未建立文物与观

众有效互动的桥梁，大众体验感和参与感较弱。另外，河北省博物馆在展陈体系、宣教体系上创新不足，在游客吸引、视觉冲击、信息传播等层面亟待突破。如受限于经费或策展人综合能力，展陈形式多为平铺直叙，以流动展代替常识展的现象普遍存在；从社教机制来看，当前讲解的单一化模式不能调动游客的积极性和参与性，很多游客反映"内容较枯燥""互动内容少""难以全程融入"等问题。此外，缺乏数字化互动与传播场景也是较为明显的短板。河北省各类博物馆目前主要依赖 LED 电子讲解屏和电子语音导览，高科技设备短缺导致观众参与热情不高，博物馆吸引力与文化传播能力不足。

（四）博物馆文旅服务相对滞后，文旅人才储备相对不足

现阶段，大众多元化、细分化的文旅需求日益增长，要求博物馆提供更高层级的文旅服务。当前，河北省博物馆在服务建设上相对滞后，难以满足多层次、大众化的文旅需求。以河北博物院为例，讲解服务获取仅限于现场咨询，官网、公众号缺乏相关预约服务，游客只能在咨询服务台的"讲解员展板"上了解讲解员信息并到相关展厅寻找讲解员，无法提前在线上选取与自己需求、层次和认知相适应的讲解员。公共教育活动以课堂讲授为主，没有建立起分众化、精准化的服务体系。此外，人员力量不足，导致难以充分满足日益增长的服务需求，如团队集体来河北博物院参观时，往往需要临时抽调各个展厅固定的讲解员去担任接待员，造成常设展厅讲解员不在岗位；很多楼层往往仅有 1 位讲解员，需要讲解 3~4 个展厅的内容，参观者往往会遇到"找不到讲解员""被迫随大流"的现象，服务人员也常常面临任务繁重、顾此失彼的困境。

三　博物馆高质量文旅融合先进做法与经验启示

（一）以"深入浅出"的讲解语言推动文物研究成果面向大众、服务大众，保证文化传播的高效性

当前，全国各地的博物馆普遍推出"深入浅出""雅俗共赏"的亲民

化讲解线路，以文物为中心，重视观众感受，有意识地进行讲解词改编，逐步形成了"深入浅出"、服务大众的讲解语言。首先，讲解词摒弃了以往较为专业和晦涩的写作模式，把目标设定为普通观众，在撰写过程中寻找普通观众易理解和接受的知识点，立足扎实的文物研究基础，将文物研究成果以通俗化、大众化的语言表达出来；其次，讲解人的语言风格普遍具备通俗易懂的特点，在"言必有据"的基础上选择带有故事性的叙事方式，摒弃了平铺直叙的刻板风格，每件文物的讲解都较为贴合大众生活，将听众的注意力牢牢"锁"在展品上，实现了"用现代生活讲古代故事，用故事传播文化成果"。以中国国家博物馆为例，馆藏"战国铜冰鉴"的讲解内容为："这件青铜器大家见过吗？或者跟它类似的形象在现实中有印象吗？给大家一个提示，2008年北京奥运会……对，2008年北京奥运会开幕式张艺谋先生执导的'击缶而歌'，主角就是它。我们其实都被这个宏大的场面误导了，认为这是一种类似架子鼓的敲击类乐器，但它跟乐器一点关系也没有，这个学名叫做青铜冰鉴，它的形制外面是鉴，用来盛水，中间凸起的部分是缶，是用来盛酒的，鉴跟缶中间有较大的缝隙用来放冰，所以它是用来冰镇酒的容器，古人夏天用它来喝冰酒，相当于咱们现在喝的冰镇啤酒。"

（二）推动文物故事多视角阐释、分众化传播，展览内容更加适应不同群体特点和大众细分需求

现阶段，面对大众化、细分化、个性化的博物馆文旅需求，中国国家博物馆、故宫博物院、扬州中国大运河博物馆、河南博物院等均通过文物故事的多视角阐释和分众化传播，确保能够最大限度被不同群体接受。主要做法有以下几个。一是保障文物故事在不同群体中广泛传播，对一件文物的讲解往往以多视角展开，如故宫博物院、西安碑林博物馆等将文物的形制外观、制作工艺、历史贡献、代表特质、出土与保护等信息进行全方位解读，为每个模块准备不同风格和内容的信息，保障不同听众的认知领域被最大限度触及。二是建立分众化讲解词体系，针对儿童、青少年、成年人、特殊群体等

不同观众的认知特点、学习兴趣及参观体验，中国国家博物馆社教部组织力量深耕讲解文本，根据不同群体的认知水平、语言特点撰写了儿童版、青少年版、普通成人版、专业版的讲解词。三是为不同群体提供分众化导览，满足公众个性化、定制化的导览需求，将分众化导览工作推广至所有常态展览和专题展览，为公众提供多样化、个性化的"菜单式"讲解，更好地满足公众的文化需求。例如，中国国家博物馆官方 App 推出了"古代中国"分众语音导览，分为儿童版、青少年版、成年人 2 小时版和成年人 6 小时版 4 个版本，儿童版精选 15 件（套）文物，以妈妈和孩子对话的形式展开介绍，用充满童趣的语言拉近孩子们和文物的距离；青少年版精选 64 件（套）文物，内容为中国国家博物馆研学丛书《中学生博物之旅·古代中国》的精华提炼，讲述视角更贴合青少年的知识结构和兴趣点；成年人 2 小时版精选近 200 件（套）文物，指引观众以较短的时间了解古代中国经典文物；成年人 6 小时版选取文物 400 余件（套），以更全的历史线索、更丰富的内容阐释服务想要更全面、更深入了解古代中国历史的观众。

（三）强化数字化技术和互动场景应用，构建良好的"文物—观众"互动生态，增强旅游过程的吸引力

当前，各博物馆均着手围绕让文物"活起来"开展动态化、沉浸化场景建设，充分利用数字化技术和互动场景，在增强观众体验感、获得感、参与感的同时，提升文化传播效果。例如，中国国家博物馆在观众体验区设置美术、音乐、科技、考古等体验项目。数字化技术方面，自 2018 年起，中国国家博物馆推动"智慧国博"建设，实现 5G 网络、数字化互动技术全展厅覆盖，打造了"全沉浸交互式展厅"；大力推动文物三维数字化采集，实现 AR、VR、MR 等多媒体技术的充分融入；以《大驾卤薄图》等重点馆藏文物为试点，探索展览交互设计与交互装置研发，将虚拟展品融入真实讲解场景。此外，中国国家博物馆与腾讯 SSV 数字文化实验室联合研发了首个虚拟数字人讲解员"艾雯雯"，通过三维建模、语音合成、动作及表情捕捉等数字化技术和文物珍品知识的语料训练，"艾雯雯"高度还原汉代女子形态，并拥有丰富的知识储备和较高的讲解技能，在线上线下平台为观众讲好中国故事。另外，在扬州中国大运河博物馆，沉浸式展览随处可见，"运河上的舟楫"展览结合实体体验和数字虚拟体验，讲述运河生活的变迁。社教模式创新也是博物馆高质量发挥社会功能的关键手段，如周口店北京人遗址博物馆开发"博物馆奇妙夜"实践课程，以夜间探索、寻宝、解密等环节丰富博物馆社教体系；中国化工博物馆开发"探秘马兰纸"课程，加入动手体验造纸等内容，大大丰富了博物馆的社教方式和功能。

（四）积极吸纳不同层次的人才参与博物馆文旅融合

现阶段，各地博物馆正在充分培育人才队伍，推动更多的业内专家、策展人及不同层次的社会力量走进博物馆，不断提升文化传播的生命力。一是推动专家、策展人、优秀讲解人进一步面向公众，如持续推动"策展人、科研专家进展厅"，组织馆内专家、策展人面向公众提供多元化讲解与教育活动，建立与观众的长效互动机制。另外，一些大型博物馆着手利用公众号、官网等平台推出"专家讲解周"活动，推动博物馆学、美术学、历史学、工学等学科领域专家面向公众讲解馆藏文物。例如，中国国家博物馆讲解员袁硕深度参与了《国家宝藏》《如果国宝会说话》等知名度高、影响力大的节目，充分发挥了"网红讲解人"在文化传播上的引领与带动作用。二是吸纳更多社会力量尤其是青少年志愿者参与博物馆发展。"馆校合作""馆企合作"是当前各博物馆破解青少年志愿者队伍服务时间不稳定、流失率高难题的关键创新点。2020年，中国国家博物馆组建了"中国国家博物馆志愿服务协会"，积极吸纳团体会员开展多元合作，通过与企事业单位、社会机构合作，组建了多支以青少年为主体的志愿服务队。此外，各地博物馆在志愿者服务管理上发挥引领作用，为防止志愿者队伍人才流失，针对不同年龄的志愿者采取不同的关怀鼓励方式，由此不断壮大志愿者人才队伍，充分调动社会力量参与博物馆服务。

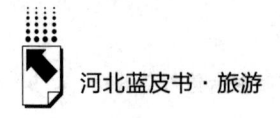

四 推动河北省博物馆高质量文旅融合的建议

（一）强化文物研究成果挖掘与通俗化转化工作，建立适应大众传播需求的博物馆现代话语体系

一是以传播为导向强化博物馆文物资料征集、研究能力，为河北省文物故事传播利用提供强大基础支撑。建议河北省博物馆加强文物学术研究成果收集与整合工作，加强与文物研究单位、高校及其他相关单位的合作，扩大文物资料收集范围，全面系统收集和梳理文物相关资料成果。深化河北博物院、邯郸市博物馆、沧州市博物馆等综合性博物馆文物研究职能，深度参与中华文明探源工程，支持馆内陈列研究部门设立"燕赵文化""汉文化""中山文化"等研究平台。重点加强博物馆馆藏文物文化价值拓展性、补充性研究，强化馆藏文物与当地文化、历史贡献、城市特质的结合，深入挖掘馆藏文物丰富的历史文化信息。如对"石器时代陶片"的研究，不能仅停留在分期、分类研究及时代、工艺、造型等描述类研究层面，要通过对陶片完整信息的采集和多学科融合研究，揭示自然条件、生产生活、社会关系和宗教信仰等，为"陶片故事"的传播利用提供有力支撑。

二是重点提升文物故事策划与创作能力。探索构建更亲民、更通俗的故事传播体系，在馆藏文物故事策划、讲解词编写等领域重点发力，促进文物学术研究成果的故事化、通俗化、大众化、科普化。推动设立专门的"研究成果转化部"或"内容策划小组"，策划一批具备河北特色和人文历史精神的展览内容，如"燕赵故事展——30件文物讲述河北故事"，创作一批"深入浅出"、让观众听得懂的讲解词。此外，博物馆应建立以传播利用为导向的讲解评价激励机制，激励讲解人对讲解词进行亲民化、通俗化的二次创作。

（二）抓好新技术、新模式、新平台，持续丰富博物馆展陈内容，创新博物馆社教方式

一是推动文物数字化、动态化呈现及互动体验场景建设。应用新型数字展陈技术，为观众带来可观、可感、可参与、可互动的沉浸式体验，进一步提升博物馆的核心吸引力。可考虑在博物馆特设"文物库房""文物医院""文物修复实验室"，并有序面向大众开放；加大与技术部门的合作力度，充分引入多媒体交互技术和三维数字化采集技术；推动博物馆与传媒单位加强合作，依托重点馆藏文物推出纪录片等线上节目；加强互动体验场景建设，如在"名窑名瓷"展厅设置"瓷器画绘制体验区"，在文物陈列展厅设置"触摸文物标本"等互动体验场景，让文物故事的传播过程更具趣味性、互动性。

二是构建协调有活力的"文物—观众"互动生态。借鉴中国国家博物馆经验，加强"问答式场景"在河北省博物馆中的应用，推动"讲解稿"向"问题包"有效转换。博物馆社教部门需要以馆藏文物和讲解内容为依托，找好切入点，为文物设计好具有故事性、启发性、引导性的"问答清单"。

（三）实现博物馆服务的精准化、多元化转型，充分满足大众细分需求

一是实现讲解服务分众化、多元化。积极突破"一物一稿""一厅一稿"讲解模式的限制，社教部门可围绕具备丰富文化内涵的重点文物率先开展社会需求调查，在此基础上帮助讲解员建立全面而富有深度的分众化讲解词体系。建议从两个方面重点突破：第一，根据观众年龄层次分别撰写"基础版讲解词""小学版讲解词""中学版讲解词""非相关专业高校版讲解词""专家版讲解词"；第二，根据展品信息撰写讲解词，包括原始信息（外表形制、制作材料、工艺）、关联性信息（使用处置、发展演变）、流传性信息（出土、流传、保护）等，为讲解员能够"因材施教"打下基础。

二是创新博物馆服务机制，建立以观众需求为导向的分众化预约平台和匹配机制。建议从两个方面重点突破：第一，建立"讲解员标签库"，对所有讲解员的语言风格、专业程度进行评估，为每个讲解员形成个人关键词，如"故事型讲解员""学术型讲解员""亲和型讲解员"等；第二，建立"大众需求库"，做好前期观众需求调研工作，形成面向观众的分众化预约

页面，设置讲解需求选项，包括但不限于"探索知识""亲子教育""学术研究""休闲游憩"，将"大众需求库"与"讲解员标签库"进行匹配，形成完整的分众化讲解预约机制。

（四）探索建立更积极、更开放、更有效的文博人才培养模式，为文博人才营造良性成长环境

一是积极探索培养文博人才的新模式。着力健全博物馆人才发展体制机制，重点为文博人才提供优质的成长、晋升和发展环境，坚持引进与培养并重。落实系列激励政策，切实提高文博人才收入，着力破解博物馆人才流失问题，消除博物馆人才队伍的后顾之忧。

二是充分发挥"专家型讲解员"的传播效力。鼓励河北省博物馆推进"讲解员专家化，专家讲解员化"工作，针对馆藏文物、展览建立专家交流长效机制，制定"专家讲解员系统培养计划"，定期为讲解员创造必要的学习培训、外出交流和学术研究条件，鼓励有科研能力的讲解员在相关领域开展科学研究、参与相关科研项目。增设"专家讲解员"岗位，在省级博物馆率先开展试点，由博物馆讲解能力较强、具备高级职称的研究人员长期担任，通过团体或个人预约开展讲解服务。建立"特约专家讲解人"机制，通过邀约、聘请等形式与相关领域专业研究人员建立长效合作机制，开展临时性讲解或周期性讲解，推动业内专家、策展人走进展厅，长期为大众讲好河北文物故事。

三是拓宽渠道，充分吸纳社会力量参与博物馆发展。建议以河北博物院为依托，加强志愿者平台建设，考虑组建"河北省博物馆志愿服务协会"，强化博物馆志愿者人才储备。探索创新志愿讲解员招募渠道和招募方式，与大中小学校、企事业单位加强合作，出台相关政策文件，形成长期合作机制，吸纳青少年、高校大学生、在职职工和离退休人员参与博物馆文旅融合和高质量发展。

案例分析篇

B.18
传统历史文化街区旅游活化利用研究

——以保定为例

邢慧斌　赵　菲*

摘　要： 在文旅融合的背景下，保定积极谋划，对域内历史文化遗产进行活化利用，成效显著。其中，对传统历史文化街区的开发尤为突出。本报告以保定传统历史文化街区为研究对象，基于实地调研与文献研究等多种方法，深入分析保定传统历史文化街区的开发现状，并对保定传统历史文化街区旅游活化利用模式进行解读，发现保定在传统历史文化街区旅游活化利用方面仍面临文化传承方式需进一步创新、文化产品需进一步强化品牌意识、商业业态需进一步强化差异经营、公共设施需进一步推进智慧管理等问题，由此提出以现代科技为引领创新文化传承方式、以品牌发展为目标打造独特文化品牌、以产业集群为方向打造多元化商业业态、以智慧科技为依托打造

---

* 邢慧斌，河北大学管理学院教授、博士生导师，主要研究方向为旅游稳定脱贫、乡村旅游、旅游规划和旅游可持续发展；赵菲，保定学院讲师，河北大学管理学院博士研究生，主要研究方向为旅游绩效评估。

现代化旅游设施等策略。

关键词： 传统历史文化街区　旅游活化利用　文化遗产保护　保定

保定是位于河北省中部的历史文化名城，拥有丰富的历史文化遗产。作为京畿南大门，保定主城区拥有大量的明清和民国风貌历史建筑。这些历史建筑集聚而成的街区，不仅见证了中国社会的发展变迁，也是现代城市文化建设的重要资源。随着经济的快速发展和城镇化进程的加快，这些传统历史文化街区面临保护与发展的双重挑战。在文旅融合发展的大背景之下，旅游活化利用作为一种有效的保护与发展方式，使传统历史文化街区焕发新的活力，从而实现经济效益和社会效益的双重提升。

一　传统历史文化街区活化利用的背景分析

传统历史文化街区是塑造城市特色、打造城市名片、提升城市竞争力的重要支撑。传统历史文化街区的活化利用是中国在快速城镇化背景下，在历史文化遗产保护与现代城市发展之间寻求平衡的一种重要实践，以尊重历史文化遗产真实性和完整性为前提，使之焕发新的生命力。

（一）国家政策助推历史文化遗产保护意识持续增强

随着中国经济的快速发展和国家政策的出台，各地区因地制宜开展历史文化遗产的活化利用与保护工作，人们对历史文化遗产价值的认识也在不断提高。2019年，习近平总书记在上海考察时强调：文化是城市的灵魂，城市历史文化的遗存是前人智慧的积淀，是城市内涵、品质、特色的重要标志[1]。

---

[1]《让历史文化遗存保护融入城市更新》，"光明网"百家号，2024年1月23日，https://baijiahao.baidu.com/s?id=1788824125738536865&wfr=spider&for=pc。

2021年，习近平总书记在福建福州考察时再次强调：保护好传统街区，保护好古建筑，保护好文物，就是保存了城市的历史和文脉①。2021年，中共中央办公厅、国务院办公厅印发《关于在城乡建设中加强历史文化保护传承的意见》，提出要构建覆盖全面、层次分明的历史文化保护体系。到2025年，要初步构建多层级城乡历史文化保护传承体系，推动历史文化保护传承工作融入城乡建设的格局基本形成。到2035年，全国所有县级及以上行政区划都将建立完善历史文化名城、名镇、名村保护机制。这表明了在国家层面，历史文化遗产保护工作被提到一个新的高度，对于增强民族文化自信、加强社会主义精神文明建设具有重要意义。

（二）城镇化进程促使传统历史文化街区高质量保护与开发

截至2024年末，中国常住人口城镇化率达到67%②，标志着中国已经进入城镇化的成熟阶段，城市建设已从粗放式扩张向高质量开发转变。为稳妥推进城市更新，2021年住房和城乡建设部出台了《关于在实施城市更新行动中防止大拆大建问题的通知》，提出"坚持划定底线，防止城市更新变形走样""坚持应留尽留，全力保留城市记忆""坚持量力而行，稳妥推进改造提升"3个原则。同年，住房和城乡建设部发布《关于进一步加强历史文化街区和历史建筑保护工作的通知》，要求充分认识历史文化街区和历史建筑保护工作的重要意义；加强普查认定，尽快完善保护名录；推进挂牌建档，留存保护对象身份信息；加强修复修缮，充分发挥历史文化街区和历史建筑使用价值；严格拆除管理，充分听取社会公众意见。国家在政策层面上要求"任何单位和个人不得损坏或者擅自迁移、拆除经认定公布的历史建筑，不得随意拆除和损坏历史文化街区中具有保护价值的老建筑"，促使政府在城市更新的过程中将更多注意力放在如何对现有传统历史文化街区进行高质量保护与开发上。

---

① 《人民网评：让历史文化和现代生活融为一体》，"人民网"百家号，2024年11月7日，https://baijiahao.baidu.com/s?id=1815023070156068667&wfr=spider&for=pc。
② 资料来源：住房和城乡建设部。

（三）传统历史文化街区活化利用引导公众参与社会治理

随着中国社会结构的变化，在推进城市更新的过程中，如何更好地处理城市中人与环境之间的关系成为一个亟待解决的问题。2021年，中共中央办公厅、国务院办公厅印发的《关于在城乡建设中加强历史文化保护传承的意见》明确指出，在保护传承工作方面，积极鼓励社会各方力量参与，为历史文化的传承保护营造良好的环境。同年，住房和城乡建设部发布的《关于进一步加强历史文化街区和历史建筑保护工作的通知》强调，对历史文化街区、历史地段内建筑物或构筑物的更新改造和拆除，要充分听取社会公众意见，保障公众的知情权、参与权和监督权。这种以人为本的治理理念，成为传统历史文化街区更新改造与其他城市建设工作的重要不同之处。在传统历史文化街区活化利用过程中，应充分考虑原住居民的利益，尊重他们的生活方式和文化传统，同时兼顾新居民的需求，营造一个包容性强且充满活力的社会环境。2023年，全国范围内启动了多项社区更新项目，其中不少项目都涉及传统历史文化街区的"微改造"工作，旨在改善居民生活环境，同时保留街区的历史风貌。例如，广州市规划和自然资源局在推进传统历史文化街区保护规划时广泛征求了市民的意见，并通过举办公开论坛等形式鼓励社会各界参与规划过程，凸显了社区参与和公众意见的重要性，有效地推动了传统历史文化街区的高质量更新改造。

（四）经济发展新模式促进城市文化旅游新发展

面对全球经济形势的变化以及国内产业升级的压力，服务业已经成为国家经济发展的新引擎。2023年，中国第三产业增加值在国内生产总值中的占比达到54.3%[①]，这意味着服务业已经成为推动经济增长的主要力量。在传统服务业基础之上，国内许多地方开始探索以文化旅游为核心的新经济增

[①] 《中华人民共和国2023年国民经济和社会发展统计公报》，国家统计局网站，2024年2月28日，https://www.stats.gov.cn/sj/zxfb/202402/t20240228_1947915.html。

长点。与山水度假旅游不同，城市旅游更加侧重以历史文化遗产为突出亮点。其中，传统历史文化街区发挥的价值越来越重要。许多旅游城市通过对传统历史文化街区的有效活化利用，从多渠道创造就业机会，带动了相关服务业的发展，从而为当地经济注入了新的活力。以成都市为例，近年来，成都市在传统文化传承弘扬、公共文化服务体系建设、高能级文旅品牌创建、文旅产业发展等方面取得了一系列成绩，不仅打造了成都熊猫国际旅游度假区、武侯祠、都江堰等经典文旅项目，也投入重金打造了3个历史文化街区——宽窄巷子、文殊院、大慈寺，城市品牌形象日益鲜明。成都市通过构建"城市旅游+周边旅游"相融合的文化旅游体系，成功打造了全国知名的旅游目的地，2023年成都市共接待游客2.8亿人次，实现总收入3700亿元①。

二　保定传统历史文化街区发展现状

（一）保定传统历史文化街区概况

保定具有3000多年历史，早在新石器时代就有人类活动，是尧帝故里、全国历史文化名城。保定拥有丰富的历史文化遗产，如古莲花池、直隶总督署等，这些文化遗产不仅具有历史价值，也是重要的旅游资源，为传统历史文化街区的旅游活化利用提供了良好的基础。2011年6月，保定首批两个省级历史文化街区获批，一个是总督署—西大街历史文化街区，另一个是淮军公所—清河道署街区。2018年，保定省级历史文化街区增至3个，东大街—北大街作为新的历史文化街区加入。总督署—西大街历史文化街区始建于宋代淳化年间，成于元、兴于清，是中国国内保存较为完好的具有明清、民国时期风貌特色的历史文化街区，曾被誉为"直隶第一街"和"北方名

---

① 《成绩公布！2023年成都接待游客2.8亿人次　实现总收入3700亿元》，"锦观新闻"百家号，2024年2月5日，https：//baijiahao.baidu.com/s？id=17900375104924984038wfr=spider&for=pc。

街"。东大街—北大街与总督署—西大街历史文化街区相邻，保留了大量明清、民国时期的建筑，贯穿了旧时保定的东半城，有着深厚的衙署文化和商业文化底蕴。淮军公所—清河道署街区以淮军公所和清河道署历史建筑为中心，保留了大量的传统商铺，包括中药铺、茶馆、手工艺品店、小吃店等，成为保定最繁华的商业区域之一。这3个历史文化街区文化底蕴深厚，成为保定历史文化的代表，通过近年来的持续修缮、保护与开发，已经逐渐发展为以文化体验、旅游观光、商业购物和休闲展览为亮点的活力街区，成为展现保定历史文化、传播保定文旅品牌的重要窗口。

近年来，保定在传统历史文化街区打造方面投入大量精力，取得了丰硕成果。2023年，第六届保定市文化和旅游产业发展大会在莲池区和高新区成功举办。作为此次大会重点打造的文旅项目，淮军公所—清河道署、总督署—西大街、东大街—北大街3个历史文化街区备受游客瞩目。同时，驴肉火烧、牛肉罩饼等极具保定特色的美食也成功"出圈"，成为"网红美食"。得益于以传统历史文化街区为代表的一大批文旅项目的火爆，2024年前10个月，保定旅游人数突破1.10亿人次，几乎追平2023年全年的1.18亿人次，保定成为众多游客心目中的"网红城市"，进一步打响"这么近，那么美，周末到河北"文旅品牌[①]。

（二）保定传统历史文化街区保护与利用现状

1. 政府主导和社会参与，系统性开展传统历史文化街区全方位保护

（1）完善政策法规，开展持续性保护

在推动城市建设高质量发展的背景下，保定对域内文化遗产的保护传承与活化利用持续加强。继国家出台《中华人民共和国文物保护法》《历史文化名城名镇名村保护条例》等一系列法律法规后，保定也在传统历史文化街区保护方面制定了相关法规。2023年12月8日，《保定市历史文化名城保护条例》颁布实施，该条例明确了保定历史文化名城的保护范围、保护

---

① 徐华：《河北保定：一座京畿古城的"网红密码"》，《河北日报》2024年11月18日。

措施和管理机制，为保定历史文化名城的保护提供了法律依据。

（2）强化顶层设计，开展统一性规划

2020年，保定积极筹划，组织专家编制历史文化名城保护规划。为了保证规划的科学性，此次规划编制工作由两院院士吴良镛担任总体顾问，由清华大学和清华同衡设计院负责执行工作。在设计阶段，执行团队将保定历史文化作为重点挖掘对象，依据保护原则进行深入设计，规划了5个层次，包括京津冀、市域、中心城区、历史城区、历史地段，同时打造了两个保护体系，涉及不可移动物质文化遗产和非物质文化遗产。在规划指引下，保定着手打造了"一街一园一城墙"工程，实施了东西大街和城隍庙街、淮军公所徽派建筑文化园和古城墙修复工程，为三大历史文化街区的成功打造奠定了坚实基础。

（3）坚持机构专管，强化系统性落实

传统历史文化街区的保护与传承不能一蹴而就，需要系统性开展。为了有效落实保护措施，保定成立了专门的机构，推动传统历史文化街区的保护工作。早在2019年，在保定市委、市政府的支持下，保定市政协积极组织研讨会议，针对保定文化古城保护和利用集思广益，召集社会力量建言献策，经过长时间调研和研讨，完成了《关于对保定市文化古城保护和利用情况的调研报告》，提议成立保定市古城管理委员会，设立古城文物保护基金，以保定市文发集团为执行机构，推动各项古城更新改造相关工作落实。该报告上报市委、市政府，引起了高度重视，目前该报告中各项提议基本落实。

（4）坚持原样呈现，开展历史性传承

传统历史文化街区活化利用的关键指导原则就是历史性传承。这就要求建筑更新改造尽可能依原样，实现文化传承、文化记忆、城市故事的有机统一。近年来，保定实施的三大历史文化街区改造项目基本按照该指导原则开展，最终呈现效果得到保定居民的一致认可。例如，在西大街建筑修缮项目中，政府在该街区原有建筑基础上进行了外部修缮，完全保留了原有建筑的外观，甚至一些老字号牌匾都进行了原样复原。在淮军公所修缮项目中，政府对国内现存最大的清代戏楼进行了复原，使居民和游客得以通过古建筑重新走进那一段久远的历史。

2. 文旅融合和多元运营，系统性推进传统历史文化街区品牌化发展

（1）传统历史文化街区旅游开发多层次呈现

近年来，通过对传统历史文化街区的保护与合理开发，保定不仅成功保留了古城风貌，也大大促进了旅游业的发展。三大历史文化街区已成为重要的旅游景点，成功吸引了大量游客。以总督署—西大街历史文化街区为例，2024年"五一"期间，总督署—西大街历史文化街区作为"网红打卡点"接待了40.03万名游客[1]。首先，保定采取了分层次、多角度的方式进行旅游产品的设计，既包括对古建筑群的修缮和开放参观，也有地方特色手工艺品的展示销售点设置；其次，通过引入现代科技如虚拟现实等来增强互动性，让游客能够更加直观地感受到古城的历史变迁，如西大街的大月亮、淮军公所博物馆的"情境沉浸+探究式研学教育"；最后，针对不同年龄层次的游客群体推出多样化的主题活动，如幼儿园及中小学的趣味研学旅行、成人摄影采风等，以满足广泛的需求。此外，三大历史文化街区还特别注重夜经济的发展，夜间灯光秀、传统戏剧表演等活动吸引了大量市民及外地游客前来观光休闲，如直隶总督署沉浸式情景剧《遇见总督》、淮军公所古戏楼举办的保定老调和安徽黄梅戏专场惠民演出等。总之，通过多层次呈现，保定三大历史文化街区已经成为集观光游览、文化体验、购物休闲于一体的综合性旅游区域。

（2）传统历史文化街区商业活动多角度打造

随着保定传统历史文化街区成为一张靓丽的城市名片，其内部及周边区域的商业氛围日益浓厚，业态丰富多样，为街区注入了新的活力。例如，总督署—西大街历史文化街区集聚着各种商铺，包括非遗产品、旅游商品等，游客选择较多；东大街—北大街的中药铺、茶馆、小吃店等保留了传统风貌，吸引了大量游客前来体验。这些商业活动不仅提升了街区的经济活力，

---

[1] 刘琦：《接待40.03万人次！西大街"五一"假期好"热"》，《保定日报》2024年5月8日。

还促进了当地居民就业增收。一方面，政府鼓励和支持本地商户入驻老街，并给予一定的政策优惠，促进了各类店铺如茶馆、书店、文创工作室等的成长壮大。另一方面，许多具有地域特色的商品和服务受到市场欢迎，如利用当地特产制作的手工艺品、结合传统工艺与现代设计理念的文化创意产品等都成为游客喜爱购买的商品。例如，2024年文化和自然遗产日期间西大街推出的文创礼品"定瓷平安扣"就蕴含了保定的古城文化，深受游客的喜欢。同时，为了进一步激发街区活力，街区管委会还定期举办各种节庆活动，如美食节、购物狂欢节等，吸引众多消费者参与其中。值得注意的是，在推动商业繁荣的同时，相关部门非常重视保护街区原有的生活气息和文化韵味，避免过度商业化导致原有风貌丧失。这种平衡发展的策略使保定传统历史文化街区既能满足现代社会消费需求，又能很好地传承与发展传统文化。

（3）传统历史文化街区文化活动多方位策划

保定历史文化底蕴深厚，拥有众多的非物质文化遗产。传统历史文化街区不仅是物质文化遗产的重要组成部分，也是非物质文化遗产传承与保护的重要场所。为更好地弘扬本土优秀传统文化，近年来保定积极组织开展了丰富多彩的艺术和民俗文化活动。第一，定期举行节日庆祝活动，如2024年国庆期间举办的"鱼灯巡游：寻遇总督·古城联动巡游"把古城的节日氛围推到高潮，让市民及游客能够在欢乐中感受浓郁的地方风情。第二，设立多个艺术展览空间，展出反映保定乃至河北历史沿革的艺术作品，为公众提供一个了解当地文化的窗口。例如，位于西大街的半宿斋艺术博物馆展示了名家及保定籍书画家的作品，展现了"博物馆之城"的深厚文化底蕴；在保定直隶总督署博物馆展出的"清代治理总督廉政文化""清代幕府""直隶总督方观承""长城十三关"等主题展览彰显出独特的历史文化。第三，注重加强与学校的合作，开展面向中小学生的传统文化教育项目，旨在培养孩子们对传统文化的兴趣与认同感。例如，2024年10月在西大街举办的"西街印象，画里寻踪"亲子绘画互动活动吸引了一大批家庭的积极参与，取得了非常好的效果。第四，支持民间艺人及非遗传人在传统历史文化街区设立工作室或表演场地，使更多人有机会近距离接触并学习泥塑、剪纸等传统技艺，如以扇文化为特色的"秋闲阁艺术馆"入驻西大街，以及在西大街东舞台举办的"秋游河北悦山河"戏曲非遗活动等。上述举措不仅丰富了市民的精神文化生活，也为保定这座古老而又充满活力的城市增添了无限魅力。

（三）面临的主要问题

1. 文化传承方式需进一步创新

保定传统历史文化街区虽然保留了丰富的历史遗迹和传统生活方式，但在文化内容的更新与创意上显得较为分散，致使文化传承缺乏主线，难以形成清晰的游客记忆点，从而限制了文化的传播范围和社会影响力。例如，2024年"五一"期间，西大街举办了"Lv伙咖啡集"创新市集、《路姐说媒》脱口秀喜剧、民俗演艺和国风文艺展等文化活动，内容尽可能兼顾文化传承，也考虑到了年轻群体的需求，然而在宣传方面缺乏独特性和文化IP，难以让人形成记忆。保定三大历史文化街区在文化传承方面依然面临如何与时俱进、保持活力的重大挑战。

2. 文化产品需进一步强化品牌意识

尽管保定传统历史文化街区拥有独特的文化遗产资源，但相关文化产品的开发相对滞后，并没有形成具有市场竞争力的品牌。同时，有历史文化品牌的企业较少在保定传统历史文化街区开设场馆，在消费市场上容易被边缘化，难以形成持久吸引力，不利于文化品牌集聚区建设，也难以提高社会知名度并带动相关文旅产业发展。截至2024年9月，保定市商务局共认定了92个品牌为"保定老字号"，这些老字号品牌承载着保定老城记忆，是最能代表传统历史文化街区历史和文化内涵的城市遗存。然而，通过实地走访发现，在三大历史文化街区内，开设专门店铺的老字号比例仅为13%，削弱了三大历史文化街区的影响力。

3. 商业业态需进一步强化差异经营

保定传统历史文化街区内的商业业态呈现高度同质化的特点，无论是店铺类型还是销售的商品都大同小异。同质化的商业环境降低了游客的兴趣，削弱了街区的独特魅力，长期来看将影响街区的吸引力。以西大街为例，街区虽入驻店铺130多家，但种类分界并不明显，主要分为小商品、饮食、娱乐和书画类商铺，且街区东段进驻的商铺数量少于西段，较为冷清。除了街区店铺之外，节假日还有一些临时布置的小吃摊，然而这些单一且重复的商业业态使游客在街区内的停留时间难以延长。

4. 公共设施需进一步推进智慧管理

随着保定文旅品牌知名度不断提升，三大历史文化街区普遍出现旅游公共设施接待能力与较大客流量之间存在差距的现象。2024年"五一"期间统计数据显示，西大街的单日客流量达90053人次[1]，较大的客流量和现有的基础设施承载量不匹配。另外，随着现代科技的飞速发展，游客对于基础设施提出更加便捷化的新要求，这种便捷化依赖街区智慧管理能力的提升。例如，在客流高峰期，智慧停车指引对于游客至关重要；更加便捷的用餐场地、卫生间等也会对游客的体验感产生较大影响。保定在公共设施智慧管理方面还有较大的提升空间。

三 保定传统历史文化街区旅游活化利用策略

（一）以现代科技为引领创新文化传承方式

首先，引入现代科技手段是关键，可以利用AR/VR技术、数字导览系统等为游客提供沉浸式的文化体验。定期举办各类文化节庆活动，如传统手工艺展览、民俗表演、主题市集等，不仅能够吸引不同年龄层的游客参与，还能增强社区居民的文化认同感。其次，可以与设计师和艺术家合作，开发具有地方特色的文化创意产品，如结合当地历史故事的手工艺品、纪念品等，使文化遗产更好地融入现代生活。最后，利用新媒体平台进行广泛宣传，让更多人了解并参与街区的文化活动。

---

[1] 刘琦：《接待40.03万人次！西大街"五一"假期好"热"》，《保定日报》2024年5月8日。

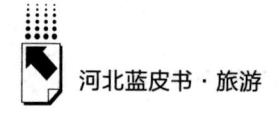

（二）以品牌发展为目标打造独特文化品牌

为了提升文化产品的市场竞争力、放大文化品牌效应，保定传统历史文化街区需要从产品质量、设计包装、营销推广等多个方面入手。首先，制定统一的认证标准，确保文化产品的质量，提高消费者的信任度。其次，引入专业设计团队，提升文化产品的外观设计和包装水平，使其更具吸引力和市场竞争力。通过线上线下相结合的方式进行营销推广，如电商平台、社交媒体平台、旅游网站等，扩大市场覆盖面，吸引更多潜在消费者。再次，打造一批具有代表性的文化品牌，通过品牌故事、品牌文化传播等方式提升品牌的知名度和影响力。品牌可以涵盖多个领域，如手工艺品、特色食品、文化衍生品等，形成品牌矩阵，放大整体效应。此外，可以举办品牌发布会、产品展示会等，提升品牌的曝光度，将丰富的文化遗产转化为经济效益，促进街区的经济发展。最后，加强与其他城市的交流合作，推广本地文化品牌，扩大其在全国乃至国际的影响力。

（三）以产业集群为方向打造多元化商业业态

保定传统历史文化街区应通过引进多元化商业业态来丰富消费选择，提升街区的独特魅力。鼓励商家开发具有地方特色的产品和服务，避免同质化竞争。例如，开设特色餐饮店、手工艺工作室、艺术画廊等，提供独特的消费体验。引入精品酒店、文创空间、休闲娱乐场所等，满足不同游客的需求，实现不同层次市场的均衡发展。合理规划商业布局，考虑不同消费层次和需求，避免单一化的商业结构。推动不同行业之间的跨界合作，创造新的商业模式和消费体验，提升街区的整体经济活力和吸引力。此外，可以设立创业孵化器，支持本地创业者开发创新项目，培育新的经济增长点。

（四）以智慧科技为依托打造现代化旅游设施

在热门景点附近增设更多的公共厕所，减少游客高峰期的排队等候时间。在街区的主要节点设置足够的休息区，配备座椅、遮阳棚等设施，为游客提供舒适的环境。安装清晰的指示牌和地图，开发智能导览系统，如手机应用程序、电子显示屏等，方便游客导航，提升游览效率。扩建停车场，增加停车位数量，同时优化停车管理，减少高峰期的拥堵现象。利用大数据和物联网技术，提供智能导游、智能支付、智能安全监控等服务，提升游客的整体体验。此外，增设游客服务中心，在提供基础服务的同时，结合游客新的消费习惯增加智慧服务、紧急救援等。同时，加强对公共设施的日常维护和管理，确保其长期有效运行。

参考文献

《关于进一步加强历史文化街区和历史建筑保护工作的通知》，住房和城乡建设部网站，2021年2月2日，https://www.mohurd.gov.cn/xinwen/gzdt/202102/20210202_249037.html。

《关于在城乡建设中加强历史文化保护传承的意见》，中国政府网，2021年9月3日，https://www.gov.cn/zhengce/2021-09/03/content_5635308.htm。

《关于在实施城市更新行动中防止大拆大建问题的通知》，中国政府网，2021年8月31日，https://www.gov.cn/zhengce/zhengceku/2021-08/31/content_5634560.htm。

《文化是城市的灵魂 要延续城市历史文脉》，央广网，2023年12月6日，https://news.cnr.cn/dj/sz/20231206/t20231206_526509436.shtml。

鲍俊峰、王英锴、戴路：《文旅"热"背后的"细"思量——保定文旅产业高质量发展调研与思考》，《保定日报》2024年10月26日。

梁学成：《城市化进程中历史文化街区的旅游开发模式》，《社会科学家》2020年第5期。

廖开怀等：《历史文化街区微改造与活化利用的策略研究——以广州市为例》，《城市发展研究》2022年第5期。

谢华春、班石：《城镇历史街区的个性文化保护与空间优化》，《江西社会科学》2016年第5期。

B.19 河北省长城遗产旅游利用的路径与机制

——以山海关长城为例

雷欣 白翠玲 李昱瑾*

摘　要： 本报告以河北省山海关长城为案例，探讨长城遗产旅游利用的路径与机制。通过梳理河北省长城遗产旅游利用现状和山海关长城遗产旅游利用实践，发现长城文化资源在文旅融合中展现出显著的潜力。结合文化遗产保护与可持续旅游发展理念，本报告提出政府主导与多方协同、可持续发展以及文化旅游创新赋能3条路径，并构建多元主体协同、保护与开发协同、科技赋能3个机制，以实现长城遗产的文化价值传播与经济效益提升。

关键词： 遗产旅游　山海关长城　河北

一　河北省长城遗产旅游发展情况

（一）长城遗产

长城在1987年被联合国教科文组织列为中国首批世界遗产。长城沿线地区拥有丰富的文物资源，这些资源具有规模大、价值高、时间跨度长、分布范围广、景观组合好、展示利用潜力大等特点，成为发展旅游业的核心吸引物。长城河北段现存的战国、汉、北魏、北齐、唐、金、明等不同时期长

---

* 雷欣，燕山大学博士研究生，主要研究方向为旅游规划与管理、遗产旅游；白翠玲，河北地质大学管理学院教授，主要研究方向为旅游规划与管理、乡村旅游、遗产旅游；李昱瑾，河北地质大学硕士研究生，主要研究方向为土地资源管理。

城的总长度为2498.54千米，长城资源比例占全国的11.79%，资源认定总量位居全国第二，涉及秦皇岛、唐山、承德、张家口、保定、廊坊、石家庄、邢台、邯郸等9个设区市以及雄安新区等59个县（市、区）[①]。长城河北段文化资源得天独厚，其中世界文化遗产5项、国家历史文化名城3个、国家历史文化名镇6个、国家历史文化名村29个、长城古村落300多个、全国重点文物保护单位84处（见表1、表2）。

表1 长城河北段国家历史文化名村

所在城市	名称
张家口	开阳村、南留庄村、北方城村、大固城村、宋家庄村、水西堡村、代王城村、任家涧村、上苏庄村、卜北堡村、镇边城村
石家庄	于家村、小龙窝村、吕家村、大梁江村
邢台	龙化村、内阳村、绿水池村、鱼林沟村、崔路村、英谈村、王硇村、北盆水村、西沟村
邯郸	偏城村、原曲村、北岔口村、花驼村、南王庄村

资料来源：中国旅游新闻网。

表2 长城河北段国家历史文化名城、名镇

类型	名称
名城	承德、山海关区、蔚县
名镇	蔚县暖泉镇、井陉县天长镇、武安市伯延镇、武安市冶陶镇、涉县固新镇、蔚县代王城镇

资料来源：中国旅游新闻网。

此外，长城河北段还拥有省级以上非遗项目277项，其中2项为联合国非遗名录项目，40项为国家级非遗项目，涵盖民间文学、传统音乐、传统舞蹈、传统技艺等多个类别（见图1）。这些非遗资源展现了长城河北段深厚的历史文化内涵，成为推动文旅融合的重要依托。同时，长城河北段拥有国家5A级旅游景区2家、国家4A级旅游景区5家（见表3）。

---

① 资料来源：河北省文物局。

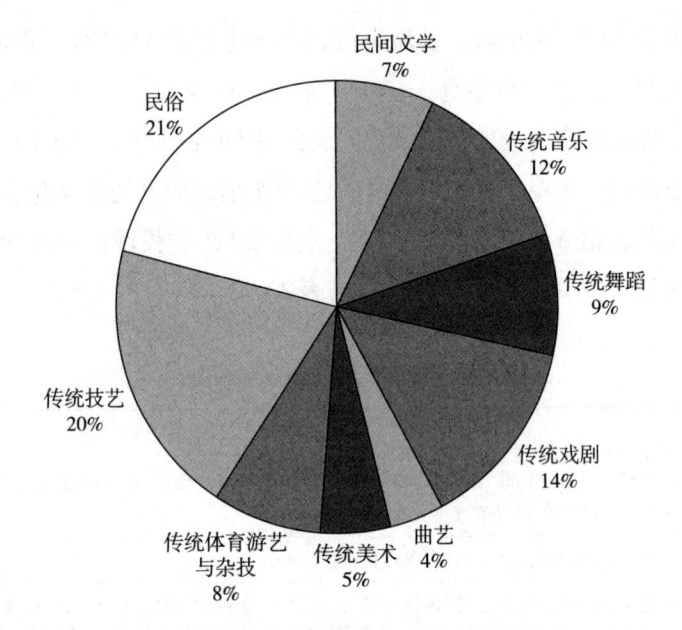

图 1 长城河北段非物质文化遗产类型分布

资料来源：中国旅游新闻网。

表 3 长城河北段 4A 级及以上旅游景区

星级	景区	所在城市
5A级	山海关景区	秦皇岛
	承德市滦平县金山岭长城景区	承德
4A级	大境门景区	张家口
	迁安市白羊峪长城旅游区	唐山
	迁西县青山关景区	唐山
	角山景区	秦皇岛
	冰糖峪长城风情大峡谷景区	秦皇岛

资料来源：文化和旅游部。

2022年，河北省出台了《长城国家文化公园（河北段）文化和旅游融合发展专项规划》，为全方位推动长城文化与旅游深度融合发展提供了科学的指引方向。2024年，长城国家文化公园（河北段）标识体系建设及重点项目现场观摩交流活动在张家口盛大举办。在活动中，令人瞩目的"1+8"

长城国家文化公园（河北段）标识体系重磅发布，这是在全国率先落地的省域段统一的长城国家文化公园标识体系，大大提升了长城河北段的整体形象，使其在众多文化景观中脱颖而出。不仅如此，活动期间河北省文化和旅游厅更是别出心裁，结合演艺、研学、民宿、非遗等精彩纷呈的新业态以及长城周边独具特色的文旅资源，精心策划并推出了14条主题旅游线路，串联起锦绣长城和沿线美景。通过这一系列举措，河北省在长城遗产旅游利用征程上取得了斐然的成绩，长城遗产的吸引力与日俱增，吸引着大量游客纷至沓来，促进了区域经济的蓬勃发展，为河北省的文化旅游事业书写了浓墨重彩的篇章。

（二）山海关长城遗产

河北省非物质文化遗产在长城沿线九市一区均有分布，石家庄数量最多，拥有59项；秦皇岛拥有25项，其中山海关区3项、海港区3项、卢龙县8项、青龙满族自治县3项、抚宁区8项，涵盖民间文学、传统体育游艺与杂技、传统技艺、传统舞蹈等类型（见图2）。

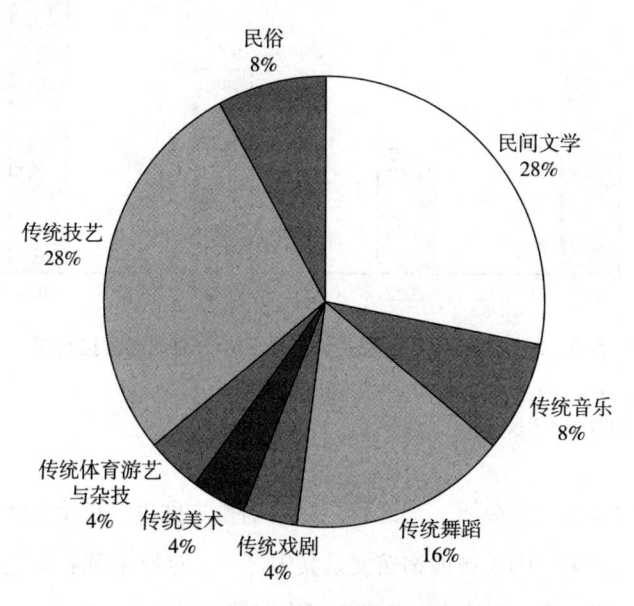

图2　秦皇岛市长城沿线非物质文化遗产类型分布

资料来源：中国旅游新闻网。

山海关长城屹立于河北省秦皇岛市，始终致力于打造一张亮眼的长城文化名片，并通过多元化的渠道开展宣传推广工作，提升在国内外的知名度与美誉度。山海关长城景区推出了多种形式的演艺产品，如大型沉浸式互动演出《冲冠一怒》让游客亲身参与历史故事；室内史诗演出《长城》则展现了长城所承载的厚重历史与伟大精神。景区还积极举办了一系列具有浓郁地方特色的节庆活动，不仅丰富了游客的旅游体验，也进一步弘扬了当地的文化。山海关长城景区周边的交通条件不断改善，方便了游客的出行；景区内的配套设施也在不断升级，餐饮、住宿、购物等设施日益丰富；景区内的餐饮结合当地特色，满足了游客的不同需求。

从2019~2024年春节期间山海关长城景区游客接待量来看，整体呈增长态势，2024年创新高（见图3）。这一变化凸显了山海关长城景区在应对挑战和恢复发展方面所做出的努力和取得的成效。

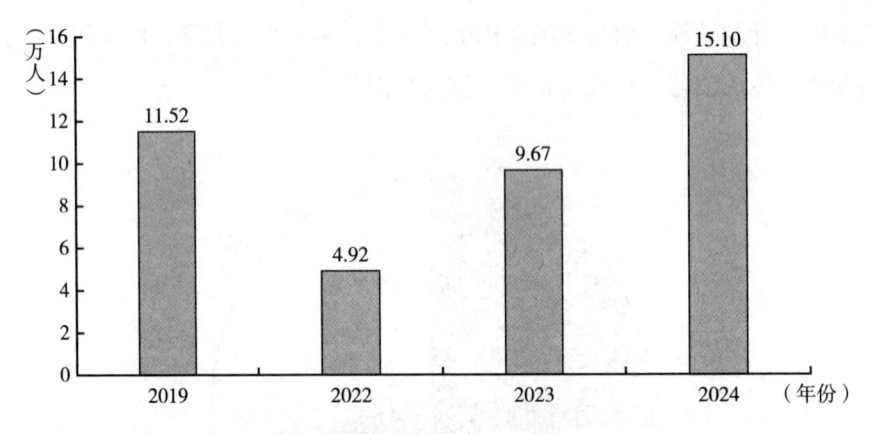

图3 2019~2024年山海关长城景区春节期间游客接待量

说明：2020~2021年数据未公布。
资料来源：山海关区人民政府。

伴随长城国家文化公园（河北段）项目的稳步推进，长城沿线博物馆项目相继推出，山海关中国长城博物馆便是其中之一，这座承载着厚重历史与文化的博物馆不断吸引无数对历史文化充满好奇与热爱的人们前来探寻。毫无疑问，山海关长城景区已成为人们了解历史文化、享受自然美景的不二之选。

二 山海关长城遗产旅游利用现状

（一）解说多元化，活动特色化

1. 科技赋能与专业化服务

山海关长城景区充分利用现代科技和传统解说相结合的方式，开展了多渠道的解说服务。除了传统的现场导览和解说员服务外，景区还开发了数字化解说平台，游客可以通过智能设备获取相关历史、文化信息。例如，山海关古城智慧导览小程序具有语音讲解、地图定位等功能，在讲解员繁忙时可以帮助游客自助参观，分担接待压力，也相应减少了排队等候讲解员的人流。这种方式不仅增强了互动性，也减少了语言障碍，使外国游客能更轻松地理解长城的历史背景。对于不同年龄段的游客，景区还开发了专门的青少年互动解说和老年人简洁解说功能，以实现更广泛的服务覆盖。山海关长城景区重视提升解说员的专业素质，构建了完善的培训体系。解说员不仅要具备丰富的历史知识，还要掌握游客管理等相关技能。解说内容经过精心设计，确保既有深度又能生动有趣。

2. 多元文化体验与智慧化服务升级

山海关区定期举行具有本地特色的文化活动，如"长城文化节""山海关民俗文化周"等，展示长城周边地区的非物质文化遗产，包括传统手工艺、戏曲、民间舞蹈等。此外，还通过举办长城马拉松等户外运动赛事，让游客加深对长城文化的理解和认同。

山海关长城景区积极顺应科技创新带来的新需求，对传统基础设施进行优化升级，同时完善新型基础设施，以提升智慧旅游管理效率。景区对停车场进行了智能化改造，通过建设出入口潮汐车道、智能导向标识及优化交通路径和智能缴费系统等，显著提高了停车场的运营效率，以满足游客需求。此外，景区还推出了线上购票和自助导览等智能服务系统，提升了游客体验。为了更好地维护游客的权益，山海关长城景区还建立了完善的投诉与反馈机制，确保游客在游览过程中能够享受到便捷、高效的服务。

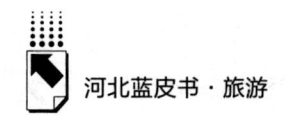

（二）品牌故事化，营销整合化

1. 历史与文化的深度融合

山海关长城的品牌塑造以其独特的历史文化价值为基础，强调其作为"万里长城的起点"和"历史文化的缩影"的核心定位。通过将山海关长城的历史背景与当地的民俗文化相结合，形成了一种富有故事感的品牌形象。山海关长城景区通过多媒体展示等方式，向游客讲述长城的历史故事，营造了浓厚的文化氛围。同时，山海关区积极寻求与其他知名品牌和文化机构的合作，通过跨界营销的方式提升长城品牌价值。例如，与国内外知名博物馆合作，举办"长城文化展""历史遗产交流会"，吸引更多文化爱好者的关注。

2. 线上线下联动的全方位推广

山海关区通过线上线下相结合的方式，全面提升长城品牌影响力。在线上，利用社交媒体平台（如微博、微信、抖音等）开展品牌宣传，吸引年轻游客的关注。同时，提供丰富的旅游信息，方便游客进行在线预约和购买景区门票。在线下，与旅行社、酒店、交通运输等行业开展合作，推出多样化的旅游套餐，提升市场渗透率。例如，与本地酒店联合推出"山海关+海鲜美食"旅游套餐，吸引更多游客前来体验。

山海关长城景区专门成立了一支自媒体外宣队伍，覆盖不同年龄段，包括文案策划、影像拍摄、影视后期、平面设计、导游讲解、市场推广等岗位，让"流量"变成"留量"。2023年，在新华社、《人民日报》等各级媒体发稿560余篇，利用抖音、小红书等新媒体平台进行大型采编活动10多次，吸引京津冀、东北三省"网红达人"约600人，共发布作品1.5万余个，"夜游山海关"的话题荣登热榜。抖音话题"山海关古城过大年"播放量高达1.2亿次以上，位列河北省同城热搜榜第一[①]。

---

① 资料来源：中国旅游协会。

(三)产品多样化,服务创新化

为满足不同游客的需求,山海关长城景区积极打破传统观光旅游的局限,持续推出多样化的旅游产品并优化业态布局。景区致力于研发文化创意产品,已推出超过500款产品,并在古城西大街一号设立了长城文创旗舰店,店内设有文创销售展区和古风换装体验区,全面展示长城系列文创产品,提升消费者的体验感。此外,景区打造了全市首个沉浸式古风美食街"關市",不断丰富美食品牌,按照"一店一品"的原则引入本地原创美食、传统老字号及热门小吃,让游客在品尝美食的同时体验山海关的独特风味,真正做到"从长城头吃到长城尾"。在文化传播方面,景区注重非遗项目的本土化展示,将非物质文化遗产与关城文化相结合,融入三仙归洞、轻蹬技、拉洋片等15项非遗绝活,推出以关城特色为主题的情景剧《关城往事》,让游客深入感受地方文化魅力。在住宿方面,景区推出"慢充式+微度假+休闲"一站式主题民宿,同时推进以剪纸和砖雕为主题的特色民宿"落纸云烟""砖居"的运营升级,为打造"长城人家"民宿集群树立了典范。

三 山海关长城遗产旅游利用存在的问题

(一)社会协调机制不完善

随着山海关区旅游业的快速发展,利益相关者的数量不断增加,政府、企业、社区和游客等多方利益的协调成为一项重大挑战。不同利益方的目标和需求可能存在冲突,如企业希望通过旅游开发获得经济收益,社区可能更关注文化遗产的保护与传承,政府则需要在促进经济增长与维护公共利益之间找到平衡。这种复杂关系使建立合理的利益分配机制和反馈机制变得尤为重要。如果不能有效协调各方关系,可能导致利益不均衡,引发社会矛盾,进而影响长城遗产旅游利用的可持续发展。

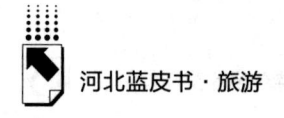

（二）遗产保护与开发有待强化

尽管山海关区在旅游开发方面取得了一定成就，但仍面临旅游业发展与文化遗产保护之间的矛盾。一方面，旅游业的快速发展吸引了大量游客，推动了当地经济增长和文化传播；另一方面，游客数量的增加可能导致文化遗产的损害与消耗。例如，过多的游客可能造成基础设施的过度使用及周边环境的破坏，对历史遗址的保护构成了威胁。因此，山海关区亟须在保护与开发之间寻找平衡点，制定合理的管理策略，以确保文化遗产的完整性和真实性得以维持。

（三）可持续发展面临压力

随着游客量的不断增加，山海关区迫切需要改善基础设施和旅游服务，以满足游客日益增长的需求并提升整体体验。这包括完善交通、住宿、餐饮等基础服务，同时引入高质量的导游和解说服务，提高游客的满意度和体验感。然而，这通常需要大量资金，可能对当地经济造成压力，尤其是在资源有限的情况下。此外，山海关区面临可持续发展的压力，过度开发可能导致自然生态的破坏，从而对长城遗产的保护造成不可逆转的影响。同时，景区缺乏完善的生态补偿机制，难以有效激励企业和游客参与环境保护。生态旅游理念推广不足，使游客难以意识到可持续消费的重要性。对公共交通和生态友好型产品的支持力度不够，可能加重旅游开发对自然生态和文化景观的负面影响。

四 山海关长城遗产旅游利用的路径与机制构建

（一）走政府主导与多方协同路径，构建多元主体协同机制

当前，山海关区应明确"政府主导、市场运作、企业主体、社会参与、群众受益、永续利用"的发展战略，采取成立管委会和委托经营两种方式，促进长城遗产进一步发挥价值。政府在山海关长城的保护与开发过程中扮演

着关键角色，应制定相关政策和规划，确保文化遗产的可持续发展。与此同时，政府还应积极吸引社会资本，推动基础设施的改善和旅游服务的升级，支持社区、企业、文物保护专家和游客共同参与长城遗产的保护与开发，形成多元共治的格局。

（二）走可持续发展路径，构建保护与开发协同机制

在长城遗产保护与开发过程中，应逐步建立较为有效的协同机制，实现文化遗产保护与旅游业发展的相互促进。首先，政府和相关部门应高度重视长城遗产保护与开发工作，保护规划与实施方案应严格遵循国家规定，确保长城核心遗产区的完整性和真实性。树立保护优先的理念，避免过度开发对长城遗产的破坏。其次，通过引入低冲击性的旅游设施，如游客中心、观景台等，满足游客的需求。最后，旅游业的部分收益应纳入长城遗产保护与开发工作，充分利用长城丰富的文化资源开发多样化的旅游项目，加大长城文化的传播和传承力度。

（三）走文化旅游创新赋能路径，构建科技赋能机制

山海关区应在创新机制与技术应用方面采取措施，以提升长城遗产保护和旅游开发的效果。首先，在管理机制上，长城遗产管理部门应与科技企业、研究机构建立合作关系，推动科研成果与管理实践相结合，形成技术创新与管理创新的良性互动。例如，通过引入先进的监测技术和数据分析工具，建立长城数字化管理平台，实现对长城遗产的实时监测与数据分析，提升管理决策的科学性。其次，积极应用数字技术，推动长城遗产的数字化保护。利用虚拟现实（VR）、增强现实（AR）等技术打造沉浸式体验，使游客在游览过程中能够更深入地理解长城的历史文化和保护意义。此外，开发手机应用程序，提供多语言导览服务，使游客能够获取更多的信息。最后，通过创新的旅游产品和服务吸引更多游客，提升旅游业的整体发展水平。结合长城的历史文化和自然景观，开发一系列特色旅游产品，注重游客的参与感和互动性，丰富旅游体验。

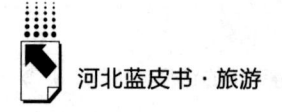

参考文献

李渌、李晨宇、徐珊珊：《记忆与空间：历史城镇非物质文化遗产活化的逻辑构建——基于贵州织金古城的实证》，《华侨大学学报》（哲学社会科学版）2023年第3期。

李严等：《山海关长城国家文化公园体系的建构思路》，《城市规划》2025年第3期。

林继富：《非物质文化遗产保护传承与建设中华民族现代文明》，《中南民族大学学报》（人文社会科学版）2024年第7期。

王清恋、张博程：《历史文化保护传承中文化遗产活化利用》，《城乡建设》2024年第18期。

吴必虎：《中国旅游发展笔谈——文化遗产旅游活化与传统文化复兴》，《旅游学刊》2018年第9期。

吴俐璇、陈涵泊：《文旅融合视域下数字媒体推助沉浸式旅游古城场景构建研究——以山海关古城为例》，《西部旅游》2024年第1期。

B.20 文旅融合赋能城市更新的策略研究

——以石家庄为例

朱丽娇 孙童*

摘 要： 文旅融合能够提升旧城空间价值，促进城市更新，进而增进民生福祉，对于增强石家庄城市创新力、竞争力和吸引力意义重大。本报告深入分析了文旅融合和城市更新的耦合效应，从城市核心竞争力、居民生活品质、消费和经济增长等方面研究了文旅融合赋能石家庄城市更新的紧迫性，同时围绕老旧城区改造、工业遗产改造和老旧街区改造提出了石家庄城市更新需要注意的问题，提出注重文化传承性、文化创新性、文化差异性，以推动文旅融合深度赋能石家庄城市更新。

关键词： 文旅赋能 城市更新 高质量发展 石家庄

党的二十届三中全会提出"建立可持续的城市更新模式"。近年来，我国各大城市不断深入推进城市更新，将城市更新作为挖掘存量潜力、增强发展韧性、实现社会与经济效益双增长的重要行动。文旅融合作为地方文化与旅游经济耦合而形成的新兴增长极，能够串联起旧城空间价值跃升、地方文化传承创新、居民文化福祉增进等多重目标，为内涵式城市更新提供动能[①]。2024年6月，石家庄获评全国第一批城市更新行动城市，盘活存量、激发内需成为石家庄城市更新的重点任务，推动文旅融合赋能城市更新是石家庄探索可持续城市更新模式的必经之路。

---

* 朱丽娇，河北省社会科学院旅游研究中心助理研究员，主要研究方向为旅游经济与发展；孙童，中国传媒大学政府与公共事务学院，主要研究方向为公共管理。
① 何淼：《推动文旅融合 赋能城市更新》，《南京日报》2024年11月20日。

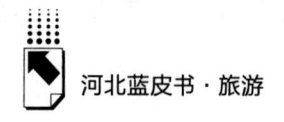

一 文旅融合和城市更新的耦合效应分析

文旅融合介入城市更新能够产生积极的耦合效应，二者有着诸多内涵与目标上的一致性[①]。从经济层面来看，文旅融合作为激发经济活力的一种产业手段，是城市寻求经济转型的重要方向。从社会层面来看，文旅融合是强化身份认同的有效通道，能够改善城市个体与个体、个体与群体、群体与群体之间的关系，是构建新型城市社会关系的重要媒介。从文化层面来看，文旅融合对延续城市文化脉络、丰富城市文化内涵发挥重要作用。

（一）经济层面，文旅融合推动城市产业转型升级

城市更新作为推动城市高质量发展的重要举措，目前已经进入"减量建设"与"产业升级"并存的时代。文旅融合作为引领城市产业转型升级的有效抓手，通过大力发展文旅及相关产业来带动城市空间格局优化和公共服务体系重塑，从而实现城市高质量发展。一方面，文旅融合有显著的未来性价值和机理，通过打造新业态、新场景满足大众的新需求，刺激和引导文旅消费，带动文旅产业发展，进一步促进城市产业经济转型升级。另一方面，文旅融合能够带动相关产业的集聚，形成具有显著优势的产业集群，从而推动城市经济的持续发展。

（二）社会层面，文旅融合塑造融洽社会关系

城市更新的本质是人与人、人与城市关系的更新。不断优化城市居民生存环境、完善公共服务体系是城市更新的题中应有之义。文旅融合将文旅产业和公共文化服务完美结合，在城市更新项目实施过程中，始终坚持以人民为中心，持续为人民群众拓展文化活动空间，成为良好社会关系的"黏合剂"。无论是城市老旧街区改造还是工业遗产改造，都注重以基础设施配套

[①] 宗祖盼、蔡心怡：《文旅融合介入城市更新的耦合效应》，《社会科学家》2020年第8期。

和文化创意活动为引领，提供焕然一新的城市活动空间和开放舒适的居民情感交流平台。

（三）文化层面，文旅融合注重城市文脉延续

作为城市的灵魂，文化是城市更新中需要保护、传承和创新的核心部分。文旅融合不仅是推动城市经济发展的重要手段，也是保护和传承城市文化的重要途径，它以多样化手段实现城市历史文脉的延续。一方面，通过创新的方式将历史文化融入现代生活，使城市文化得以传承和发展，还注重在城市更新中保护历史文脉。另一方面，通过沉浸式体验、文化遗产保护以及数字化创新等推动文旅高质量融合，让传统历史文化在新时代焕发新的生机。

二 文旅融合赋能石家庄城市更新的紧迫性

（一）从所处阶段看，文旅融合是石家庄在城市进入稳定发展期抓住机遇、提升核心竞争力的有效着力点

当前，石家庄已迈入特大城市行列，必须抓住机遇，以文旅融合为抓手带动城市驶入发展快车道。国家统计局数据显示，2023年石家庄城镇化率高达72.28%，高出全国（66.16%）6.12个百分点，与世界发达国家（80%左右）相比，石家庄已迈入城镇化的最后一个阶段，亟须发挥好文旅产业盘活存量、创造内需、重塑活力等多元作用，加快转变特大城市发展方式，实现文化与经济融合并进。

（二）从城市功能看，文旅融合是石家庄提升空间利用水平和居民生活品质的不竭动力

城市更新要"以人为本"，拓展市民文化空间，不断提升大众的幸福感、满足感和获得感。因此，城市更新不仅要补齐居民物质生活短板，而且

要满足文化、社交等精神层次的民生需求。文化和旅游作为驱动城市高质量发展的"软实力"，能为满足人民群众的美好生活需要提供更为有利的条件，为有温度的城市更新营造更加优质的环境。

（三）从实践意义看，文旅融合是石家庄刺激消费、拉动经济增长的重要支点

2024年底，石家庄入选"2024年度活力之城案例"，关键因素是不断推陈出新的文旅新业态和新场景。2012~2022年，我国文化产业增加值从18071亿元增长到44945亿元，年均增速为9.5%，占国内生产总值的比重从3.36%上升到4.43%，文化产业已经成为经济增长的新动能和新引擎，其中文化新业态占据重要地位。石家庄在城市更新过程中要重视并利用好文化新业态这一最活跃和最具成长性的力量，以文化"软实力"铸就拉动经济增长的"硬支撑"。

三 石家庄城市更新需要注意的问题

城市更新是一个复杂工程，涉及经济、社会、文化、生态等方面。一些城市认识到文旅融合赋能城市更新的重要性，但是在具体实践中出现了一些问题。本报告对这些问题进行总结剖析，从中吸取教训，强化风险意识，以防石家庄在城市更新中出现类似问题。

（一）老旧城区改造中，市集空间受到冲击，失去"人间烟火气"

市集不仅是城市商业空间，能够提供大量就业岗位，更是城市文化与城市记忆的重要载体，记录着城市的发展与变迁。然而，传统市集环境恶化、设施老化、活力下降等问题使其在城市更新中面临诸多风险挑战。

1. 市集空间受到冲击

一些城市在进行老旧城区改造时，认为传统市集影响市容市貌和城市秩序，直接取消了相关规划，制约了市集的良性发展，也让城市失去了"人间烟火气"。

2. 需求与现实错位

一些城市在进行市集改造的过程中过度注重"网红"效应，忽视了市集的本质。为了吸引眼球，使用了当下流行元素，把满足居民基本需求的民生小店全都升级为买手店、调香店等，导致"光有艺术没有了生活气息"。此外，缺乏对市集历史文化、原住居民的了解，只是简单地招商引资，既无创意也无文化，自然也没有人气，更谈不上经济效益。

（二）工业遗产改造中，再利用效果不佳，造成二次浪费

随着经济社会的快速发展，工业遗产保护更新成了许多城市在转型发展中所面临的重要课题。但一些城市在工业遗产改造中脱离自身特色，保护更新不当，导致二次浪费。

1. 缺乏文旅产业整体规划，改造项目单一化，无法形成产业集聚效应

一些城市在工业遗产改造中盲目追求"短平快"，项目单一且同质化严重，以游乐设施和餐饮小吃为主，缺乏标志性的机构和企业带动形成产业链，无法构建健全的产业生态，导致可持续发展后劲不足。

2. 管理低效，运营服务不到位，造成工业遗产二次浪费

一些城市将工业遗产改造为产业园区，但管理理念落后，主要靠收取房租来维持运转，对入驻企业的筛选和联动管理不到位，服务平台不健全，不能及时为企业提供多样化的服务。

（三）老旧街区改造中，缺乏对历史和传统的尊重，改造效果不佳

近年来，在城市改造的大潮中，不少具有地方特色的老街老巷摇身一变成为光鲜亮丽的商业街，这虽然在短期内刺激了当地的经济发展，可由于缺乏对历史和传统的尊重，景观雷同、业态混乱。

1. 多元主体参与，导致保护更新难以推进

在老旧街区改造中，政府、开发商、居民等多方利益主体存在冲突，居民对改造的需求多样化且难以统一，而开发商则追求利润最大化。此外，各

方难以形成有效的合作机制，导致项目推进缓慢。

2. 忽视基础设施更新，导致居民居住舒适度降低

老旧街区由于建成历史悠久，往往呈现人口密度大、复杂性强、公共设施落后等状况，且街区类型多样，社区结构和空间结构都较为复杂，需要从全盘角度介入进行改造。一些老旧街区基础设施不完善，导致改造时出现房屋下陷、结构不稳定等问题，严重影响居民的生活质量。

四 推动文旅融合赋能石家庄城市更新的对策建议

（一）注重文化传承性，打造复合型市集，让城市更新承载美好生活

市集作为城市生活的重要场所，一直以来都是城市更新的关键节点。石家庄在城市更新中要充分认识到市集在延续文化脉络、增强社区凝聚力和提升城市活力中的重要价值。

1. 建造舒适有序的空间，提升城市生活品质和市民幸福感

在市集改造中，坚持一切从居民实际需求出发，聚焦全龄友好，完善公共服务，让改造后的市集既符合老年人距离近、支付方便的意愿，又满足年轻人耗时短、体验佳的需求，从而形成结构合理的生活形态。此外，在保障商户利益的基础上，鼓励、支持商户不断加强产销衔接，在市集内投放"平价菜摊"，保证菜品种类和供应量，惠及更多消费人群，让大家的"菜篮子"越拎越舒心。

2. 兼顾空间再生和"内容"复兴，引入可持续发展的文旅新业态，建立从菜场到生活美学的生态链

借鉴英国伦敦和美国洛杉矶的市集改造经验，打造集购物、餐饮、零售、艺术展览和公共活动于一体的创意市集。灵活运用市集空间，部分区域可以被设计成能快速转换用途的多功能空间，以便举办各种规模的临时活动，提高空间利用率，为市集带来持续的吸引力。

打造社区"宝藏小站"。定期举办创意文化"快闪"、老字号产品展销

等活动,将市集变成社区活动中心,一方面营造浓厚的在地文化氛围,另一方面加强社区成员之间的情感联系。

3. 融入石家庄文化特色,打造文化展示和交流平台,打造主客共享的城市"新烟火"秀场

利用市集的内容创意生态、运营模式以及摊主的创造力吸引游客,建立充满活力的文旅经济圈。在市集展示石家庄的手工艺品、特色美食、非遗文化,加深游客对石家庄的了解,促进石家庄文旅产业的发展。在市集内部设置一处小型的共享表演舞台,不定期举办石家庄特色文化演出活动,让市民和游客在逛市集的同时能一饱眼福,感受在地文化。

(二)注重文化创新性,高水平保护改造利用工业遗产,让城市焕发新活力

石家庄拥有丰富的工业资源,留存了大量工业故事和工业遗产。活化利用工业遗产,提炼其中的工业文化标识,对培育石家庄文化新标识、滋养石家庄城市文脉、提升石家庄城市形象具有重要意义。在城市更新中,石家庄要注重文化创新性,以文化创意产业为引领探索城市更新的成功之路。

1. 坚持活化利用,保留工业建筑特色,延续地方"场所精神"

一要保留老厂房的建筑立面和生产设备,遵循"修旧如旧,旧房新用",对较为完好的建筑保留外在特色,对留存价值较低的建筑采取新旧融合的方式修缮,提升工业遗产的文旅价值,延续工业历史文脉。

二要合理规划,完善空间布局。打造工业博物馆,不断挖掘老旧厂房的历史资料,还原真实场景,注重游客体验,推动工业遗产和文旅产业的深度融合,以多元文化消费形态塑造立体城市空间;统一规划园区自然和人文环境要素,打造综合休闲娱乐公园;保护性开发老旧厂房,吸引中小文化创意企业入驻。

2. 聚焦文化和创意,建立文化创意产业集群,以文化之光打造城市新地标

一是发挥文化创意产业的引擎作用,构建起文化展演、品牌培育、对外推广"三位一体"的文化创意产业集群,在吐故纳新中促进城市经济、社

会多维度发展。

二是以人才创意集聚和品牌孵化打造石家庄文化创意产业旗舰基地。借鉴华山1914文化创意产业园建设经验，实行"一月模式"，在园区开设"品牌研创中心"，建立完整的企业培育体系，以一月为期发掘真正的文化创意品牌；通过沙龙、论坛、俱乐部等形式集聚创意人才，建立从品牌孵化到人才培养的完整平台。

三是以包容开放的态度打通石家庄文化对外传播的渠道。由工业遗产改造而成的文化创意园区要积极提供舞台，举办嘉年华、地方特色展、博览会等文化交流活动，打开石家庄对外交流的窗口，不断提升园区影响力和城市知名度。

3. 更新模式和理念，探索高效运营管理，为园区可持续发展保驾护航

创新园区管理机制和运营模式。变革园区管理者与企业的关系，引入新型管理模式，建立产业联盟，实现信息分享无边界。探索推动园区运营数字化，打造跨越地域的虚拟文化创意产业园，构建便捷快速的数字化交易平台，降低产业集聚成本，助力产业链整合，最大限度发挥文化创意优势。

（三）注重文化差异性，充分挖掘城市老旧街区特色，让城市更新充满文化自信

老旧街区代表着城市的过去，石家庄的老旧街区改造要强调文化差异性，以人民城市理念推进城市更新。

1. 全员参与，构建特色文化公共空间，打造舒适生活圈

在保留老旧街区的整体风貌和空间格局的基础上，引导和调动本地居民积极参与文化建设，有针对性地构建具有地方特色和文化价值的公共空间。在城市更新的过程中，进一步吸纳不同主体参与，推动达成共识。提高老旧街区的居住条件，留住老居民，延续老城小巷的生活氛围。

2. 针灸式"微更新"，完善配套基础设施，让老旧街区"旧貌换新颜"

下足"绣花"功夫，精细化提升"本土化"街区环境质量。对老旧街区及周边进行小尺度改造，充分挖掘街区潜力，将居民房前屋后闲置低效空

间精心改造成充满生机的入户花园。将石家庄传统元素巧妙融入，为老旧街区注入现代生机。营造亲近自然的城市绿洲，为市民提供一个休闲的公共空间。

3. 推动文旅深度融合，以文旅新场景、新业态打造文旅休闲消费集聚区

老旧街区是城市的"毛细血管"，富有地域特色的旅游休闲街区是展现城市魅力的重要文旅名片。一方面，做好街区历史文化的挖掘、传承与利用，激活文化基因，开放名人故居、传统书院、非遗工坊、民俗展馆等文化空间，盘活文化资源，让街区成为没有围墙的"活态博物馆"。另一方面，通过优化商圈业态、完善配套设施、规范管理运营等方式，推动传统商圈、历史街区和地方特色街区高端化、多元化发展，提升商圈发展水平，打造文旅休闲消费集聚区。

参考文献

何淼、宋伟轩、汪毅：《文化赋能城市更新的理论逻辑与现实路径——以南京老城南为例》，《自然资源学报》2025年第1期。

贺勇：《文旅产业赋能城市更新的佛山样本》，《佛山日报》2024年6月24日。

李凤亮、刘晓菲：《人文经济学视域下工业遗产转型的多维审视》，《江苏社会科学》2024年第5期。

宋洋洋：《文旅融合视角下旅游对城市更新的作用》，《旅游学刊》2024年第3期。

赵小茜：《文旅融合视角下城市历史文化街区保护与更新探析——以济南明府城百花洲片区为例》，硕士学位论文，桂林理工大学，2022年。

B.21
全域旅游时代河北省县域文旅产业发展研究
——以大名县为例

姚 佳 张让刚 贾会敏 张志国*

摘 要： 全域旅游是旅游业发展的高级阶段，具有全地域、全产业、全游客、全部门的特点。本报告分析了全域旅游的理论认知、内涵与特征、与旅游发展的关系、对县域经济发展的作用，借鉴苏州、崂山、婺源、增城等全域旅游发展典型案例经验，深入分析河北省文旅产业发展情况，并以大名县为案例，剖析其文旅产业发展存在的问题，提出统筹全域资源优化文旅产业空间格局、立足资源优势打造运河宋文化旅游带、整合相关行业推进"文旅+"融合发展等文旅产业发展路径。

关键词： 全域旅游 县域文旅产业 大名县

2016 年，习近平总书记在视察宁夏时指出，"发展全域旅游，路子是对的，要坚持走下去"[①]。2017 年国务院《政府工作报告》首提大力发展全域

---

* 姚佳，河北外国语学院副教授，主要研究方向为旅游经济、旅游文学；张让刚，江苏省宿迁市自然资源和规划局高级工程师，主要研究方向为城乡规划；贾会敏，河北外国语学院附属中学教师，主要研究方向为旅游地理；张志国，河北外国语学院高级工程师，主要研究方向为旅游规划、国土空间规划、历史文化遗产保护。

① 《宁夏回族自治区代主席咸辉：坚定不移朝全域旅游发展的路子走下去》，《中国旅游报》2016 年 9 月 8 日。

旅游。2018年国务院办公厅《关于促进全域旅游发展的指导意见》①提出"七个转变"要求，随后文化和旅游部发布《全域旅游示范区创建工作导则》等系列文件，并先后评选出168个国家全域旅游示范区，积极引导国家全域旅游示范区建设。

一 全域旅游的内涵和作用

全域旅游以系统思维统领旅游发展，是旅游发展模式的全面创新②，作为新的旅游发展方式和路径③，正逐渐成为县域文旅产业发展主引擎。

（一）全域旅游概念界定

1. 全域旅游的理论认知

全域旅游将旅游理念融入经济社会发展，是践行"两山"理念、推动文旅深度融合、促进旅游业全面转型升级的必然选择。全域旅游是一种全新理念，是对区域旅游发展的战略指引，是对传统旅游思维的系统创新，核心是由原来旅游部门主导的单一景区景点建设向全社会参与共享的全域性综合旅游目的地服务转变，实现全域整合、系统融合、品质提升、共享参与。全域旅游是一种全新模式，体现了"全地域皆景区、全时段优服务、全行业有参与、全民众能获利"，是对区域旅游资源的系统整合，具有创新驱动、产业融合、共建共享、关联带动作用。全域旅游是一种全新道路，是以旅游业为主导的社会经济高质量发展之路，强调资源系统整合、产业全面融合、社会共同参与、全域皆有发展。

2. 全域旅游的内涵与特征

全域旅游立足区域资源禀赋，着眼于"全"、落脚于"域"，强调全要素

---

① 《国务院办公厅〈关于促进全域旅游发展的指导意见〉》，中国政府网，2018年3月22日，https：//www.gov.cn/zhengce/zhengceku/2018-03/22/content_5276447.htm。
② 戴学锋、杨明月：《全域旅游带动旅游业高质量发展》，《旅游学刊》2022年第2期。
③ 黄震方、储少莹、张梦佳：《新时代全域旅游的理论认知及其高质量发展》，《中国名城》2022年第1期。

统筹、全过程服务、全方位供给、全产业融合、全社会共建、全市场共治①，系统统筹地域、产业、游客和部门，具有"四全"特点。

全地域：把区域视为完整旅游目的地，参照景区标准整体优化，提升区域环境品质，做到"处处是景观、处处可游憩"，实现全域景区化，基于地方旅游资源禀赋，优化整体布局，完善配套设施，保证居民和游客都能便利获得优质体验。

全产业：全域旅游以旅游业为核心引擎，充分发挥拉动、融合作用，通过产业资源融合催生新业态、创造新就业，如"旅游+农业""旅游+新型城镇化""旅游+新型工业化"等不断给传统产业注入新活力，"旅游+互联网"更是给旅游业带来翻天覆地的变化。

全游客②：传统旅游模式下旅游者和居民存在二元分治情况，居民只是旅游活动的"旁观者"。全域旅游注重树立全游客理念——游客是短暂停留的居民，居民是长期居住的游客。旅游发展成果全民共享，本地居民成为旅游"参与者"，获得旅游收益，进而增强对旅游活动的认同感，自觉维护旅游环境，成为全域旅游"带动者"。

全部门：全域旅游以旅游为平台带动区域发展，要求政府从全局出发推进区域资源整合，统筹调度行政管理部门，统筹产业发展和旅游管理，创新区域治理体系，完善综合管理体制，形成全部门"一盘棋"，共建"大旅游"局面。

3. 全域旅游发展趋势③

旅游方式转换：大众旅游时代，旅游成为常态化社会休闲方式，由观光游览向休闲度假升级。

旅游提质增效：从高速增长向高质量发展转变，适应旅游发展新需求，

---

① 边继云：《河北省打造全域全季旅游强省的发力点与推动举措》，载吕新斌主编《河北旅游发展报告（2024）》，社会科学文献出版社，2024。
② 马勇、李玺主编《旅游规划与开发》（第五版），高等教育出版社，2023。
③ 黄震方、储少莹、张梦佳：《新时代全域旅游的理论认知及其高质量发展》，《中国名城》2022年第1期。

立足本地资源，深化文旅融合，健全全域旅游现代化产业体系。

旅游动力转换：从投资拉动向创新驱动转换，适应消费需求新变化，依托市场引领，积极调整政策、完善供给、优化管理，完善相关体制机制，促进全域旅游高质量发展。

旅游效益提升：从唯经济效益向综合效益最优转变，以人民为中心，以环境为根基，聚焦高品质生活，共享旅游收益，提升全民参与全域旅游积极性，实现旅游经济、社会、生态等综合效益最大化。

（二）全域旅游与旅游发展

全域旅游是旅游发展的高级阶段，是对旅游本质的自然回归，强调全域皆景、全时可游、全民共享，满足游客对旅游目的地的全面需求[1]。当前，散客化出游导致旅游空间行为出现明显的全域化特征，催生旅游供给服务全域化，旅游目的地的竞争也由单纯的景点竞争转向综合竞争[2]。

纵览全域旅游发展过程，大体上可分三个阶段[3]：第一阶段（2011～2015年）为萌芽阶段，2013年形成"全域旅游"完整概念；第二阶段（2016～2017年）为示范推进阶段，推动开展国家全域旅游示范区建设。第三阶段（2018年至今）为迅猛增长阶段，全域旅游发展模式随市场需求的变化而不断创新。

（三）全域旅游对县域经济发展的作用

1. 全域旅游是推进乡村振兴的重要抓手

全域旅游充分发掘乡村价值，按照景区标准建设美丽乡村，完善配套设施，使乡村美学观赏价值转变为实实在在的旅游经济价值，成为推进乡村振

---

[1] 戴学锋、杨明月：《全域旅游带动旅游业高质量发展》，《旅游学刊》2022年第2期。
[2] 罗文斌：《全域旅游的发展背景、本质特征和价值目标是什么》，《中国旅游报》2016年9月13日。
[3] 张熙晨、徐安东、成海：《我国全域旅游研究现状与趋势——基于Cite Space可视化分析》，《绿色科技》2023年第17期。

兴的重要抓手。

2.全域旅游为传统旅游资源欠丰富地区找到经济发展新出路

顺应大众旅游时代规模化需求而生的全域旅游，把绿水青山、地域文化等本底要素作为旅游资源进行开发建设，为缺乏传统旅游资源的地区提供了发展旅游业的可能。

3.全域旅游开辟实现共同富裕的新路径

传统旅游发展红利仅限于涉旅企业及部分群体。全域旅游强调全民参与，把建设重点放在景区之外，大力加强生态环境建设、基础设施建设，全面提升区域公共服务水平，优化人居环境，彰显乡村价值，惠及普通大众。同时，全域旅游主张旅游红利共享，通过各种形式带动全域居民参与旅游活动，实现经济效益、社会效益和生态效益的统一。

二 全域旅游发展典型案例

（一）苏州模式——"城区即景区，旅游即生活"

苏州以全域思维构建旅游发展新格局，做活全域旅游发展大文章[1]，积极盘活旅游资源，推动产业发展，共享旅游成果，实现文旅融合、城乡融合、产城融合、多业融合。

苏州秉承"城区即景区，旅游即生活"理念，立足资源活化利用，致力于推动文化传承，将城市记忆、生活场景、文化片段、街巷空间融为一体，在有风景的地方植入新经济，形成城乡一体、文旅融合、主客共享的全域旅游发展格局，让城市文脉"可感受""可阅读"，让城市生活"可触摸""可融入"[2]。深入推进旅游配套设施建设，重点整治街巷河道环境，改

---

[1]《以全域思维做活全域旅游发展大文章》，文化和旅游部网站，2020年7月10日，https://www.mct.gov.cn/whzx/qgwhxxlb/js/202007/t20200710_873460.htm。

[2]《姑苏区打造"文化高地""旅游胜地"和全域旅游"大景区"，以创新思路推进文旅融合》，姑苏区人民政府网站，2022年11月3日，https://www.gusu.gov.cn/gsq/zwyw/202211/0784f9670fc84db3a191b1ba94cf28a3.shtml。

造提升旅游厕所，打造全域旅游核心区。整合古城传统优势资源，引入时尚潮流元素，打造多业态融合的新旅游吸引物，有效提升游客满意度。

（二）崂山模式——"全民皆从旅，人人皆是旅"

山东省青岛市崂山区是首批国家全域旅游示范区，积极构建"景城乡一体、山海空联动"全域旅游立体格局，充分盘活山峦、茶园、村落、沙滩、渔港等资源，拓展全域旅游版图①。

崂山区以全域旅游理念建设城市休闲空间，以国家级旅游景区标准开展环境综合整治，完善城市基础设施，补齐留客要素短板；重构乡村产业布局，通过乡旅融合，将景区景点周边村民生产生活方式全面融入旅游业发展，实现"全民皆从旅，人人皆是旅"；积极推动观光旅游向休闲度假转变，实施"上山下海"战略，推动空间融合；启动精品项目建设，推进文旅融合；健全旅游综合监管机制，建设"区—街—村"三级旅游咨询服务体系，打造国内首个短号全域旅游热线，已形成全区覆盖、全业态布局、全产业辐射带动的格局。

（三）婺源模式——"旅游+"赋能最美乡村

婺源县紧抓全域旅游发展，推动文旅、生态融合，把生态优势和自然美景转化为绿色发展动能，探索出"旅游+"乡村度假休闲模式②。婺源县以打造"中国最美乡村"为目标，以高等级景点为"红花"，以具有不同特色的美丽乡村为"绿叶"，以"梦里老家古村游""山水奇观生态游""古洞古建古风游"3条旅游精品线路为支撑，系统推动文旅融合发展。凭借传统民俗活动集聚人气，依托田园发展创意旅游，利用"开心农场""趣味农庄"等项目提升游客参与感。

---

① 《全域旅游的"崂山路径"》，文化和旅游部网站，2019年11月14日，https://www.mct.gov.cn/whzx/qgwhxxlb/sd/201911/t20191114_848880.htm。
② 《江西婺源：全域旅游绿色发展》，文化和旅游部网站，2021年1月5日，https://www.mct.gov.cn/whzx/qgwhxxlb/jx/202101/t20210105_920473.htm。

（四）增城模式——借助互联网发展"直播+旅游"

广州市增城区采取"直播+旅游"模式，以文赋能、以旅促商、以体兴城，推进全域旅游新业态蓬勃发展[①]。旅游直播具有实时互动、场景化等特征，传播效应明显，可同时串联酒店、餐饮、购物等产业，形成完整旅游产业链。地方旅游部门赋能直播平台，为游客提供增值服务，刺激游客旅游欲望。

三 河北省文旅产业发展概况

（一）河北省文旅产业发展现状

河北作为文旅资源大省，截至2023年拥有5A级旅游景区12家、世界文化遗产4项、全国重点文物保护单位291处、国家级非遗163项。2023年，河北省接待国内游客8.44亿人次，同比增长154.4%；旅游总收入10116.2亿元，同比增长236.2%[②]。

河北致力于建设全域全季旅游强省，坚持政策推动、活动拉动、品质带动、项目驱动、宣传撬动，积极培育新产品、新模式、新业态。充分发挥旅游资源优势，扎实推进京张体育文化旅游带、大运河文化旅游带建设，大力发展乡村旅游、生态旅游、冰雪旅游、红色旅游、康养旅游，推进文化和旅游深度融合发展。此外，河北致力于打造周末休闲省，2024年接待京津游客1.41亿人次，占全省游客总量的15.1%[③]，聚焦京津及周边省份重点客

[①] 任欣鹭、李芸芸：《"直播+旅游"背景下增城区全域旅游新业态发展模式研究》，《西部旅游》2024年第5期。

[②] 《河北省2023年国民经济和社会发展统计公报》，河北省人民政府网站，2024年3月6日，https://www.hebei.gov.cn/columns/3bbf017c-0e27-4cac-88c0-c5cac90ecd73/202403/06/c5cd8698-2ec9-40d5-9a4b-5f4128266b0d.html。

[③] 《瞄准京津游客与重点旅行商 河北文旅赴京推介双渠道"引客入冀"》，河北省人民政府网站，2025年5月2日，https://www.hebei.gov.cn/columns/580d0301-2e0b-4152-9dd1-7d7f4e0f4980/202505/02/1ef74171-41dc-4e36-a283-70473a7f4620.html。

源市场,发挥"近"的优势,做足"美"的文章,开发自然深呼吸、海滨欢乐颂、乡村微度假、古城烟火浓、历史可阅读、红色忆峥嵘、冬奥雪上飞、温泉时光停、工业朋克秀、长城万壑风"十大周末游场景",打造精品住宿、特色美食、国潮沉浸、户外运动和艺术节会五大文旅消费业态,"这么近,那么美,周末到河北"成为新时尚。

(二)河北省文旅产业发展趋势

河北省积极应对外部环境变化和消费需求迭代,注重文旅品牌打造,产品设计走向精品化、特色化、个性化,迈向"云文旅"时代[1],"互联网+全域旅游"带动数字化、虚拟化、智能化加速推进,新业态、新形态、新技术、新场景不断涌现。通过对消费者进行精准画像,实现产品与服务精准供给。此外,河北县域文旅产业具有较强的地域性和综合性,与区位条件、资源禀赋、地域文化息息相关。立足本地优势实施差异化发展、复合型发展,持续更新文旅产品,以满足多元化的市场需求。

(三)大名县案例

1. 大名县典型特征分析

(1)产业特征:河北东部平原区农业县的典型代表。

(2)区域特征:冀鲁豫三省接合部,区域文化旅游中心,旅游型园林城市,是京津冀协同发展向山东经济区、中原经济区辐射的"桥头堡"[2]。

(3)历史文化特征:历史底蕴厚重,历史文化遗迹众多。河北省级历史文化名城,拥有198处文物保护单位和195项非物质文化遗产,具有以运河文化和宋文化为核心的九大文化脉系[3]。

(4)政策支持:打造全国文化旅游名城,提出"一环、三区、十大重

---

[1] 徐望:《常态化疫情防控下文旅产业演进策略》,《中国国情国力》2021年第4期。
[2] 资料来源:《大名县国民经济和社会发展第十四个五年规划和二〇三五年远景目标纲要》。
[3] 《浅议大名县全域旅游》,搜狐网,2018年8月14日,https://www.sohu.com/a/247049653_380435。

点项目"①，政策扶持力度不断加大。

2. 大名县文旅产业发展存在的问题

一是资源利用不足。文化方面，有历史但缺少利用传承；旅游方面，有资源但缺少拳头产品；设施方面，有相关设施但不尽完善，资源深度开发难度大。

二是本地特色资源挖掘不足，旅游资源开发水平不高，产品低端。创新意识不足，技术含量偏低，对目标市场的把握和文化主题的塑造不到位。现有旅游产品多属于传统观光型，专项参与型旅游产品和度假型旅游产品很少。

三是产品营销缺乏市场意识，理念滞后、渠道单一。不能积极主动适应市场变化，尚未树立由市场需求决定产品供给的现代营销理念，尚未认识到现代化服务是旅游发展的基础。旅游发展停留在以资源为卖点的初级阶段，依靠资源开发产品，根据产品寻找客源，旅游服务质量不高，现代化媒体运用不足，旅游服务功能尚有欠缺，综合服务功能滞后。

四 全域旅游时代大名县文旅产业发展路径

（一）做优做精做透做全文旅产业

深入挖掘大名县旅游资源文化内涵，通过科技赋能、文创引领，实现旅游与文化相结合、与多种产业相结合、与乡村振兴相结合，提升大名县文旅形象。以全域旅游为统领，以大运河为纽带，以宋府明城为核心，做优做精做透做全文旅产业。

1. 做优：统筹全域资源优化文旅产业空间格局

以全域旅游为契机，结合大名县旅游资源、人文资源及农业资源，通过

---

① 一环：大运河文化休闲旅游环线。三区：中部文化体验区、北部现代农业区、南部生态休闲区。十大重点项目：大名府故城国家考古遗址公园、大名府明清古城、大名宋府旅游度假区、艾家口古镇、金滩不夜水镇、龙王庙古镇、回乡小镇、丽君小镇、大名小磨香油产业园、长生果田园综合体。

创意开发实现生态、休闲、文旅等产业的融合，实现大名县文旅资源活化更新。以区域观统领全域旅游发展，树立自身特色文化地位，在景区景点建设、交通互联互通、信息共建共享等方面协作发展。依托大运河文化旅游带建设，与周边城镇实现优势互补，串联运河上下游区域旅游项目。

开发水上和陆上两种文旅观光线路，串联主要历史文化资源。水上文旅观光线路以大运河为主线，串联大运河景区、大名府故城、艾家口古镇、金滩古镇等景点。陆上文旅观光线路为"大名府故城—明清大名府城—历史文化街区—大名新城"。

通过龙头产品引领、市场营销推广、运营品牌突围、产业融合发展、全域旅游发展，优化"一环、三区、十大重点项目"，形成全域旅游"多点开花、多点支撑"战略布局。逐步打造产景城相依、文旅相融、农旅相生的中国大名府文化休闲名城。

2. 做精：立足资源优势打造运河宋文化旅游带

依托大运河文化旅游带建设，围绕"宋府明城 运河古都"品牌，构建"一带、两城"格局。

一带：串珠成线，以点带面，建设大运河文化旅游产业带。在大运河沿线划分保护区和开发区，在保护的前提下开发，培育沿线旅游项目。整合两岸的风光，挖掘文化资源，建设码头、绿道、房车营地、风情公园、休闲农庄、健身娱乐中心等，构建水陆空一体游线。水上游线恢复行船功能，打造水上运河观赏项目，举办实景演出、灯光水秀等活动，让游客感受运河魅力。陆上游线打造滨河景观步道，设置骑行绿道、花间游道等。空中游线开展热气球、滑翔伞等娱乐活动，发展低空经济，让游客拥有"千里运河尽收眼底"的体验。

两城：大名府故城国家考古遗址公园和大名府明清古城文化旅游区。大名府故城是全域旅游关键节点，要严格保护故城遗址本体及整体格局，通过现代科技手段生动地向游客展示故城历史，以宋文化为核心，展示宋代皇家文化、宋代都市民俗风情等。大名府明清古城展示利用既要遵循其历史风貌，又要根据现代人需求适当改造与更新，以再现古城风貌和古城生活气息

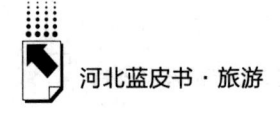

为出发点，恢复大名府衙、冀鲁豫三省总督府等衙署历史展示载体，建设环城墙景观步道，不断充实古城旅游文化内涵。

3. 做透：整合相关行业推进"文旅+"融合发展

充分利用文旅产业关联度高、带动力强、覆盖面广的特点，以"文旅+"为抓手，做好产业融合文章，整合相关产业，创新产业链条，推动大名县文旅产业提质增效。以"运河文化"及"宋府明城"为核心，重点开发大名文旅产业园区，同时引入研学体验、乡村休闲、游乐公园等文旅模式。

"文旅+农业"是发展全域旅游的重要途径，是实现乡村振兴的重要手段。深入发掘农业的经济、文化、生态、社会等价值，大力发展具备旅游功能的景观农业、教育农业等，将现代科技与传统农耕相结合，积极推动农业旅游品牌建设，策划开发"乡村旅游必购商品"，打造休闲农业精品旅游线路。加快培育乡村旅游产品，培育一批集运河文化、水浒文化和山水田园风光于一体的最美休闲乡村，打造大名县乡村旅游品牌。结合传统文化和地域特色，积极培育特色鲜明、美丽宜居、休闲宜游的农业特色小镇。引导农业企业和农业园区由单一的生产功能向产品生产、技术展示、科技教育、休闲观光、生态保护等复合功能拓展。

4. 做全：适应市场需求建立健全服务保障体系

构建完善旅游集散服务体系，优化旅游交通，整体提升大名县旅游服务支撑能力。提升县域道路沿线环境风貌，完善旅游交通服务体系。建设道路交通引导标识系统，完善景区内部旅游标识，顺应数字化、智能化、网络化发展趋势，推进文旅与科技融合发展，构建智慧旅游服务体系。以市场为导向，规范旅游餐饮管理，发展星级酒店，开展文旅活动，完善旅游业态服务体系。

（二）大名县文旅产业园区建设构想

1. 发展策略

落实全域旅游发展策略，实施文旅产业创新工程，打造近距离感受和体验宋文化的文旅产业园区。从全域旅游角度统筹县域资源开发，建设复合型产业平台。依托大运河和宋城遗址，打造大名县多元文化沉浸式体验园区、冀南乡村振兴产业融合发展标杆地、冀鲁豫三省接合部文化旅游中心地。以特色文化丰富旅游内涵,推动文化品牌转化为旅游品牌。弘扬优秀传统文化,加强非物质文化遗产保护。

2. 整体布局

以文化 IP 为引领,构建产业融合发展示范园,集中展示大名县文化精髓。结合国土空间规划,选址于邻近大运河及大名府故城的交通便捷区域,用地规模拟定 500 亩(可结合乡村振兴产业用地),谋划文创服务区、自然风光区、文艺汇演区、农工体验区、特色美食区和童趣游乐区 6 个主要功能区。以大名县地域特色产品为依托,以文旅休闲为抓手,形成农旅复合产业链。积极做好营销活动,以线上"引流"带动线下经营,加强线上线下互动,推动园区可持续发展。

3. 分区简介

文创服务区:整合资源,打造丰富多样的文创产品,让沉淀千年的文化变成新的消费时尚,促进大名县文创产品、文娱服务等与旅游业融合发展。

自然风光区:再现大名县"八大胜景"[①],提升园区可观赏性。

文艺汇演区:依托大名县特色文化,打造沉浸式参与场景,建设有品位、有人文的影视基地、名人故居等。对于表演类非物质文化遗产(戏剧、曲艺等),可结合旅游景点广场、舞台、茶室等进行表演。

农工体验区:与周边美丽乡村相结合,开展研学体验、生态教育等主题活动。

特色美食区:让游客在此区尝遍大名县美食。除了注重食品品质、强调色香味之外,更加突出大名县美食的历史文化,建设有内涵的美食文化街。

童趣游乐区:结合大名县历史典故、名人轶事,建设陪伴式儿童成长天地,紧扣亲子游主题。

---

① 大名县"八大胜景":白水清风、卫水归帆、悭山古堠、谯楼暮鼓、古刹晨钟、凌角烟霞、莲池淫雨、穆堤晓月。

B.22
凤凰涅槃：唐山灾后重建、新城市景观与黑色旅游[*]

张祖群 李潘一 胡雨薇 周晓彤[**]

摘　要： 地震遗址的价值是多层面的，构成新型艺术空间与城市景观。地震遗址的保留、修复和再利用是开展黑色旅游的必经之路。本报告运用案例研究法，以唐山地震遗址纪念公园、河北矿冶学院图书馆楼和唐山十中地表错动3处地震遗址为例，剖析其保护与利用情况；从空间要素、空间布局、文化符号角度进行唐山地震遗址的艺术审美与价值阐释，从"灾后记忆"塑造、地震遗产价值认知、城市新景观塑造、城市精神展现4个方面进行唐山地震遗址的价值诠释。本报告提出唐山地震遗址开展黑色旅游的3种途径，包括深化黑色旅游价值认知、开发抗灾救灾主题影视旅游、加强"抗震重生"主题旅游纪念品研发。

---

[*] 本报告系北京市社会科学基金规划项目"北京古都艺术空间因子挖掘与遗产保护"（21YTB020）、中国高等教育学会"2022年度高等教育科学研究规划课题"重点项目"基于文化遗产的通识教育'双向'实施途径"（22SZJY0214）、教育部学位与研究生教育发展中心2023年度主题案例"中华优秀传统文化的文化基因识别与文创设计"（ZT-231000717）、工业和信息化部2024年软课题"统筹推进新型工业化和新型城镇化的路径和机制研究"（GXZK2024-01）、北京理工大学2024年"研究生教育培养综合改革"课程建设专项教学案例"从公约认知到文明互鉴——文化遗产创新设计案例"、2024年校级教育教学改革重点项目"基于遗产公约与文明互鉴的设计学类本科专业综合素养提升研究"（2024CGJG017）、2024年校级研究生教育培养综合改革一般项目（教研教改面上项目）"设计学（文化遗产与创新设计）硕士创新培养模式：融通专业学习与领军价值引领"的研究成果。

[**] 张祖群，北京理工大学设计与艺术学院文化遗产系高级工程师、硕士生导师，主要研究方向为文化遗产与艺术设计、文化旅游等；李潘一，北京理工大学设计与艺术学院2023级硕士研究生，主要研究方向为文化遗产与艺术设计；胡雨薇，北京理工大学设计与艺术学院文化遗产系2024级硕士研究生，主要研究方向为文化遗产与艺术设计；周晓彤，北京理工大学设计与艺术学院研究人员，主要研究方向为视觉传达设计与文旅。3名学生对本报告学术贡献一样，为并列第二作者。郭晶瑛处理相关图片，特此致谢。

关键词： 新城市景观 黑色旅游 唐山

一 唐山地震遗址研究背景

（一）唐山地震遗址背景

1976年7月28日凌晨3时，河北唐山遭受里氏7.8级特大地震，造成24万人死亡、16.4万人重伤。唐山市区建筑全部沦为废墟，城市生命线系统几乎瘫痪。震后，党中央对唐山进行重建规划，40多年的飞速发展让全世界见证这座城市如凤凰般涅槃重生。

1985年，经国务院批准，唐山共遴选7处地震遗址永久保存，包括唐山机车车辆厂铸钢车间、河北矿冶学院图书馆楼、唐山十中地表错动、唐山钢铁公司俱乐部、唐山陶瓷厂办公楼、唐柏路食品公司仓库、吉祥路树行错动，成为记录特大地震灾害的实物档案和弘扬伟大唐山抗震文化的典型例证①。经过岁月变迁，原有的7处地震遗址仅剩5处并且损毁现象较为严重。2006年4月，唐山机车车辆厂地震遗迹、原唐山十中俱乐部地震遗迹、原河北矿冶学院图书馆楼地震遗迹以"唐山大地震遗址"名称入选国务院第六批全国重点文物保护单位。近年来，唐山市政府结合城市建设实际，决定保留地震遗迹、遗址与抗震纪念物10处，分为地震断裂遗迹、建筑抗震遗址、记录与缅怀唐山大地震景观三类（见表1）。

表1 唐山地震遗迹、遗址与抗震纪念物

类型	地点	简介
地震断裂遗迹	原唐山市第十中学	院内错位的房基、小路、树行、地下排水管
	吉祥路	一段树行的震时错动
	唐山生产资料公司院内场地	震时房基、树行发生错动

---

① 袁素娟等：《唐山地震遗址档案资源的保护与利用研究》，《黑龙江科技信息》2013年第8期。

续表

类型	地点	简介
建筑抗震遗址	达谢庄原第一小学一幢三层楼房	震时虽有破坏,但未倒塌
	河北矿冶学院图书馆楼	西阅览厅由北向南倒塌,第一层书库粉碎,基本完整保留地震的原貌
	原唐山地区交通局的一幢办公楼	震时虽有破坏,但未倒塌
	唐山机车车辆厂铸钢车间	保存了烟囱、电杆、部分厂房
	利民桥	桥梁震时移动,桥墩倾斜
记录与缅怀唐山大地震景观	唐山抗震纪念碑	由4根相互独立的梯形变截面钢筋混凝土碑柱组成,上面镌刻中英文碑文,展现唐山人民百折不挠的抗震精神
	唐山地震遗址纪念公园	以原唐山机车车辆厂铁轨为纵轴,以纪念大道为横轴,设立地震遗址区、纪念水区、纪念林区、纪念广场等分区,体现唐山人民不屈不挠的抗震精神

资料来源:笔者根据调研资料自制。

地震遗址的价值应如何被诠释、如何与时代环境共生是唐山面临的重要问题。本报告通过对国内地震遗址研究领域相关文献进行研究,深入分析唐山地震遗址现状,从环境艺术、文化遗产创新设计角度探讨地震遗址类纪念性空间的未来发展趋势;以探讨唐山地震遗址的价值与环境艺术设计为总目标,构建新城市景观与黑色旅游重要载体。

(二)唐山地震遗址研究

1.文献来源

选取中国知网(CNKI)数据库作为文献来源,以"唐山地震遗址"和"唐山地震遗址价值"作为主题进行检索,时间截至2024年12月24日,搜索到18篇文献。当检索主题为"唐山地震遗址"时,搜索到62篇文献。本报告从文献年度分析、研究层次分析、关键词分析3个视角可视化呈现唐山地震遗址的研究情况。

2. 文献分析

（1）文献年度分析

20世纪80年代末，我国学者开始进行唐山地震遗址的相关研究，进入21世纪以后，越来越多学者关注唐山地震遗址的价值，并进行地震遗迹景观规划设计。从文献年度看，国内学者对于唐山地震遗址的研究整体呈波动态势，基本每年都有相关学术研究成果产出，2016年发表数量较多，可能和纪念唐山大地震40周年有关。

（2）研究层次分析

文章研究层次可以在一定程度上反映唐山地震遗址研究的开展情况与学术影响力。检索到的62篇文献根据研究层次可分为自然科学类和社会科学类。从物理、力学、材料、化工、地质等工程技术角度探讨唐山地震遗址，结合国家政策引导，可以为唐山地震遗址规划设计与综合应用提供重要参考。

（3）关键词分析

对62篇文献进行关键词分析，发现地震遗址、地震文化旅游产品、风景园林、规划设计4个关键词出现频率较高。研究较为注重地震遗址如何构成文化景观，但缺乏对地震遗址综合利用、黑色旅游发展等的深入探讨。

二 三处典型地震遗址保护与利用情况

（一）唐山地震遗址纪念公园

1. 保护现状

唐山地震遗址纪念公园保存了包括原唐山机车车辆厂铸钢车间在内的多处地震遗址，具有重要的科学研究价值与历史纪念意义（见图1）。整个公园包括纪念墙、纪念林、纪念广场、纪念水池和主题雕塑等纪念设施，总占地面积约为40万平方米。公园被命名为"全国爱国主义教育示范基地"和"国家防震减灾科普教育示范基地"。

图1　唐山地震遗址纪念公园

资料来源：笔者自摄。

2. 利用情况

唐山地震遗址纪念公园于2008年建成，以"对自然表达敬畏、对生命表达关爱、对科学进行探索、对历史产生缅怀"[①]为主题。2009年10月，在公园内建立唐山地震博物馆，并于2011年向公众开放，该博物馆是目前国内规模最大的以地震为主题的综合展览馆[②]。通过设计符号学在地震纪念性景观中的应用，有效唤起参观游览者的记忆，触动他们的情感，并增强游客对环境空间的理解。公园对地震遗址进行现代语境的价值诠释，强调现代民众与遗址重建环境的融合，不断完善设施和服务，以满足游客的需求。唐山地震遗址纪念公园的开发利用集科研、教育、旅游于一体，具有丰富的科学内涵[③]。该公园为城市留下真实历史档案，是城市历史记忆的一部分，满

[①] 刘建平、李月芬：《唐山地震旅游开发新探》，《湖南财经高等专科学校学报》2010年第2期。
[②] 张元芳、任栋、陈珊：《海原地震遗迹（宁夏段）保护现状及保护方式讨论》，《地震工程学报》2020年第5期。
[③] 袁素娟等：《唐山地震遗址现状分析与思考》，《城市与减灾》2013年第4期。

足人们对地震伤痛的纪念、回忆与哀悼等心理需求，增强公众的地震危机意识与主动防范意识，同时可作为紧急避难场所[①]。

（二）河北矿冶学院图书馆楼

1. 保护现状

河北矿冶学院图书馆楼地震遗址位于今华北理工大学校园内部，为半封闭式半开放式空间（见图2）。南部设有小型纪念碑和地震科普宣传栏，东部毗邻广场，形成了一个适合纪念地震和进行休闲活动的环境。

图 2　河北矿冶学院图书馆楼地震遗址

资料来源：笔者自摄。

2. 利用情况

该遗址建筑结构的破坏形态非常典型，成为一处较具科学研究价值的自然灾害遗址。由于年代久远，残存建筑稳定性受到影响，2006年唐山市地震局对该遗址进行维护和改造[②]，对残存建筑进行加固和修缮，使之延长寿命。该遗址是进行爱国主义教育、科普教育和科学研究的重要基地[③]。遗址

[①] 黄晓倩：《地震遗址公园设计浅析》，《山东林业科技》2010年第5期。
[②] 陈龙、霍怡、阎琴：《唐山市地震遗址的生态保护与利用方法研究》，《山西建筑》2008年第3期。
[③] 陈冬梅、李亚君：《图书馆地震遗址及其学术研究价值——兼及几点启示》，《农业图书情报学刊》2010年第2期。

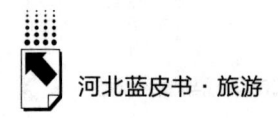

的保护和利用,不仅为城市增添了一处具有教育意义的新景观,也为城市居民提供了一个了解历史、学习科学、缅怀先烈的场所。

(三)唐山十中地表错动

1. 保护现状

唐山十中地表错动占地面积为6364平方米,是自然灾害的物象见证。唐山市地震局每年投入30万元用于该遗址的修缮与日常维护。

2. 利用情况

该遗址的破坏特征可以作为研究地表和地下公共设施抗震设计的重要参考[1]。此外,该遗址为公众提供了学习教育空间,加深了公众对地震的认识。该遗址是唐山市中小学生地震科普教育基地,每年各个学校都组织学生到此参观学习。

三 唐山地震遗址的艺术审美与价值诠释

(一)唐山地震遗址纪念公园的艺术审美

1. 空间要素

唐山地震遗址纪念公园的空间要素分为自然和人文两种。自然要素包括水体、石头、光影、植物等。首先,在公园纪念广场西侧有一片开阔水域,水面犹如明镜,一段被地震扭曲的铁轨平铺在上,形成视觉冲击。其次,728块石头散落在水面上,每块石头都代表着唐山人民刚毅坚强的品质。再次,在唐山地震遗址纪念公园中,光影主要体现为阴影和反射,黑色花岗岩纪念墙让人感受到严肃与凝重。最后,纪念墙后面种植了许多杨树,代表着唐山人民坚强不屈的抗震精神。

2. 空间布局

"纪念之路"和400米的纪念墙贯穿南北,将公园分为地震遗址区、纪念广场、纪念林区、纪念水区4部分。这种划分不仅体现了对地震遗址的尊重，也为参观者提供了不同的空间体验。从空间布局来看，空间简洁庄重，公共设施体现以人为本，凸显地震遗址主题；纪念墙与前景水体协调一致，二者在不同环境下给人以不同的感受①。

3. 文化符号

唐山地震遗址纪念公园在设计上体现了地震文化给人们带来的符号意义，时刻体现着生者对逝者的纪念。首先，公园采用点、线、面相结合的艺术设计形式，打造多样化纪念空间。"点"体现为水面中零散分布的石头；"线"体现为水面中心的铁轨，构成整个公园的纵向轴线；"面"体现为平静水面，映照历史与现在②。其次，纪念墙的设计富有深刻的数字符号意义，展现对历史的敬畏。纪念墙高7.28米，代表地震发生日期（7月28日）；墙体距离水面19.76米，代表地震发生年份（1976年）。诸多数字象征逝者与生者的时间和空间距离，使人永远记住1976年7月28日那一刻。再次，使用黑白相间的大理石和黑色花岗岩，营造一种庄严氛围。最后，大地、水池与天空相互映衬，象征着生与死的对话。

（二）唐山地震遗址的价值诠释

1. 地震文化遗产与"灾后记忆"塑造

《保护世界文化和自然遗产公约》明确提出古迹、建筑群和遗址在历史、审美、人类学方面具有突出价值。唐山地震遗址作为一种特殊地质灾害遗存，承载着丰富的文化和社会意义。地震遗址作为一种特殊类型的文化遗产，对其进行科学合理的价值诠释是"灾后记忆"塑造与新城市景观呈现的基础。唐山地震遗址所呈现的地震受灾、抗灾历史场景，使灾害的伤痛成为集体记忆的一部分。这份集体记忆随着时间的流逝凝聚成"英雄唐山、凤凰涅槃"精神的象征符号，增强了社会文化认同，展现了唐山人民在灾

---

① 陈冬梅、李亚君：《图书馆地震遗址及其学术研究价值——兼及几点启示》，《农业图书情报学刊》2010年第2期。

② 郝卫国：《受灾记忆的传承——唐山地震遗址纪念公园规划建设刍议》，《中国园林》2009年第12期。

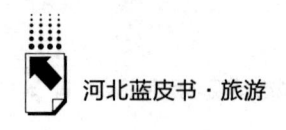

难面前坚韧不拔、永不折服的伟大品质。

2. 文物保护法与地震遗产价值认知

《中华人民共和国文物保护法》（2024年修订版）强调"加强文物价值挖掘阐释"，推动文物"活起来"。地震遗址作为记录特殊自然与历史事件的不可移动文物，具备重大历史、艺术、科学价值。唐山地震遗址保留着震时原貌，供科学研究和教育使用，体现了重要科学价值、社会价值。唐山人民在地震后所展现的百折不挠、患难与共的精神，体现了灾难中的人性光辉和社会凝聚力，为全国人民乃至全人类社会传递团结进步、众志成城的力量。

3. 地震遗址融入城市建设形成新景观

唐山地震遗址保留得较为完整，具有较高的科学研究价值。唐山地震遗址将自然与文化、历史与现实紧密联系，增强了新城市景观纪念性空间的氛围感，有助于社会从中汲取力量、进行文化传承，增强社会的风险意识和凝聚力。这样的新城市景观不仅保留了城市历史，也为城市提供了新公共空间，为城市营造了浓厚的文化氛围。

4. 抗震救灾重建与唐山城市精神展现

唐山地震遗址体现的伟大精神是中华优秀传统文化的重要组成部分，是英雄唐山的物质和符号表现形式[①]。在震后的救援和重建过程中，唐山人民的坚强意志和高尚品质得到充分体现。这种由地震塑造的独特文化，不仅丰富了唐山的地方特色文化，而且为社会发展注入强大的正能量。唐山地震遗址作为唐山城市文化的历史沉淀和传承载体，是展示唐山抗震精神的窗口，具有无可比拟的教育和启示意义。

四 唐山地震遗址开展黑色旅游的途径

（一）深化黑色旅游价值认知

唐山地震遗址经过40多年洗礼，不以人主观、意识而改变，与城市建

---

① 付颖：《唐山地震文博事业的发展及其社会价值》，《东方企业文化》2013年第17期。

设融为一体，构成新城市景观。遗址废墟铭刻着历史伤痕，残缺的墙体、屹立不倒的支架展示了残缺美的魅力，这是灾后景观呈现的艺术力量，这种艺术是真实的，具有美学价值。1996年，列农和弗勒首次引入了包括地震遗址在内的"黑色旅游"概念。以自然或人为灾难为中心的特殊事件（如地震、战争、恐怖袭击等）对人类产生长远影响，对此类特殊事件与遗址的探索、缅怀、纪念等构成一种特殊的旅游体验活动[1]。经过时间与空间的双向沉淀，唐山地震遗址的价值在各个方面体现。科学合理的价值诠释是将地震遗址视为文化遗产的基础。博物馆、纪念馆、遗址公园、纪念物共同作用，实现纪念追忆、治愈创伤、教育警示与旅游观光功能[2]。唐山地震遗址以一种特殊的形式散发着历史韵味，它的价值无处不在。未来，建议加强对地震遗址保护方法的研究，结合唐山地震遗址的实际情况，探索灾害类遗产价值研究的系统性方法和灾后重建融合新城市景观的实施方案。

（二）开发抗灾救灾主题影视旅游

影视旅游是以影视全流程与事件为吸引物的特定旅游活动[3]。以唐山地震为题材的影视作品十分丰富，如电视剧《唐山绝恋》、电影《唐山大地震》以及网络电影《大地震》等，这些作品都以视觉艺术的形式讴歌了英雄城市和英雄人民，大大提高了唐山的知名度。可以利用影视作品吸引观众实地参观、深度体验。以影视作品中的唐山作为旅游吸引物开展相关旅游活动，丰富了唐山地震遗址的黑色旅游路径，有利于带动唐山文旅产业发展。

1. 旅游和影视基地

唐山1970南湖影视基地专门用于拍摄与展示关于唐山地震的电影、纪录片和电视剧，也可以作为游客体验和学习场所。该影视基地以老唐山的街景为蓝本，重建了电影院、工人俱乐部、邮电局、民房，真实地展现20世纪70年代唐山的地域特色和社会风情。该基地成功融合了历史文化体验与

---

[1] 田秋：《唐山地震遗址旅游的开发研究》，《旅游纵览》（下半月）2014年第18期。
[2] 阳昕：《汶川地震遗产研究》，硕士学位论文，复旦大学，2014。
[3] 刘莹英：《旅游目的地借力影视旅游发展策略研究》，《旅游纵览》（下半月）2013年第22期。

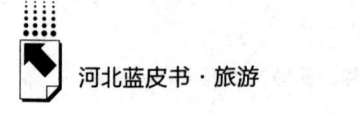

特色商业活动，通过重现地震场景让游客沉浸式感受地震破坏性和救灾艰难性。

2. 教育和实地体验

地震遗址对抗震教育起着重要作用，让人们学会必要的应急避难知识。可以结合实地参观与影视作品，让观众了解地震科学、灾后重建和应急管理等内容。

3. 纪念和特展活动

利用纪念日或特定的日期放映相关影视作品，举办相关的研讨会和讲座，加深公众对唐山地震历史意义的认识。这些活动可以在影视基地或地震遗址博物馆等特定空间进行。

4. 非遗和文创设计

将唐山皮影、评剧、陶瓷等文化元素融入旅游文创设计，以印刻唐山文化记忆的高质量文创作品推广新城市景观，展现唐山城市风貌。

5. 技术和虚拟体验

利用VR、AR、MR技术，以唐山地震遗址为背景，以抗震救灾等为题材，打造沉浸式虚拟旅游体验。

6. 媒介和市场营销

通过与国内外旅游机构合作，推广唐山地震与抗灾主题影视旅游。利用社交媒体、旅游展会、文化交流活动等多种渠道加大宣传力度，吸引更多国内外游客。

（三）加强"抗震重生"主题旅游纪念品研发

1. 历史纪实系列纪念品

基于唐山地震真实历史资料设计微缩建筑模型、老照片书签、纪念徽章等系列纪念品，帮助游客直观了解唐山从地震到重建的全过程。附上背景说明卡片，讲述地震历史和重生故事，使游客深入理解坚强不屈的抗震精神。推出"唐山记忆"明信片套装，以黑白与彩色方式呈现震前和震后景观对比，增强纪念意义。

2. 求生技能体验纪念品

将纪念品与抗震知识相结合,设计一套便携实用的"抗震求生包"(包含防震指南、紧急求生小工具、消毒湿巾、哨子等物品)。在包装上印上地震应急常识二维码,游客扫描后能获取更详细的防震知识和唐山抗震故事。此外,推出可穿戴求生手环或钥匙链,在上面印刻紧急联络信息或急救步骤提示,使其既具有纪念价值又具有实用性。

3. "抗震重生"互动工艺品

设计"抗震重生"互动工艺品,根据震后修复的关键场景设计小型智力玩具,附赠唐山抗震故事小册子,让游客了解唐山地震历史,加强情感连接。

社会科学文献出版社

皮 书

智库成果出版与传播平台

❖ 皮书定义 ❖

皮书是对中国与世界发展状况和热点问题进行年度监测，以专业的角度、专家的视野和实证研究方法，针对某一领域或区域现状与发展态势展开分析和预测，具备前沿性、原创性、实证性、连续性、时效性等特点的公开出版物，由一系列权威研究报告组成。

❖ 皮书作者 ❖

皮书系列报告作者以国内外一流研究机构、知名高校等重点智库的研究人员为主，多为相关领域一流专家学者，他们的观点代表了当下学界对中国与世界的现实和未来最高水平的解读与分析。

❖ 皮书荣誉 ❖

皮书作为中国社会科学院基础理论研究与应用对策研究融合发展的代表性成果，不仅是哲学社会科学工作者服务中国特色社会主义现代化建设的重要成果，更是助力中国特色新型智库建设、构建中国特色哲学社会科学"三大体系"的重要平台。皮书系列先后被列入"十二五""十三五""十四五"时期国家重点出版物出版专项规划项目；自2013年起，重点皮书被列入中国社会科学院国家哲学社会科学创新工程项目。

皮书网

（网址：www.pishu.cn）

发布皮书研创资讯，传播皮书精彩内容
引领皮书出版潮流，打造皮书服务平台

栏目设置

◆ 关于皮书
何谓皮书、皮书分类、皮书大事记、
皮书荣誉、皮书出版第一人、皮书编辑部

◆ 最新资讯
通知公告、新闻动态、媒体聚焦、
网站专题、视频直播、下载专区

◆ 皮书研创
皮书规范、皮书出版、
皮书研究、研创团队

◆ 皮书评奖评价
指标体系、皮书评价、皮书评奖

所获荣誉

◆ 2008年、2011年、2014年，皮书网均在全国新闻出版业网站荣誉评选中获得"最具商业价值网站"称号；

◆ 2012年，获得"出版业网站百强"称号。

网库合一

2014年，皮书网与皮书数据库端口合一，实现资源共享，搭建智库成果融合创新平台。

皮书网 ｜ "皮书说"微信公众号

权威报告·连续出版·独家资源

皮书数据库
ANNUAL REPORT(YEARBOOK) DATABASE

分析解读当下中国发展变迁的高端智库平台

所获荣誉

- 2022年，入选技术赋能"新闻+"推荐案例
- 2020年，入选全国新闻出版深度融合发展创新案例
- 2019年，入选国家新闻出版署数字出版精品遴选推荐计划
- 2016年，入选"十三五"国家重点电子出版物出版规划骨干工程
- 2013年，荣获"中国出版政府奖·网络出版物奖"提名奖

皮书数据库　　"社科数托邦"微信公众号

成为用户

登录网址www.pishu.com.cn访问皮书数据库网站或下载皮书数据库APP，通过手机号码验证或邮箱验证即可成为皮书数据库用户。

用户福利

- 已注册用户购书后可免费获赠100元皮书数据库充值卡。刮开充值卡涂层获取充值密码，登录并进入"会员中心"—"在线充值"—"充值卡充值"，充值成功即可购买和查看数据库内容。
- 用户福利最终解释权归社会科学文献出版社所有。

卡号：119939258381
密码：

数据库服务热线：010-59367265
数据库服务QQ：2475522410
数据库服务邮箱：database@ssap.cn
图书销售热线：010-59367070/7028
图书服务QQ：1265056568
图书服务邮箱：duzhe@ssap.cn

S 基本子库
SUB DATABASE

中国社会发展数据库（下设12个专题子库）

紧扣人口、政治、外交、法律、教育、医疗卫生、资源环境等12个社会发展领域的前沿和热点，全面整合专业著作、智库报告、学术资讯、调研数据等类型资源，帮助用户追踪中国社会发展动态、研究社会发展战略与政策、了解社会热点问题、分析社会发展趋势。

中国经济发展数据库（下设12专题子库）

内容涵盖宏观经济、产业经济、工业经济、农业经济、财政金融、房地产经济、城市经济、商业贸易等12个重点经济领域，为把握经济运行态势、洞察经济发展规律、研判经济发展趋势、进行经济调控决策提供参考和依据。

中国行业发展数据库（下设17个专题子库）

以中国国民经济行业分类为依据，覆盖金融业、旅游业、交通运输业、能源矿产业、制造业等100多个行业，跟踪分析国民经济相关行业市场运行状况和政策导向，汇集行业发展前沿资讯，为投资、从业及各种经济决策提供理论支撑和实践指导。

中国区域发展数据库（下设4个专题子库）

对中国特定区域内的经济、社会、文化等领域现状与发展情况进行深度分析和预测，涉及省级行政区、城市群、城市、农村等不同维度，研究层级至县及县以下行政区，为学者研究地方经济社会宏观态势、经验模式、发展案例提供支撑，为地方政府决策提供参考。

中国文化传媒数据库（下设18个专题子库）

内容覆盖文化产业、新闻传播、电影娱乐、文学艺术、群众文化、图书情报等18个重点研究领域，聚焦文化传媒领域发展前沿、热点话题、行业实践，服务用户的教学科研、文化投资、企业规划等需要。

世界经济与国际关系数据库（下设6个专题子库）

整合世界经济、国际政治、世界文化与科技、全球性问题、国际组织与国际法、区域研究6大领域研究成果，对世界经济形势、国际形势进行连续性深度分析，对年度热点问题进行专题解读，为研判全球发展趋势提供事实和数据支持。

法律声明

"皮书系列"（含蓝皮书、绿皮书、黄皮书）之品牌由社会科学文献出版社最早使用并持续至今，现已被中国图书行业所熟知。"皮书系列"的相关商标已在国家商标管理部门商标局注册，包括但不限于LOGO（ ）、皮书、Pishu、经济蓝皮书、社会蓝皮书等。"皮书系列"图书的注册商标专用权及封面设计、版式设计的著作权均为社会科学文献出版社所有。未经社会科学文献出版社书面授权许可，任何使用与"皮书系列"图书注册商标、封面设计、版式设计相同或者近似的文字、图形或其组合的行为均系侵权行为。

经作者授权，本书的专有出版权及信息网络传播权等为社会科学文献出版社享有。未经社会科学文献出版社书面授权许可，任何就本书内容的复制、发行或以数字形式进行网络传播的行为均系侵权行为。

社会科学文献出版社将通过法律途径追究上述侵权行为的法律责任，维护自身合法权益。

欢迎社会各界人士对侵犯社会科学文献出版社上述权利的侵权行为进行举报。电话：010-59367121，电子邮箱：fawubu@ssap.cn。

社会科学文献出版社